CONTE verlag

Markus Dawo

BIOSPHÄRENRESERVAT BLIESGAU

EIN REISE- UND FREIZEITFÜHRER

CONTE

Bibliografische Information der Deutschen Nationalbibliothek
Die Deutsche Nationalbibliothek verzeichnet diese Publikation in der Deutschen Nationalbibliografie; detaillierte bibliografische Daten sind im Internet über http://dnb.d-nb.de abrufbar.

Die Informationen, die Sie in diesem Buch finden, wurden sorgfältig recherchiert. Dennoch sind Fehler nicht auszuschließen. Die erwähnten gastronomischen Betriebe stellen eine subjektive Auswahl dar, die weder einen Anspruch auf Vollständigkeit erhebt, noch mit einem Qualitätsversprechen einhergeht. Alle Angaben erfolgen ohne Gewähr für Richtigkeit, Vollständigkeit und Aktualität.

ISBN 978-3-95602-250-0

Am Rech 14
66386 St. Ingbert
Tel: (06894) 1664163
info@conte-verlag.de
www.conte-verlag.de

Konzeption und Text: Markus Dawo

Fotografien (sofern nicht anders angegeben): Markus Dawo

Karten: openstreetmap.org / Markus Dawo (Modifikationen)

Umschlaggestaltung und Satz: Markus Dawo

Umschlagabbildungen: Medelsheim (© Markus Dawo), Radfahrer (© Tourismus Zentrale Saarland / Markus Gloger), Wanderer (© Saarpfalz-Touristik / Phormat Werbeagentur, Eike Dubois), Orangerie Blieskastel (© Markus Dawo)

Druck und Bindung: Finidr, Český Těšín

Der Buchumschlag wurde auf FSC®-zertifiziertes Papier, der Inhalt auf FSC®-zertifiziertes Recyclingpapier gedruckt.

Inhalt

Biosphärenreservat Bliesgau

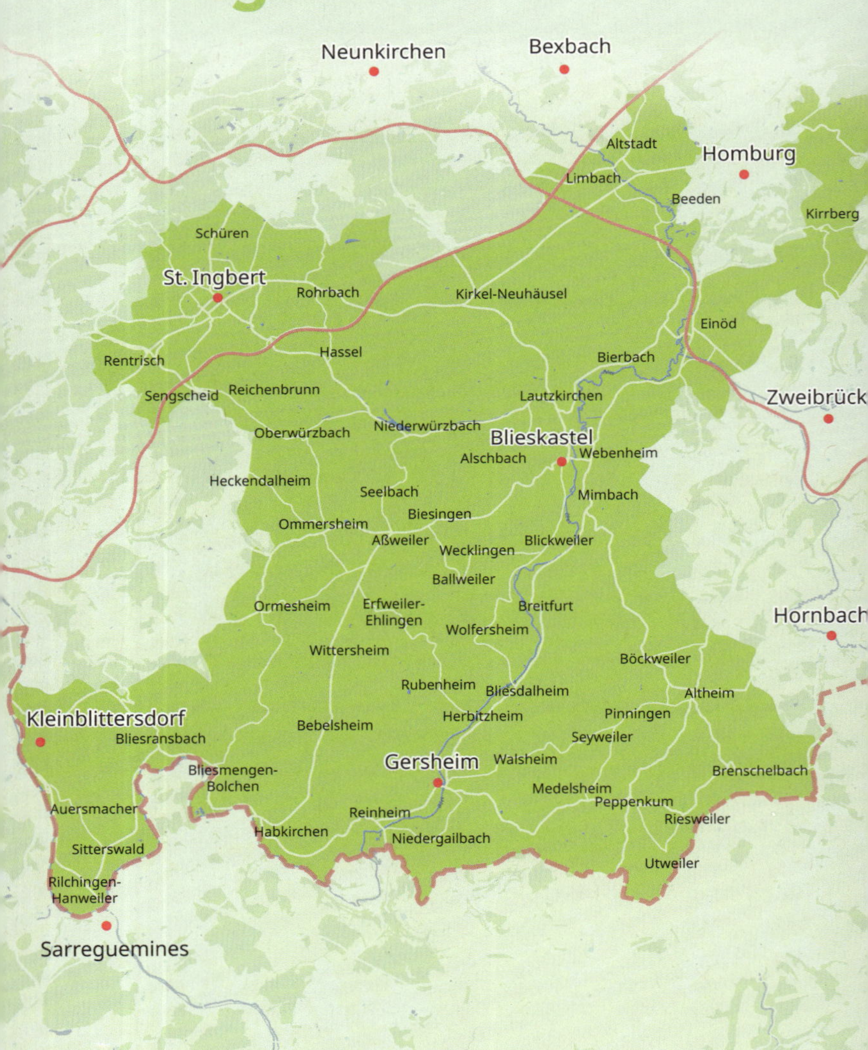

Vorwort zur zweiten Auflage

Foto: © Stefan Wirtz

Markus Dawo

Der Bliesgau ist in vielerlei Hinsicht eine spannende Region. Seine bewegte Historie als deutsch-französische Grenzregion hat Land und Leute geprägt. Die Ortschaften des heutigen Biosphärenreservates – seien es die beschaulichen Dörfer an Blies, Bickenalb und Mandelbach oder die Städte Homburg, St. Ingbert und Blieskastel – hüten so manchen kulturhistorischen Schatz und ermöglichen vielfältige Erlebnisse. Die reizvolle Landschaft mit ihren sanften Hügeln, ausgedehnten Wäldern und idyllischen Flussauen eignet sich bestens zum aktiven Erleben, zum Wandern und zum Radfahren.

Seit die Region im Mai 2009 von der UNESCO als Biosphärenreservat anerkannt wurde, hat sich vieles getan. Der Bliesgau hat sich nicht nur als Reiseziel etabliert, es ist darüber hinaus und nicht zuletzt dank des engagierten Teams der Saarpfalz-Touristik und vieler ehrenamtlicher Helferinnen und Helfer gelungen, den Tourismus nachhaltig zu gestalten, so dass er auch der Region und den Menschen, die hier leben, zugutekommt. Jüngste Beispiele hierfür sind die Markierung von mehr als 700 Kilometern Wander- und Spazierwegen im Saarpfalz-Kreis, wodurch allein im Biosphärenreservat etwa 50 neue Rundwege entstanden sind, sowie die Entwicklung der sogenannten »Biosphären-Safaris«, organisierten Bustouren durch den Bliesgau in Begleitung von fachkundigen Natur- und Landschaftsführern. Es ist also nicht verwunderlich, dass das Biosphärenreservat Bliesgau im Juni 2023 aus dem Bundeswettbewerb »Nachhaltige Tourismusdestinationen in Deutschland« als Sieger hervorging und sich damit gegen so starke Konkurrenten wie etwa das Allgäu oder die Sächsische Schweiz durchsetzen konnte.

Als Anlaufstelle für alle Fragen zum Biosphärenreservat Bliesgau hat sich die Saarpfalz-Touristik insbesondere mit ihrer informativen Internetseite www.saarpfalz-tourisitik.de bewährt. Was bislang fehlte, war ein Buch, das Wissenswertes zur Region bereithält und über die sich hier bietenden Freizeitmöglichkeiten – inklusive Rad- und Wanderwegen – informiert. Das vorliegende Buch will diese Lücke schließen, auch wenn das Biosphärenreservat Bliesgau sicher mehr zu bieten hat, als zwischen zwei Buchdeckel passt.

Obwohl ich in Blieskastel geboren bin, nahm meine eigene Bliesgaugeschichte erst richtig ihren Anfang, als ich damit begann, zu meist sehr früher Stunde, die Region als Fotograf zu durchstreifen, um die Schönheit und Vielfalt der Landschaft mit meiner Kamera festzuhalten. Im Lauf der Jahre habe ich viele schöne Ecken und versteckte Fotospots aufgespürt. Was mich bis heute am meisten fasziniert, ist jedoch, dass es für mich im Bliesgau immer noch so viel zu entdecken gibt. Auch durch die Arbeit an diesem Buch bin ich zu Orten gelangt, an denen ich zuvor nie gewesen war, habe vieles erfahren, das ich bislang nicht wusste und hatte Erlebnisse und Begegnungen, die ich nicht missen möchte.

Seit dem Erscheinen dieses Buches im Herbst 2023 habe ich zahlreiche positive Rückmeldungen erhalten und durfte bei den Buchvorstellungen und Signierstunden viele Menschen kennenlernen, die meine Begeisterung für die Bliesgau-Region teilen. Ich bin sehr dankbar für diese Begegnungen. Sie waren der wahre Lohn meiner Mühen.

Ich wünsche weiterhin allen Leserinnen und Lesern eine schöne, erlebnisreiche Zeit im Biosphärenreservat Bliesgau.

Markus Dawo, im März 2024

Zu diesem Buch

Dieses Buch will allen, die den Bliesgau erleben und die Region aktiv entdecken wollen, ein nützlicher Begleiter sein. Geografisch beschränkt es sich weitgehend auf die Grenzen des Biosphärenreservates Bliesgau. Auf ausgesuchte Sehenswürdigkeiten und Attraktionen in der Umgebung wird aber hingewiesen. Manche der vorgestellten Rad- und Wanderwege verlaufen zum Teil außerhalb der Biosphärenregion.

Das Kapitel »**Die Orte**« informiert, nach Städten und Gemeinden geordnet, über die Ortschaften im Biosphärenreservat. Die kurzen Texte versammeln Wissenswertes aus Geschichte und Gegenwart und weisen auf Sehenswürdigkeiten, mögliche Aktivitäten sowie Einkehrmöglichkeiten hin.

Das Kapitel »**Wandern**« gibt einen Überblick über die Rundwege im Biosphärenreservat Bliesgau. Die Wege werden mit kleinen Orientierungskarten und kurzen Beschreibungen vorgestellt. Einige ausgesuchte Rundwege werden ausführlich, mit detaillierter Wegbeschreibung und Fotografien vorgestellt.

Das Kapitel »**Radfahren**« stellt empfehlenswerte Fahrradtouren im Biosphärenreservat Bliesgau und darüber hinaus vor.

Das Kapitel »**Museen**« widmet sich den Museen der Region. Darunter befinden sich kleine Heimatmuseen, aber auch Freilichtmuseen, ein Uhrenmuseum sowie ein Keramikmuseum.

Das Kapitel »**Umgebung**« präsentiert sehenswerte Ausflugsziele außerhalb des Biosphärenreservats.

Das Kapitel »**Besondere Erlebnisse**« stellt besondere touristische Angebote für Groß und Klein vor.

Das Kapitel »**Gut zu wissen**« versammelt Informationen, die bei einem Aufenthalt im Biosphärenreservat nützlich sein können: Standorte von Fahrradreparaturstationen, Adressen von Direktvermarktern, ein Überblick über die Schwimmbäder der Region und mehr.

»Nachhaltigkeit« ist der zentrale Leitgedanke des Biosphärenreservates Bliesgau. Der (land-)wirtschaftende Mensch und die Natur sollen in Einklang gebracht werden. Auch der Tourismus hat sich dem unterzuordnen und soll weder auf Kosten der hier lebenden Menschen noch auf Kosten der Natur stattfinden, sondern im Idealfall für beide eine Bereicherung sein.

Das Biosphärenreservat Bliesgau ist Lebensraum zahlreicher, teils seltener Tier- und Pflanzenarten wie hier im Orchideengebiet Gersheim.

(Foto: © Saarpfalz-Touristik / Daniel Spohn)

Was ist ein Biosphärenreservat?

Biosphärenreservate sind Modellregionen für eine nachhaltige Entwicklung. Das heißt, dass hier Wirtschaftsweisen und Lebensstile entwickelt werden sollen, die Natur und Mensch in Einklang bringen. Biosphärenreservate werden weltweit von der UNESCO ausgezeichnet. Anders als im Nationalpark stehen in Biosphärenreservaten der wirtschaftende Mensch und die Natur im Mittelpunkt. So sind Natur- und Artenschutz in Biosphärenreservaten eine zentrale Aufgabe, aber auch Landwirtschaft, Tourismus, Forstwirtschaft, Fischerei, Siedlungsentwicklung, Verkehr, Gewerbe, Kultur und auch soziale Belange sollen sich im Einklang mit der Natur positiv entwickeln. Darüber hinaus spielen in Biosphärenreservaten die Erforschung der Mensch-Umwelt-Beziehungen, die ökologische Umweltbeobachtung und die Umweltbildung eine wichtige Rolle.
(Quelle: www.saarpfalz-touristik.de)

Was ist das Besondere am Biosphärenreservat Bliesgau?

Im Frühsommer ist im südlichen Bliesgau nahezu die Hälfte aller bundesweit vorkommenden Orchideenarten anzutreffen. Verschiedene Groß- und Kleinstlebensräume greifen hier ineinander und ermöglichen dadurch einen außerordentlich hohen Struktur- und Artenreichtum. Das UNESCO-Biosphärenreservat bewahrt nicht nur die traditionelle Kulturlandschaft und die besondere Artenvielfalt der Region, es engagiert sich auch stark im Klimaschutz und in der Etablierung regionaler Wertschöpfungsketten. Diese Landschaft nutzt der Mensch schon seit Jahrtausenden. Mit einer Bevölkerungsdichte über dem Bundesdurchschnitt ist der Bliesgau im Vergleich zu den anderen deutschen Biosphärenreservaten insgesamt eher städtisch geprägt. Die Stadt-Land-Beziehung mit all ihren Facetten, Einflüssen und Besonderheiten ist deshalb einer der Schwerpunkte im Nachhaltigkeitsanspruch des Biosphärenreservates.
(Quelle: www.saarpfalz-touristik.de)

Mimbach

DIE ORTE
Dörfer, Gemeinden
und Städte im
Biosphärenreservat
Bliesgau

Stadt Blieskastel

Einwohner: ca. 20.000

Stadtteile: Blieskastel-Mitte (Innenstadt, Alschbach, Lautzkirchen), Altheim, Aßweiler, Ballweiler (mit Wecklingen), Bierbach an der Blies, Biesingen, Blickweiler, Böckweiler, Breitfurt, Brenschelbach (mit Brenschelbach-Bahnhof und Riesweiler), Mimbach, Niederwürzbach (mit Seelbach), Pinningen, Webenheim und Wolfersheim.

Mit ihren verwinkelten Gassen, malerischen Innenhöfen und historischen Gebäuden gehört die Altstadt von Blieskastel zu den Hauptattraktionen des Bliesgaus. 1986 wurde der 154 Einzeldenkmäler umfassende historische Stadtkern unter Denkmalschutz gestellt. Die vorwiegend aus der Barockzeit stammenden Bauwerke verdanken wir der regen Bautätigkeit unter der Herrschaft der Grafen von der Leyen, die hier bis zur Französischen Revolution residierten. Insbesondere die Erinnerung an Gräfin Marianne von der Leyen, der 1793 eine abenteuerliche Flucht vor den französischen Revolutionstruppen gelang, ist in der Stadt noch heute lebendig. Aber auch das von 1816 bis 1919 andauernde »bayerische Jahrhundert« der Saarpfalz hat in Blieskastel bauliche Spuren hinterlassen.

Die Stadt verfügt über ein vielfältiges gastronomisches Angebot, bietet Einkaufsmöglichkeiten und ein abwechslungsreiches Veranstaltungsprogramm.

Kultur & Freizeit

Uhrenmuseum »La Pendule« (siehe Kapitel »Museen«). Kleines Museum mit einer Sammlung wunderschöner französischer Pendeluhren. Bliesgaustraße 3.

Freizeitzentrum Blieskastel. Hallenbad und Freibad, Sauna, Solarium. Bliesaue 1, Tel. 068 42/24 44

rechts: Blick von der Altstadt zum sogenannten »Internat« auf dem Schlossberg. Vor dem Internatsgebäude ist noch das Mauerwerk des Sockelgeschosses des früheren Schlosses zu erkennen.

OPTIK
ZIMME
bücher

Stadtgeschichte

Die Unterschrift eines gewissen »**Godefried von Kastele**« auf einer Urkunde aus dem Jahr **1098** wird gemeinhin als erste Erwähnung Blieskastels aufgefasst, auch wenn sich der Namenszusatz des Unterzeichnenden wohl nur auf die Burg bezog, zu deren Füßen eine Ansiedlung entstand, die zunächst den Namen der Burg übernahm. Das Wort *Blies* kam erst später hinzu und im Volksmund heißt der Ort bis heute nur »Kaschdel«.
1522 wurden Ortschaft und Burg Opfer des **Franz von Sickingen**, der auf seinem Kriegszug gegen Trier vielerorts Verwüstungen hinterließ. Ein Jahrhundert später brachte der Dreißigjährige Krieg Tod und Zerstörung in die ganze Region. 1660 erfolgte die Übertragung des Amtes Blieskastel an die Freiherren von der Leyen. Bereits im Folgejahr wurde mit dem **Bau einer Schlossanlage** auf den Fundamenten der mittelalterlichen Burg begonnen. Als die Bauarbeiten im Äußeren weitgehend abgeschlossen waren, starben die Bauherren, die Brüder Karl Kaspar und Damian Hartard von der Leyen. **1773** verlegten **Graf Franz Karl von der Leyen** und seine Gemahlin **Marianne** ihre Residenz von Gondorf im Moseltal an die Blies. In Blieskastel setzte eine rege Bautätigkeit ein, auch die **Fertigstellung der Schlossanlage** wurde in Angriff genommen. Das barocke Antlitz der Stadt wurde in dieser Zeit geformt. **Im Jahr 1775 verstarb der Graf**, woraufhin seine Witwe die Amtsgeschäfte übernahm. In den folgenden Jahren erwies sich auch Marianne von der Leyen als ehrgeizige Bauherrin. **1776** erfolgte die **Grundsteinlegung der Franziskaner-Klosterkirche**, der heutigen Schlosskirche. Doch auch außerhalb des Stadtgebietes entstanden etliche repräsentative Bauten, etwa in Rilchingen-Hanweiler (Anna-Halle) und am Würzbacher Weiher (Schloss Philippsburg, Annahof …). **1793** erreichten **französische Revolutionstruppen** die Region. Schloss Blieskastel wurde umstellt. Zwar gelang Marianne von der Leyen die Flucht, doch die Herrschaft derer von der Leyen hatte ihr Ende gefunden. Die Gebäude der Herrschaftsfamilie wurden geplündert und größtenteils zerstört. Von Schloss Blieskastel blieb nur eine Ruine übrig, die schließlich, wegen Baufälligkeit, bis auf das Kellergeschoss abgebrochen werden musste.
1816 wurde die linksrheinische Pfalz, zu der auch das Gebiet des heutigen Saarpfalz-Kreises gehörte, dem Königreich Bayern

Reichsgräfin Marianne von der Leyen, die ihrem Gemahl Graf Franz Karl von der Leyen 1773 nach Blieskastel folgte und nach dessen Tod im Jahr 1775 die Amtsgeschäfte übernahm. Das Gemälde entstand um 1770. (Quelle: wikimedia commons / Maler unbekannt)

zugeschlagen. Es begann das **bayerische Jahrhundert der Saarpfalz**, das bis zum Ende des Ersten Weltkrieges andauern sollte. Auch diese Ära hat in der Region und in Blieskastel bauliche Spuren hinterlassen. Das ehemalige Königlich Bayerische Rentamt sowie die Protestantische Kirche entstanden, als Blieskastel zu Bayern gehörte.

1929 erfolgte die Fertigstellung des ersten Bauabschnitts des **Wallfahrtsklosters**.

1986 wurde der barocke Kern der Stadt Blieskastel, mit insgesamt 154 Einzeldenkmälern, unter **Denkmalschutz** gestellt.

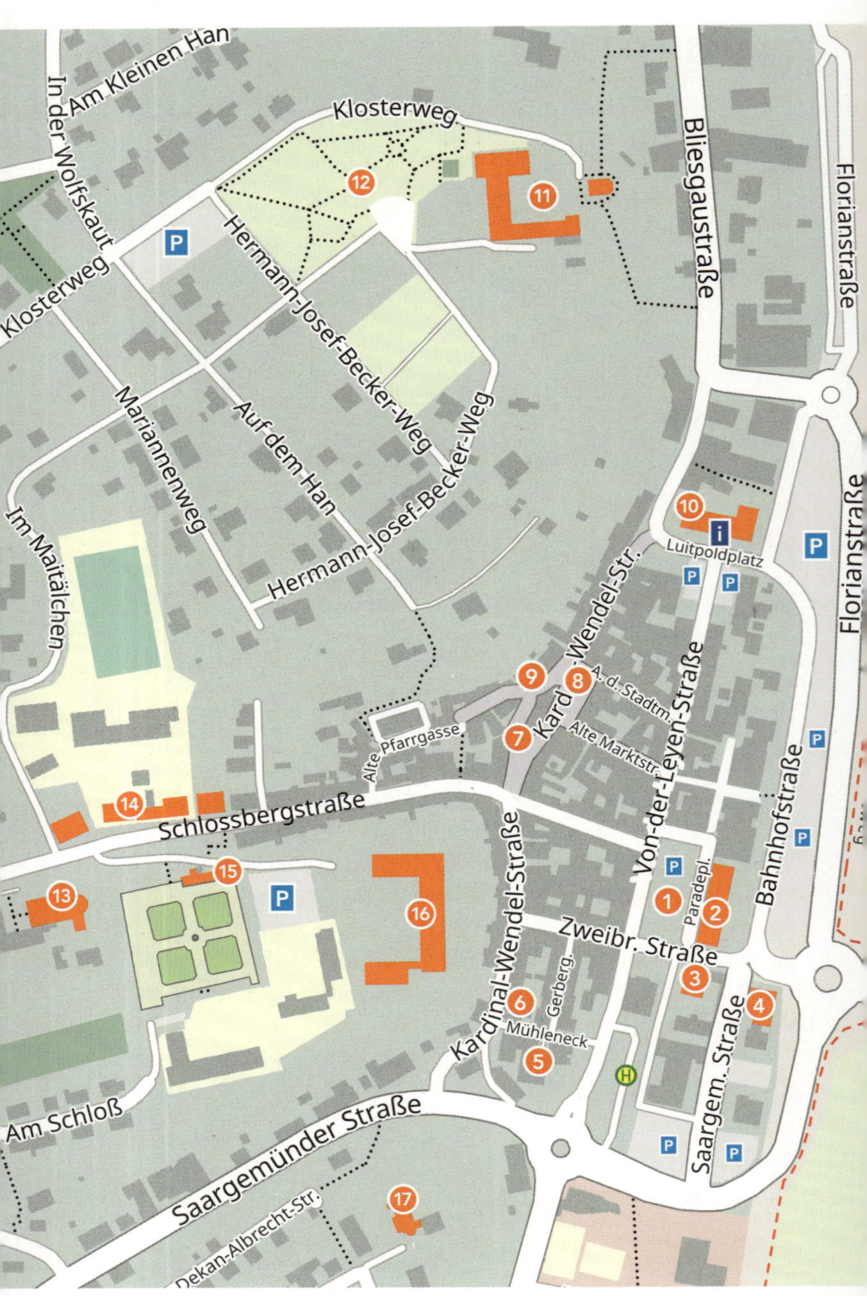
Am Kleinen Han
In der Wolfskaut
Klosterweg
Klosterweg
Bliesgaustraße
Florianstraße
Hermann-Josef-Becker-Weg
Hermann-Josef-Becker-Weg
Hermann-Josef-Becker-Weg
Mariannenweg
Auf dem Han
Im Maitälchen
Luitpoldplatz
Florianstraße
Kard.-Wendel-Str.
A. d. Stadtm.
Von-der-Leyen-Straße
Alte Marktstr.
Alte Pfarrgasse
Bahnhofstraße
Schlossbergstraße
Kardinal-Wendel-Straße
Paradepl.
Zweibr. Straße
Gerberg.
Mühleneck
Saargem. Straße
Am Schloß
Saargemünder Straße
Dekan-Albrecht-Str.
1
2
3
4
5
6
7
8
9
10
11
12
13
14
15
16
17

Sehenswertes in Blieskastel

Haus des Bürgers/Tourist Info Im Haus des Bürgers (Rathaus 3) ist unter anderem die Tourist Info Blieskastel untergebracht. Es ist daher gut als Startpunkt einer Stadtbesichtigung geeignet. Das Gebäude selbst war erstmals 1899 als Königlich Bayerisches Amtsgericht errichtet worden, wurde jedoch im Zweiten Weltkrieg zerstört. Das heutige Gebäude stammt aus dem Jahr 1952 und diente bis 2012 als Zweigstelle des Amtsgerichts Homburg.

Paradeplatz Mittelpunkt der barocken Innenstadt ist der mit Platanen gesäumte Paradeplatz. Der Platz hatte zu Zeiten derer von der Leyen den Aufmärschen der sechzehn Mann starken gräflichen Garde gedient, wurde aber auch damals schon zur Ausrichtung von Märkten genutzt. So locken auch heute noch, neben dem donnerstäglichen Wochenmarkt, Veranstaltungen wie der Blumenmarkt, Mondscheinmärkte und der Christkindlmarkt regelmäßig Besucherinnen und Besucher in die Stadt.

Oberamts- und Waisenhaus Das eindrucksvolle, am Paradeplatz gelegene Gebäude wurde in den Jahren 1774 bis 1775 im Auftrag von Graf Franz Karl von der Leyen im Zuge einer großzügigen Zuwendung an seine »Armen- und Waisenhausstiftung« errichtet. Es gilt als ein Hauptwerk des aus Nohfelden stammenden, pfalz-zweibrückischen Baumeisters Christian Ludwig Hautt und galt seinerzeit als größtes und schönstes Stif-

1. Paradeplatz
2. Oberamts- u. Waisenhaus
3. Haus des Amtsverwalters Schlemmer
4. Ehem. Königlich Bayerisches Rentamt
5. Mühleneck
6. Geburtshaus Kardinal Wendel
7. Herkulesbrunnen
8. Napoleonsbrunnen
9. Hinnereck
10. Tourist Info/ Haus des Bürgers
11. Kloster
12. Klostergarten
13. Schlosskirche
14. Hofratshäuser
15. Orangerie
16. Ehem. Schlossgelände
17. Protestantische Kirche

Das Oberamts- und Waisenhaus am Paradeplatz und sein architektonisches Gegenstück, das Haus des Amtsverwalters Schlemmer

Im Giebel des ehemaligen Königlich Bayerischen Rentamts prangt das Wappen des Königreichs Bayern. Das Gebäude wurde 1904 errichtet, in der bayerischen Zeit der Saarpfalz.

tungsgebäude im Rheinkreis. Neben seiner sozialen Aufgabe als Waisenhaus diente es von Anfang an auch als Amtsgebäude. Im Erdgeschoss des heutigen Rathauses befindet sich die historische Markthalle. Besonders sehenswert ist die schmale, zur Zweibrücker Straße hin ausgerichtete Fassade, die oben mit einem reich verzierten Dreiecksgiebel abschließt, in dessen Zentrum das umrankte Leyensche Wappen prangt und auf dessen Spitze die blinde, aber wachsame Justitia steht.
Eine unter dem Dreiecksgiebel angebrachte Tafel trägt die in Latein verfasste Inschrift: »eCCe Ita pro aeqVo, et bono VIgILat, atqVe Laborat franCIsCVs regnans CoMes a petra, et In hohengeroLseCk«. Zu deutsch: »Siehe, so sorgt sich für den Gerechten und Guten und arbeitet Franz, der regierende Graf von der Leyen und zu Hohengeroldseck.« Es handelt sich hier übrigens um ein Chronogramm: Die Großbuchstaben ergeben, als römische Ziffern gelesen und addiert, das Baujahr 1775.

Das Haus des Amtsverwalters Schlemmer

Das Gebäude auf der anderen Seite der Zweibrücker Straße, direkt gegenüber dem Rathaus, ist als architektonisches Gegenstück desselben geplant worden. Links und rechts der von Zweibrücken kommenden Allee dienten die beiden Häuser im Zusammenspiel mit dem über der Stadt thronenden Schloss als repräsentative Eingangspforte zur Residenzstadt. Erbauer des 1786 fertig gestellten Privathauses war der Verwalter der von der Leyenschen Besitzungen Peter Schlemmer. Wie das Rathaus verfügt auch dieses Gebäude über einen (allerdings deutlich bescheideneren) Dreiecksgiebel. Dafür ist die Gestaltung des schmiedeeisernen Balkongeländers etwas aufwendiger ausgefallen als beim repräsentativen Gegenüber. Im Gitter sind die Initialen des Bauherrn zu sehen. Heute sind auch in diesem historischen Gebäude Teile der Stadtverwaltung untergebracht, nachdem es seit Ende des 19. Jahrhunderts bis 1986 als Gasthaus und Hotel gedient hatte.

Ehemaliges Königlich Bayerisches Rentamt

Unweit des Paradeplatzes, direkt am Verkehrskreisel, liegt ein weiteres historisches Gebäude, diesmal aus der bayerischen Zeit der Stadt. 1904 wurde es als Königlich Bayerisches Rentamt errichtet. Im Rundgiebel ist das von zwei Löwen gehaltene

Mühleneck

Wappen des Königreichs Bayern zu sehen. Heute sind in dem Bau Teile der Stadtverwaltung untergebracht.

Mühleneck und Gerbergasse

Im Bereich der Straßen Mühleneck und Gerbergasse stehen einige sehenswerte alte Gebäude. Bis Anfang des 18. Jahrhunderts wurde hier eine Mühle betrieben. Der Mühlengraben verlief durch die Gerbergasse.

Geburtshaus Kardinal Wendel

An der Ecke Mühlengasse/Kardinal-Wendel-Straße steht das Geburtshaus von Joseph Wendel. Der berühmte Sohn der Stadt Blieskastel wurde 1943 zum Bischof von Speyer ernannt, 1952 dann zum Erzbischof von München und Freising. 1953 wurde er von Papst Pius XII. zum Kardinal ernannt.

Herkulesbrunnen

Der Herkulesbrunnen in der Fußgängerzone ist der älteste Brunnen der Stadt Blieskastel. Er ist 1691 im Auftrag von Johann Simon Rosinus, des Statthalters der Freiherren von

rechts: Herkulesbrunnen

der Leyen, errichtet worden. Er stammt somit aus der Reunionszeit, als Blieskastel zur französischen »Province de la Sarre« gehörte.

Hinnereck

Den mittelalterlichen Siedlungskern Blieskastels bildet das sogenannte »Hinnereck«, durch das die Alte Pfarrgasse verläuft. Hier stehen einige sehenswerte alte Häuser.

Gedenkstein St. Sebastianskirche

In der Alten Pfarrgasse erinnert ein Gedenkstein an die St. Sebastianskirche. Die 1664 erbaute Pfarrkirche war 1809 aufgegeben worden, nachdem der Pfarrgemeinde die ehemalige Franziskaner-Klosterkirche am Schlossberg geschenkt worden war. Das Kloster war 1802, in der »Franzosenzeit«, aufgehoben worden. 1934 wurde die St. Sebastianskirche abgetragen.

Napoleonsbrunnen

Unweit des ältesten Brunnens steht am alten Markt, im Herzen der Altstadt, mit dem Napoleonsbrunnen ein weiterer sehenswerter Brunnen. Er

links: Die Alte Pfarrgasse im sogenannten Hinnereck

»DIE ZWIWWEL«

In der Kardinal-Wendel-Straße befindet sich der vermutlich älteste Tabakladen Deutschlands, der im Volksmund, nach dem Spitznamen des einstigen Gründers, »Die Zwiwwel« genannt wird.
Seit 1873 werden hier Tabakwaren verkauft. Wer den kleinen Laden betritt, macht eine Zeitreise. Die Einrichtung stammt aus dem Jahr 1947, die Registrierkasse gar aus dem Jahr 1896.

Gedenkstein in der Alten Pfarrgasse

Eine Taube erfrischt sich am Napoleonsbrunnen.

war nach der Besetzung der linksrheinischen Gebiete durch französische Revolutionstruppen von Blieskasteler Bürgern zu Ehren Napoleons errichtet worden. Der Brunnen besteht aus einem Obelisken, um den sich eine Schlange windet, deren Kopf schließlich als Wasserspender dient. So erklärt sich auch der in Blieskastel gebräuchliche Name »Schlangenbrunnen«. Die Inschrift auf dem Obelisken lautet: »A NAPOLEON premier Empereur des Français. Le Canton de Bliescastel, le 28e floréal an XII«. Sie bezieht sich auf die Ernennung Napoleon Bonapartes zum Kaiser der Franzosen am 18. Mai 1804. Die ägyptisch anmutende Gestaltung des Brunnens greift den damaligen Zeitgeist auf und erinnert an den Ägyptenfeldzug Napoleon Bonapartes.

Hofratshäuser

Während von der eigentlichen Schlossanlage derer von der Leyen wenig erhalten geblieben ist, schmücken die stattlichen Wohnhäuser der gräflichen Beamtenschaft und ihrer Familien noch heute die Schlossbergstraße. Die Gebäude stammen alle aus den 1770er Jahren, also aus der Zeit des Umzugs der Fami-

Die Hofratshäuser in der Schlossbergstraße

lie von der Leyen von ihrem Stammsitz in Gondorf an der Mosel nach Blieskastel.

Schlosskirche

Unweit der Hofratshäuser steht, etwas erhöht an der Schlossbergstraße, das barocke Prunkstück der Stadt Blieskastel: die 1778 geweihte Schlosskirche. Die heutige Pfarrkirche der katholischen Pfarrei St. Sebastian war von 1776 bis 1781 als Klosterkirche für das auf Anregung von Reichsgraf Franz Karl von der Leyen gegründete Franziskanerkloster erbaut worden. In Folge der Französischen Revolution wurden die Mönche vertrieben und die Kirche 1793 geplündert, entweiht und beschädigt. 1802 wurde das Kloster – zusammen mit allen Klöstern in der Französischen Republik – aufgehoben. Die Kirche kam schließlich 1803 aufgrund einer Schenkung des Bischofs von Trier in den Besitz der Blieskasteler Kirchengemeinde.
Entworfen wurde der Saalbau mit eingezogenem Chor seinerzeit vom gräflichen Bauinspektor Peter Reheis, einem Schüler Friedrich Joachim Stengels, des Erbauers der Saarbrücker Ludwigskirche. Typisch für die Kirche eines Bettelordens ist das Fehlen eines

Kirchturms. Stattdessen wird das Satteldach von zwei Dachreitern überragt, von denen besonders der höhere, westliche aufgrund seiner nicht spitz zulaufenden, sondern mit einem flachen Altan abschließenden Dachhaube bemerkenswert ist. Die östliche Schmal- und die nördliche Langseite des Gebäudes werden durch Pilaster gegliedert. Darüber verläuft ein Triglyphengebälk, das sich an der Westfassade fortsetzt. Diese ist besonders aufwendig gestaltet: Die Pilaster in Kolossalordnung, das klassizistische Portal mit toskanischen Doppelsäulen, Architrav und Dreiecksgiebel sowie das Giebelgeschoss mit der Statue des heiligen Sebastian und dem opulenten Arrangement aus Leyenschem Wappen und Leyen-Dalbergschem Allianzwappen ergeben einen Formenreichtum, der weithin einzigartig ist.

Der Innenraum der Kirche wirkt dank der großen farblosen Fenster und der weißen Wände ausgesprochen hell. Die Wände werden ringsum durch Doppelpilaster gegliedert, über denen eine umlaufende Hohlkehle zur flachen Decke überleitet. Das große Deckengemälde des Malers Richard Holzner aus München zeigt unter anderem das Martyrium des heiligen Sebastian und die Auffindung des Kreuzes Christi durch die heilige Helena. Auf dem kleinen Gemälde über dem Chorraum sind die heilige Anna und die heilige Maria abgebildet. Einem früheren Deckengemälde aus der Hand des Kunstmalers Rudolf Schmalzl wurde der Zweite Weltkrieg zum Verhängnis. Das stark beschädigte Kirchendach hatte erhebliche Wasserschäden zur Folge, die zur Zerstörung des Gemäldes führten.

Im Chorraum steht ein im Stil des Rokoko gestalteter Hochaltar mit vergoldetem Tabernakel. Links und rechts vor dem Chorraum befinden sich zwei Seitenaltäre. Auf dem Marienaltar auf der linken Seite stand bis 1829 die Pietà »Unsere liebe Frau mit den Pfeilen«, die sich heute in der Heilig-Kreuz-Kapelle des nahegelegenen Klosters befindet. In der Nische des Altars steht eine Marienfigur von 1721. In der Nische des rechten Seitenaltars, des Sebastianaltars, steht eine ebenso alte Figur des heiligen Sebastian.

Während der Hochaltar vermutlich aus der Entstehungszeit der Kirche stammt, stammen Altar und Kanzel aus der früheren Pfarr-

links: Die 1778 geweihte Schlosskirche

Das Innere der Blieskasteler Schlosskirche
(Foto: © Wikimedia Commons / atreyu)

kirche St. Sebastian. Die ursprüngliche Inneneinrichtung der Schlosskirche war aufgrund der Plünderungen und des Vandalismus während der Koalitionskriege verloren gegangen. Auch die Orgel der Sebastianskirche wurde 1811 in die Schlosskirche verbracht, allerdings existiert dieses Instrument nicht mehr. Die heutige, mittlerweile vierte Orgel der Schlosskirche stammt aus dem Jahr 1972 und der Werkstatt der Orgelbaufirma Hugo

Prospekt der Klais-Orgel in der Blieskasteler Schlosskirche

Mayer aus Heusweiler. 2018 wurde sie durch die Orgelbaufirma Klais umfassend restauriert und in Teilen erneuert.
In einer Krypta unter dem Chor und dem Langhaus befinden sich neben Grabkammern von Franziskanermönchen das Grab des 1775 verstorbenen Grafen Franz Karl von der Leyen und der Sarkophag mit den sterblichen Überresten der 1804 in Frankfurt am Main verstorbenen Reichsgräfin Marianne von der Leyen.

Orangerie mit Barockgarten

Das zweigeschossige Gebäude war Teil der weitläufigen Blieskasteler Schlossanlage. 1670 wurde der »Lange Bau« fertig gestellt. Mit seinen zwölf Achsen war das ursprüngliche Gebäude deutlich länger als der heutige Bau, der nur noch fünf Achsen

aufweist. Vom westlichen Gebäudeteil ist nur ein einzelner Pfeiler erhalten geblieben. Das »Orangerie Gebäud«, wie es in einem Dokument aus dem Jahr 1792 erstmals genannt wurde, diente der Familie von der Leyen und ihren Gästen als Spiel- und Wandelhalle. In der kalten Jahreszeit wurden die offenen Arkaden mit Holz verschlossen, damit im Gebäude Orangenbäume und ähnlich empfindliche Pflanzen überwintern konnten. Von 1982 bis 1986 wurde die Orangerie aufwendig saniert und hinter dem Gebäude ein Garten nach barockem Vorbild angelegt. Heute dient der Bau als Ausstellungs- und Veranstaltungsraum. Auch standesamtliche Trauungen finden hier statt.

Ehemalige Blieskasteler Schlossanlage

Auf den Fundamenten einer mittelalterlichen Burg begannen die Brüder Karl Kaspar und Damian Hartard von der Leyen im Jahr 1661 mit dem Bau einer Schlossanlage, deren Fertigstellung bis zum Tod der beiden Bauherren (1676/1678) nur im Äu-

Historische Ansicht Blieskastels mit dem Oberamts- und Waisenhaus im Vordergrund, darüber der Schlossberg mit Schloss, Schlosskirche und Hofratshäusern. (Quelle: J. P. Bayer 1779, aus Margit Vonhof-Habermayr: Das Schloß zu Blieskastel. Ein Werk der kapuzinischen Profanbaukunst im Dienste des Trierer Kurfürsten Karl Kaspar von der Leyen (1652–1676))

links: Blick aus dem Barockgarten zur Orangerie

Dort, wo sich im Mittelalter eine Burg erhob, die zur Keimzelle der Stadt Blieskastel wurde, und im 18. Jahrhundert ein Schloss die Dächer der Residenzstadt überragte, steht heute das sogenannte Internatsgebäude. Vom ehemaligen Schloss sind nur noch Mauern und Teile des Sockelgeschosses (rechts im Bild) erhalten geblieben.

ßeren gelang. Die abschließenden Bauarbeiten erfolgten erst ab 1773, als die Grafen von der Leyen ihre Residenz von der Mosel an die Blies verlegten. Nur wenige Jahre nach den letzten Bautätigkeiten umstellten im Frühjahr 1793 französische Revolutionstruppen das Schloss. Marianne von der Leyen musste flüchten. Das Schloss wurde geplündert, teilweise zerstört und verfiel in den folgenden Jahren immer mehr. Nachdem es im Winter 1801/1802 zu Steinschlag auf die Häuser unterhalb der Schlossruine gekommen war, wurde der Abbruch des Gebäudes beschlossen. Das Abbruchmaterial wurde verkauft, das noch intakte Kellergeschoss mit Bauschutt aufgefüllt und das Gelände schließlich 1820 eingeebnet, woraufhin es gut ein Jahrhundert lang wohl nur zum Gemüseanbau genutzt worden war. 1939 wurde hier ein Schutzbau mit Artilleriebeobachtungsstand nebst darüber befindlichem Tarnbau errichtet. Dieser Bau wurde in das 1952/53 errichtete Schülerinnenheim des Lehrerinnenseminars Blieskastel einbezogen. Im sogenannten Internat ist heute u. a. ein Teil des Von-der-Leyen-Gymnasiums untergebracht.

Kreuzigungsgruppe beim Wallfahrtskloster, dahinter der Säulengang und die Klosterkirche

Wallfahrtskloster mit Heilig-Kreuz-Kapelle und Pietà

Auf dem Han, einer Anhöhe über der Stadt, befindet sich das Wallfahrtskloster Blieskastel. In der weithin sichtbaren, 1682/83 errichteten Heilig-Kreuz-Kapelle wird die Pietà »Unsere Liebe Frau mit den Pfeilen« aufbewahrt, die aus dem 14. Jahrhundert stammt und ursprünglich in Gräfinthal aufbewahrt worden war. Sie ist der Anlass für die Wallfahrten nach Blieskastel. Als Anfang des zwanzigsten Jahrhunderts die Pilgerzahlen so stark anstiegen, dass die örtliche Pfarrei die Betreuung der Wallfahrer nicht mehr leisten konnte, rief der Bischof von Speyer 1924 Kapuziner aus der bayerischen Ordensprovinz nach Blieskastel, wo noch im gleichen Jahr mit dem Bau eines Klostergebäudes begonnen wurde. Die Einweihung des Klosters fand am 5. Juli 1925 statt. Das Kloster und die Wallfahrt wurde 2005 von den Franziskaner-Minoriten der Provinz Krakau übernommen.

Im Hauptgebäude des Klosters lädt die »Pilgerrast« zur Einkehr. Hinter den Klostergebäuden befindet sich der Klostergarten mit Skulpturen des Bildhauers Karl Riemann.

Blick vom Säulengang zur Heilig-Kreuz-Kapelle

Gollenstein

Der 6,58 Meter hohe, ca. 4000 Jahre alte Gollenstein auf dem Blieskasteler Berg gilt als größter Menhir Mitteleuropas und ist ein Wahrzeichen der Stadt Blieskastel. Es wird vermutet, dass er gegen Ende der Jungsteinzeit, ca. 2000 v. Chr. zu Kultzwecken errichtet wurde. Eine spitzzulaufende Nische mit Christusmonogramm wurde vermutlich erst Anfang des 19. Jahrhunderts in den »heidnischen« Stein gemeißelt. Nachdem der Gollenstein rund 4000 Jahre überdauert hatte, wurde er im Jahr 1939, aus Angst, er könne der französischen Artillerie als Richtpunkt dienen, von Soldaten der Wehrmacht umgelegt. Dabei zerbrach er in vier Teile. 1951 wurden die Bruchstücke mittels Beton wieder zusammengesetzt und der Gollenstein wurde wieder aufgerichtet.

rechts: Der Gollenstein auf dem Blieskasteler Berg. Gut zu erkennen sind die Bruchlinien entlang derer der Stein bei seiner Umlegung im Jahr 1939 in vier Teile zerbrochen ist.

Gastronomie in Blieskastel (Auswahl)

Cafés

Café & Bistro Auszeit
Von-der-Leyen-Straße 9
Kaffeespezialitäten, Kuchen, Quiches, regionale Produkte, Weine und Winzersekt.
ÖZ: Mo, Mi, Sa 9–14 Uhr; Di, Do Fr 9–17 Uhr

Bäckerei Café Lenert
Kardinal-Wendel-Straße 31, Tel. 06842/51168
Feinste Torten und Kuchen, Brotspezialitäten.
ÖZ: Mo–Fr 7.30–17 Uhr; Sa 9–15 Uhr

Schloss-Café Kuhn
Schlossbergstraße 4, Tel. 06842/2304
Traditionsreiches Café am Schlossberg. Feinste Torten, Kuchen und Pralinen.
ÖZ: Di–Sa 6–18 Uhr; So 14–18 Uhr

Eiscafés

Blieskasteler Eiscafé
Kardinal-Wendel-Straße 34, ÖZ: Mo–Sa ab 9.30 Uhr, So ab 11 Uhr

Eiscafé am Herkulesbrunnen
Kardinal-Wendel-Straße 28, ÖZ: Mo–Sa ab 10 Uhr, So ab 12 Uhr

Bistros, Restaurants

Beim Patric
Mühleneck 11, Tel. 06842/51744
Restaurant mit Biergarten. Das Restaurant »Beim Patric« liegt in der historischen Altstadt von Blieskastel. Vegetarische Gerichte, Steak- und Fischspezialitäten.
ÖZ: Do–So 18–21 Uhr; So 11.30–14 Uhr

Hämmerles Restaurant
Bliestalstr. 110a, Tel. 06842/52142
Zwei Restaurants unter einem Dach: **Restaurant Landgenuss** mit französischen und regionalen Gerichten. **Restaurant Barrique,** ausgezeichnet mit einem Michelin-Stern, ambitionierte, zeitgemäße Küche auf französisch-regionaler Basis. Vielfältige Weinkarte.
ÖZ Landgenuss: Mo–Fr: 11.30–15.30 Uhr; Do, Fr 18.30–23 Uhr
ÖZ Barrique: Mi–Fr mittags, Do, Fr abends

Im Hinnereck
Brunnengäßchen 1, Tel. 06842/1099
Moderne, saisonale Küche in einem der ältesten Gebäude der Blieskasteler Altstadt.
ÖZ: Mi–Sa ab 18 Uhr

Die Metz
Von-der-Leyen-Straße 30, Tel 06842/9242900
Regionale, gehobene Küche, saisonale Gerichte, gute Weine.
ÖZ: Di–Do 11.45–14 Uhr und 18–22 Uhr; Fr, Sa 18–22 Uhr

Pizzeria Cubanita Da Papa
Kardinal-Wendel-Str. 19a, Tel. 06842/4549
Italienisches Restaurant.
ÖZ: Mi–So 18–22 Uhr

Foto: © Tourismus Zentrale Saarland/Markus Gloger

Zur Pilgerrast
Klosterweg 35,
Tel. 06842/9465060
Restaurant mit Panorama-Biergarten mit Blick ins Bliestal. Regionale Produkte aus dem Biosphärenreservat Bliesgau.
ÖZ: Mi–So 11–22 Uhr

Biergarten Sonnenhof
In den Lohgärten,
Tel. 06842/946676
Biergarten mit Bistro am Stadtrand, direkt am Bliestalfreizeitweg. Gut bürgerliche Küche mit mediterranen und italienischen Einflüssen. Vegetarische Gerichte. Frühstück, Kaffee und Kuchen.
ÖZ: Mo–Fr 11–22 Uhr;
Sa, So 10–22 Uhr (April–Okt.)

Ristorante-Pizzeria »Zum Schlangenbrunnen«
An der Stadtmauer 5,
Tel. 06842/3327
Traditionsreiches, familiengeführtes, italienisches Bio-Restaurant im Herzen der Altstadt.
ÖZ: Mo, Do, Fr, So 11.30–14 Uhr;
Mo, Do, Fr, Sa, So 18–22.30 Uhr

TU 92
Bahnhofstraße 3,
Tel. 06842/5382663
Asiatisches Restaurant. Sushi.
ÖZ: Mo, Mi, Do, Fr 11.30–15 Uhr und 17–22 Uhr; Sa, So 12–22 Uhr

Bars, Kneipen

Musik- und Schlemmerkneipe »Alt Schmidd«
Kardinal-Wendel-Straße 2,
Tel. 06842/52193
Restaurant/Kneipe mit Biergarten. Pizza, Pasta, Schnitzelvariationen, Salate.
ÖZ: Fr–Di ab 11 Uhr

Gaststätte Ackermann
Schlossbergstraße 1,
Tel. 06842/7086125
ÖZ: täglich ab 11 Uhr

Zum Mühleneck
Mühleneck 3,
Tel. 06842/7087014
Kneipe mit Biergarten
ÖZ: Di–So ab 15 Uhr

Rundtour durch die Stadtteile
Wissens- und Sehenswertes

Blickt man von der Heilig-Kreuz-Kapelle des Wallfahrtklosters Blieskastel hinauf ins Bliestal, sieht man das von Wiesen und Wäldern umrahmte **Bierbach an der Blies**. Aufgrund seiner Lage zwischen Blies und dem St. Ingbert-Kirkeler Waldgebiet bietet sich der Ort als Ausgangspunkt vielfältiger Freizeitbeschäftigungen an. Unmittelbar am Dorf vorbei verläuft durch die wunderschönen Bliesauen ein bei Inlineskatern und Radfahrern gleichermaßen beliebter, asphaltierter **Freizeitweg**, der bei Lautzkirchen in den bis nach Reinheim auf einer ehemaligen Bahntrasse verlaufenden Bliestal-Freizeitweg übergeht.
Bahnanbindung: Bahnlinie Saarbrücken-Pirmasens
Gastronomie: Waldschenke Bierbach (Grohbachtal) Ausflugslokal mit Biergarten und Kinderspielplatz, idyllische Lage im Grohbachtal. Ruhetage: Mo, Di, Do
Freizeit: Bliestal-Freizeitweg, Kneippanlage im Grohbachtal
Rundwege: Zur Peterseiche, Ins Grohbachtal

Auch **Lautzkirchen** ist dank seiner günstigen Lage zwischen Bliestal und dem ausgedehnten St. Ingbert-Kirkeler Waldgebiet ein idealer Ausgangspunkt für Wanderungen – etwa zum Wolfsfelsen oder ins Felsental bei Kirkel – und Radtouren. Sowohl der Bliestal-Freizeitweg als auch der sehr zu empfehlende Bliesgau-Radweg starten am Bahnhof Lautzkirchen. Sehenswert ist die katholische Kirche St. Mauritius, die nach Plänen des Speyerer Diözesan-Baurates Wilhelm Schulte II. erbaut

St. Mauritius in Lautzkirchen.

links: Die protestantische Kirche in Bierbach an der Blies

Von der Heilig-Kreuz-Kapelle in Blieskastel hat man eine schöne Sicht auf das gegenüberliegende Webenheim.

und 1960 geweiht wurde. Die schönen Kirchenfenster stammen – wie auch die Kirchenfenster in Niederwürzbach und Alschbach – von der saarländischen Künstlerin Marianne Aatz. Auch der einstige Gutshof des Blieskasteler Amtmanns Johann Simon Rosinus in der Bliesgaustraße ist sehenswert (»Alter Turm«).
Gastronomie: »Zum Pferchtal« (Im Imgestal 1, Tel. 06842/4687) Brotzeiten, Kuchen, Regionale Spezialitäten. Schöner Biergarten. Ruhetage: Mo, Di. • »Zum alten Forsthaus« (Neunkircher Str. 83, Tel. 06842/4969) Ruhetage: Mo, Do.
Freizeit: Bliestal-Freizeitweg, Kneippanl. im Schwarzweiherflusstal
Bahnanbindung: Bahnlinie Saarbrücken-Pirmasens
Rundwege: Ins Felsental, Lautzkircher NAhToUR, Wolfsweg

Genau gegenüber von Blieskastel, auf der anderen Seite der Blies, liegt **Webenheim.** Das auch heute noch bäuerlich geprägte Dorf ist vor allem wegen des **Webenheimer Bauernfestes** bekannt. Dieses jährlich vom 2. bis 3. Juliwochenende auf den Blieswiesen veranstaltete Volksfest mit Pferderennen fand erstmals 1921 statt. Neben etlichen schönen Bauernhäusern ist insbesondere die 1867 eingeweihte Martin-Luther-Kirche interessant. Eine im neugotischen Stil erbaute Hallenkirche mit schönen Bleiglasfens-

tern und einer Orgel mit holzgeschnitztem Gehäuse, die zu den wertvollsten Orgeln des Saarlandes zählt.
Gastronomie: Hämmerles Restaurant (Bliestalstraße 110a, Tel. 06842/52142) Sterneküche im »Barrique«, gehobene Landhausküche im »Landgenuss«. Ruhetage: Sa, So
Rundweg: Webenheim Runde

Die Christuskirche in Mimbach

Im Nachbarort Mimbach ist die protestantische **Christuskirche** sehenswert. Wegen ihrer Größe wird die Kirche auch »Dom des Bliestals« genannt und gilt als bedeutendster protestantischer Kirchenbau des 18. Jahrhunderts im Saarpfalz-Kreis. Man sollte sich unbedingt die Zeit nehmen, die verwinkelten Gassen rund um die Kirche zu erkunden. Hier im alten Ortskern haben einige besonders schöne, teils liebevoll restaurierte Bauernhäuser aus dem 18. und 19. Jahrhundert die Zeiten überdauert. Auch in den Bauerngarten, der im ehemaligen Pfarrgarten hinter der Kita angelegt wurde, sollte man einen Blick werfen. Der Wanderparkplatz am Ortsausgang Richtung Breitfurt bietet sich als Ausgangspunkt schöner Spaziergänge ins **Grünbachtal** an.
Gastronomie: Danis Bistro (Breitfurter Straße 10, Tel. 06842/9219999) Pizzeria, Ruhetage: Mo, Di

Weiter flussabwärts liegt Breitfurt. Im Ort befinden sich mehrere sehenswerte Bauwerke, die in der Denkmalliste des Saarlandes als Einzeldenkmale aufgeführt sind. Dazu gehören die protestantische Kirche, ein Erbhof (»Haus Schetting«), mehrere Wohnhäuser aus dem 18. und 19. Jahrhundert, das Gasthaus »Zur Linde« sowie das ehemalige Bahnhofsempfangsgebäude, das vom 1879 abgerissenen ersten Bahnhofsgebäude von Kaiserslautern stammt (siehe Gersheim). Auch die letzte aktive Mühle an der Blies, die Bliesmühle, soll hier nicht unerwähnt bleiben. Oberhalb des Dorfes steht ein sehenswertes Naturdenkmal: eine

Die mächtige Stieleiche am Kirchheimer Hof bei Breitfurt

imposante **Stieleiche** mit gut 28 Metern Kronendurchmesser … der vielleicht schönste Baum des Bliesgaus. Am höchsten Punkt des Großen Kahlenberges zeugt heute nur noch eine Ruine von dem einst gut 26 Meter hohen **Alexanderturm,** der hier bis zu seiner Sprengung durch deutsche Soldaten am 9. September 1939 eine großartige Fernsicht bis zum Donnersberg im Nordosten, in den Pfälzerwald im Osten und zu den Höhenrücken der Vogesen im Südosten ermöglichte. Im Jahr 2022 wurde – dank des Engagements der Fördergemeinschaft Alexanderturm e.V. – auf der Ruine eine Aussichtsplattform errichtet. Für die Zukunft ist der Neubau eines modernen Aussichtsturms direkt neben der Ruine geplant. Auch heute noch hat man von hier aus eine fantastische Aussicht, die bis zum Schaumberg in Tholey reicht.
Gastronomie: Gasthaus im Wald (Im Farrenwald, Tel. 0 68 42/ 37 55) Steaks, Schnitzel, Salatteller u.m., schöner Biergarten; Öffnungszeiten: Mi–Sa: 17–23 Uhr, So ab 11.30 Uhr
Rundweg: Alexanderturm Runde

links: Die Ruine des Alexanderturms auf dem Großen Kahlenberg zwischen Breitfurt und Böckweiler

Altheim

Ganz in der Nähe des Alexanderturms liegt Böckweiler. In der Dorfmitte steht die **Stephanuskirche**, die wohl älteste romanische Kirche des Saarlandes. Sie wurde auf den Überresten einer dreischiffigen karolingischen Basilika errichtet, deren Umrisse durch Kalksteinplatten kenntlich gemacht sind. In romanischer Zeit wurde die Kirche umgebaut und erhielt ihre heutige Form mit Drei-Konchen-Chor, dessen Grundriss an ein Kleeblatt erinnert. Im Zweiten Weltkrieg wurde sie stark beschädigt und 1949/50 wieder aufgebaut.
Rundwege: Böckweiler Runde, Drei-Dörfer-Weg

Das im Tal der Bickenalb, am Jakobsweg von Hornbach nach Metz gelegene Altheim zählt zu den ältesten Siedlungsorten im Bliesgau. Sehenswert ist der aus dem 14. Jahrhundert stam-

links: Die Stephanuskirche in Böckweiler, die wohl älteste romanische Kirche im Saarland. Gut zu erkennen sind die mit Kalksteinplatten kenntlich gemachten Umrisse der karolingischen Basilika, auf deren Überresten die Stephanuskirche einst errichtet worden ist.

Hinter der Kirche St. Andreas in Altheim lädt der Pirminiusgarten zum entspannten Verweilen ein.

mende Turm der katholischen **Pfarrkirche St. Andreas** sowie der **Pirminiusgarten**, eine liebevoll angelegte Gartenanlage im ehemaligen Pfarrgarten, die an Leben und Wirken des Heiligen Pirminius, des Gründers des Klosters Hornbach, erinnert.
Gastronomie: Pizzeria Da Enzo (Mittelbacher Str. 3, Tel. 06844/ 991176) Italienisches Restaurant; Ruhetage: Di, Mi
Rundwege: Keltenweg, Drei-Dörfer-Weg, Hornbach Runde, Bickenalb Runde (Radweg)

Pinningen entstand im Jahr 1699 und ist damit die jüngste Ortschaft des Bliesgaus. Inspiriert vom Namen des benachbarten »alten« Altheim erhielt das Dorf im Jahr 1726 allerdings den amtlichen, aber kuriosen Namen »Neualtheim«. Bei den Ortsansässigen hieß »Neualtheim« jedoch immer »Pinningen« und wurde schließlich im Jahr 2007 auf Initiative des Ortsrats und auf Beschluss des Blieskasteler Stadtrates offiziell umbenannt.

rechts: Pinningen

»Landidyll« Brenschelbach

Unmittelbar an den Grenzen zu Rheinland-Pfalz und Frankreich liegt Brenschelbach. Sehenswert sind die **protestantische Kirche** – deren Turm aus dem 13./14. Jahrhundert stammt und zu den sogenannten »Hornbacher Türmen« zählt – sowie das Gebäude der **ehemaligen Schmiede in der Vogesenstraße**. Es lohnt sich, den Ort zu Fuß zu erkunden. Vor allem bei sonnigem Wetter und an einem ruhigen Sonntag, wenn also alles passt, kann man inmitten der schönen alten Bauernhäuser mit ihren üppig blühenden Gärten durchaus die viel gesuchte »Landidylle« erleben.
Rundweg: Grenzgänger

Der zu Brenschelbach gehörende Ortsteil Riesweiler bildet zusammen mit Medelsheim, Seyweiler, Peppenkum und Utweiler die sogenannte »**Parr**«.

Liebevoll restaurierte Bauernhäuser, zahlreiche Brunnen und üppig blühende Pflanzen prägen das Ortsbild von Wolfersheim.

Auf der rechten Seite der Blies liegt am Hang des Kalbenberges in bester Panoramalage ein Dorf, das sich den ursprünglichen Charakter eines Bauerndorfes bewahren konnte und als **eines der schönsten Dörfer im Bliesgau** gilt: Wolfersheim. Prägend für das Ortsbild sind die zahlreichen, liebevoll restaurierten **Bauernhäuser** aus dem 18. und 19. Jahrhundert sowie die alten Nuss- und Kastanienbäume, die durch gezielte Neupflanzungen ergänzt wurden. Der Kirchturm der protestantischen Kirche, ehemals St. Stephan, mit Satteldach und gotischen Maßwerkfenstern datiert aus dem 14. Jahrhundert. Der Ort ist umgeben von ausgedehnten Feld- und Wiesenflächen und zahlreichen Obstbäumen, deren Früchte von der traditionsreichen örtlichen Brennerei verwertet werden. Eine leider seit Jahren gesperrte Brücke, die bei Breitfurt Fahrradfahrern und Fußgängern die Überquerung der Blies ermöglichte und

Vor der Protestantischen Kirche in Wolfersheim befindet sich einer der zahlreichen Brunnen des mehrfach prämierten Dorfes.

die Orte Breitfurt und Wolfersheim miteinander verband, soll bald erneuert werden.
Historie: 1274 erstmals erwähnt, stand das Dorf seit 1453 unter der Herrschaft des Herzogs von Pfalz-Zweibrücken. Durch Tauschhandel kam es 1778 in den Besitz des Freiherrn von Cathcart. • Im Wald oberhalb des Dorfes fand man 1987 in einer Grabhügelgruppe aus der Hallstattzeit das Skelett eines zwei Meter großen Mannes, des »Wolfersheimer Riesen«.

Sehenswert im Nachbarort Blickweiler im Bliestal ist die **Kirche St. Barbara**, deren Turm aus dem 12. oder 13. Jahrhundert stammt und mit seinem zweiseitigen Satteldach zu der Gruppe der sogenannten »Hornbacher Türme« zählt. 1964 schuf der Künstler Ernst Alt für die Kirche ein **Altarbild**. In römischer Zeit

links: Im Frühling und Sommer ist die Hauptstraße von Wolfersheim von zahllosen Blühpflanzen gesäumt.

Blickweiler

gab es hier eine Töpferei, die Terra Sigillata produzierte. Der beliebte Bliestal-Freizeitweg verläuft am Ort entlang. Im Wald oberhalb des Ortes liegt mit der Klingenklamm ein landschaftliches Kleinod versteckt. Der Rundweg zur Klamm beginnt am Parkplatz der Kulturhalle.
Freizeit: Bliestal-Freizeitweg
Rundweg: Klingenklamm

Von Blickweiler führt die Ballweilerstraße, die alsbald zur Biesinger Straße wird, an **Wecklingen** vorbei. Die zwei Straßen des kleinen Ortes, die Burgstraße und die Junker-von-Eltz-Straße, erinnern daran, dass hier einst ein repräsentativer Schlossbau der Herren von Eltz gestanden hatte. Das Schloss wurde jedoch im Zuge der Französischen Revolution nahezu vollständig zerstört. Heute erinnert im Ortsbild nichts mehr an den herrschaftlichen Bau. Doch wer durch den beschaulichen Ort spaziert, wird erstaunt feststellen können, dass in Wecklingen mittlerweile wieder ein Burgherr residiert …

Vom Schloss der Herren von Eltz in Wecklingen ist heute nichts mehr zu sehen, doch die private Hobby-Burg eines enthusiastischen und fleißigen Einwohners macht der »Burgstraße« alle Ehre.

Ballweiler liegt etwa auf halber Höhe zwischen Bliestal und Biesingen in reizvoller Lage, umrahmt von Kalbenberg und Hölschberg. Am Kalbenberg wurde bis zum Ende des Zweiten Weltkrieges Muschelkalk abgebaut. Der Kalk wurde mittels einer Seilschwebebahn zum Ringofen in Blickweiler befördert. Sehenswert im Ort sind die 1929 erbaute **Kirche St. Josef** sowie zwei Wegekreuze aus dem 18. und 19. Jahrhundert an der Biesinger Straße.

Frühmorgendlicher Blick vom Hölschberg in Biesingen ins Bliestal

Weiter bergauf gelangt man nach Biesingen, der **höchstgelegenen Ortschaft** des Bliesgaus. Hier bieten sich grandiose Aussichten über das Bliestal bis hin zur Sickinger Höhe, den Höhen bei Pirmasens und zum Schaumberg bei Tholey. Der Turm der Kirche St. Anna ist ein weithin sichtbares Wahrzeichen des Bliesgaus und beliebtes Fotomotiv, besonders bei Sonnenuntergang.

Gastronomie: Restaurant »Bellevue« (Am Hölschberg 50, Tel. 06803/2563) Regionale Gerichte und Klassiker. Schöner Biergarten. Ruhetage: Mo, Di, Mi

links: Biesingen mit dem weithin sichtbaren Kirchturm von St. Anna

Im Nachbarort Aßweiler haben sich zwei schöne Bauernhäuser aus dem 18. Jahrhundert sowie ein Wegkreuz von 1814 erhalten. An das **Schloss Bagatelle**, das Ende des 18. Jahrhunderts zwischen Aßweiler und dem kleinen Dorf Seelbach stand, erinnert heute leider nur noch eine Hinweistafel.
Gastronomie: Rest. Schuwer (Saar-Pfalz-Str. 47, Tel. 06803/99188) Salate, Steaks, reg. Gerichte. Biergarten. Ruhetag: Do
Rundweg: Spazierweg Bagatelle

»Der Sänger« in Aßweiler, der 1997 vom örtlichen Gesangverein zu dessen 100-jährigem Jubiläum gestiftet wurde.

Über eine Serpentinenstraße gelangt man von Seelbach hinab nach Niederwürzbach. Eines der beliebtesten Ausflugsziele der Region und idealer Ausgangspunkt für Spaziergänge, Wanderungen und Radtouren ist der **Würzbacher Weiher**. Dieser muss wohl auch schon den Grafen von der Leyen gut gefallen haben, denn in den Achtzigerjahren des achtzehnten Jahrhunderts ließen diese sich hier mehrere Landhäuser und Schlösschen errichten. Die Zeiten – und das heißt vor allem: die Zeiten der Französischen Revolution – überdauert haben der »Runde Bau« bzw. **Annahof** sowie das, auch »Roter Bau« genannte, **Schloss Monplaisir**. Das größte und prächtigste Gebäude-Ensemble jedoch, das oberhalb des Roten Baus gelegene **Schloss (Neu-) Philippsburg**, wurde 1792 stark beschädigt und im Laufe des 19. Jahrhunderts abgetragen. Von ihm ist lediglich ein Nebengebäude erhalten. Der Name des Schlosses leitet sich übrigens vom Stammsitz derer von der Leyen ab: dem Schloss Philippsburg bei Koblenz an der Mosel. Rund um den Weiher laden eine Vielzahl gastronomischer Betriebe zur Einkehr ein und im Herbst findet die beliebte kulinarische Kastanienwanderung statt.
Bahnanbindung: Bahnlinie Saarbrücken-Pirmasens

links: Der Rote Bau am Würzbacher Weiher

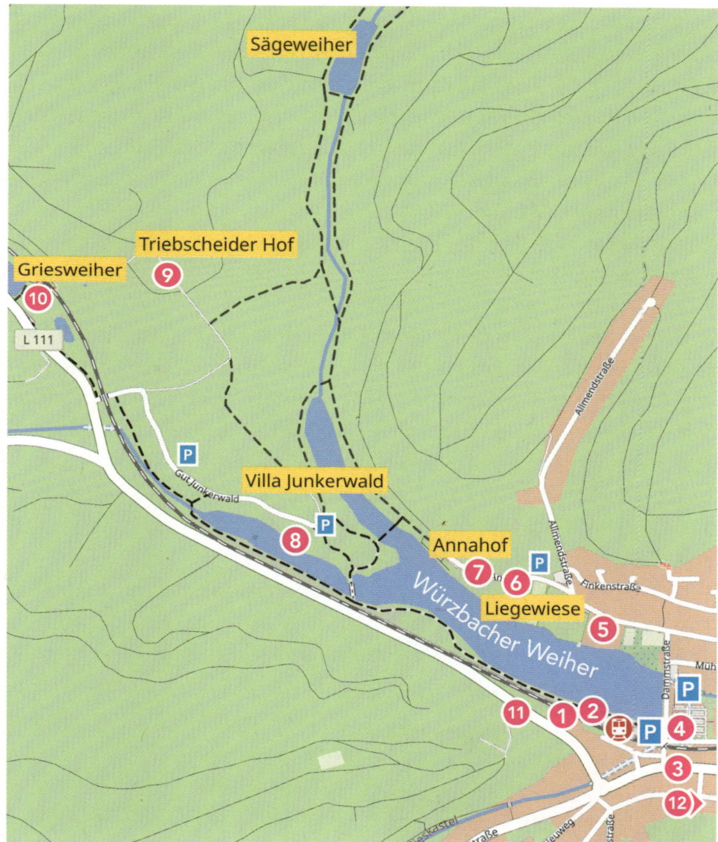

Gastronomie: ❶ Bahnhof Würzbach (Eisenbahnstraße 4, Tel. 06842/891616) Musikkneipe/Bistro. Ruhetag: Di. ❷ Petri-Klause (Am Weiher) Hütte. Ruhetag: Di ❸ Café Chili Lakeside (Bezirksstraße 31) Handgeröstete Kaffees, hausgemachtes Eis. Ruhetage: Mo, Di. ❹ Bistro am Weiher (Dammstraße 4, Tel. 06842/9616760) Ruhetag: Mo. ❺ Café am See (Marxstraße 83, Tel. 06842/7049) Kuchen, Torten, Eis. Seeterrasse und Wintergarten mit Seeblick. Ruhetage: Mo, Di, Do. ❻ Hopfenwiese. Biergarten. ❼ Hotel-Restaurant Annahof (Tel. 06842/96020) Restaurant in historischem Gebäude mit herrlichem Biergarten am See. ❽ Halbinsel (Tel. 06842/8064859) Jemenitisches

links: Sonnenaufgang am Würzbacher Weiher

Restaurant. Ruhetag: Mo. 9 Biergarten am Triebscheider Hof. Sonn- und feiertags ab 11 Uhr geöffnet. 10 Fischerhütte am Griesweiher. 11 Asia Restaurant Orchidee (Bezirksstraße 7, Tel. 06842/961409) Asiatische Spezialitäten, Sushi. Ruhetag: Mo. 12 Hotel-Restaurant Hubertushof (Kirschendell 32, Tel. 06842/6544) Traditionsgasthaus mit reg. Gerichten und Wildspezialitäten. Ruhetage: Mo, Di.

Rundwege: Uhu Runde, Weiher Runde, Mariannenweg – Würzbacher Schleife

Ein besonders ruhig gelegenes Dorf ist das, nur über eine Stichstraße, den »Alschbacher Weg«, erreichbare Alschbach. Frei von Durchgangsverkehr liegt es in einem von Wald umgebenen Talkessel. In der Ortsmitte steht in einem Garten, gegenüber einem giebelständigen Haus, das vermutlich älteste Steinkreuz des Stadtgebietes. Landschaftlich besonders reizvoll ist das Langental, das sich im Westen an den Ort anschließt. Auf dem Blieskasteler Berg zwischen Alschbach und Blieskastel erhebt sich der ca. 4000 Jahre alte **Gollenstein**, der mit 6,58 Metern höchste Menhir Mitteleuropas. Mittlerweile zur Tradition geworden ist die »Kulinarische Wanderung auf Alschbacher Bann«, die vom Dorfverein Alschbach an Fronleichnam veranstaltet wird und sich großer Beliebtheit erfreut.

Wegekreuz aus dem 17. Jh.

Gastronomie: Waldcafé Gut Lindenfels (Alschbacher Weg) hausgemachte Kuchen, Torten und Imbiss. Zauberhaft im Wald gelegen.

Öffnungszeiten (April bis Oktober): samstags 14 bis 18 Uhr, sonntags 11 bis 18 Uhr. In geraden Kalenderwochen gibts sonntags ab 9 Uhr Brunch (Anmeldung erforderlich).

Rundwege: Alschbacher Runde, Gollenstein Runde

rechts: Blühwiese im Langental

Gemeinde Gersheim

Einwohner: ca. 6.300

Ortsteile: Bliesdalheim, Gersheim, Herbitzheim, Medelsheim (mit Seyweiler), Niedergailbach, Peppenkum (mit Utweiler), Reinheim, Rubenheim und Walsheim

Im südlichen Bliesgau gelegen, vereint die Gemeinde Gersheim mit ihren Wäldern, Wiesen und beschaulichen Ortschaften alles, was das Biosphärenreservat Bliesgau so reizvoll macht. Der Europäische Kulturpark Bliesbruck-Reinheim ist eines der Highlights der Region. Die wunderschöne »Parr« rund um Medelsheim begeistert nicht nur Radfahrer.

Rundtour durch die Ortsteile
Wissens- und Sehenswertes

Nordöstlich des Ortes Bliesdalheim befindet sich ein aus dem Buntsandstein herausgehauener, 26 Meter langer **Eiskeller**. Vermutlich im 18. Jahrhundert entstanden, wurde er im 19. Jahrhundert zur Lagerung des im Winter auf der Blies gebrochenen Eises genutzt. Heute dient er Fledermäusen als Winterquartier, kann jedoch in den Sommermonaten im Rahmen von Führungen besichtigt werden. Im Ort lohnt sich ein Besuch der katholischen Pfarrkirche St. Wendelinus mit ihrem Hochaltar aus dem 18. Jahrhundert, der aus dem Homburger Kloster stammt. Ein Wegekreuz von 1854, das sogenannte **»Cholerakreuz«**, an der Ecke Bliestalstraße/Wendelinusstraße trägt die Inschrift »Zur Ehre Gottes. Errichtet von der K. Gemeinde Bliesdalheim um gnädige Abwendung der Cholera 1854«.
Freizeit: Bliestal-Freizeitweg

Auch in Herbitzheim erinnert ein Wegekreuz an die Choleraepidemie von 1854, von der auch dieses Dorf weitgehend verschont geblieben war. Aufgrund ihrer schwungvollen, runden Formgestaltung bemerkenswert ist die 1975 errichtete katholische Kirche St. Barbara.

links: Blick in die Parr bei Medelsheim

Historisches Bauernhaus in Bliesdalheim

Gastronomie: Café Saisonal (Blieskasteler Weg 5, Tel. 06843/800675) Hausgemachte Kuchen und vegetarische Gerichte. Geöffnet samstags von 14–18 Uhr. • Hotel-Restaurant Bliesbrück (Rubenheimer Str. 13, Tel. 06843/80000) Moderne Küche mit regionalen Zutaten. Täglich ab 18 Uhr geöffnet.
Freizeit: Bliestal-Freizeitweg
Rundwege: Der Bliesgauer, Der Hannock

In **Rubenheim** öffnet an jedem dritten Sonntag des Monats das **Museum für dörfliche Alltagskultur** sowie das im selben Haus untergebrachte **Museum des saarländischen Aberglaubens** seine Pforte (siehe Kapitel »Museen«). Der Turm der katholischen Kirche St. Mauritius stammt aus dem 11. Jahrhundert. Vor dem ehemaligen Pfarrhaus hinter der Kirche erinnert ein Gedenkstein an Gräfin Marianne von der Leyen, die hier 1793 auf ihrer Flucht vor den französischen Revolutionstruppen Zuflucht gefunden hatte.
Im Rohrental liegt der bei Spaziergängern und Wanderern beliebte **Rubenheimer Weiher**.

rechts: Barbarabrunnen in Rubenheim. Im Hintergrund das alte Pfarrhaus, in dem Gräfin Marianne von der Leyen im Mai 1793 Zuflucht fand.

Gänselieselbrunnen in der Ludwigstraße in Gersheim

Kultur: Museum der dörflichen Alltagskultur, Museum des saarländischen Aberglaubens
Freizeit: Rubenheimer Weiher, Golfclub Katharinenhof
Rundwege: Rubenheimer Brunnenweg, Der Rubenheimer

In **Gersheim** stehen etliche sehenswerte historische Häuser. Die beiden besonders schönen Bauernhäuser des **Lettenberghofes** wurden schon mehrfach prämiert. Bemerkenswert ist das **Empfangsgebäude des Bahnhofs Gersheim-Walsheim** der mittlerweile stillgelegten Bliestalbahn. Das ursprünglich zweigeschossige, später aufgestockte Gebäude besteht aus dem Westflügel und einem Teil des Mitteltraktes des 1879 abgerissenen, ersten Kaiserslauterer Bahnhofsgebäudes. Das Gegenstück, der Ostflügel des Ursprungsgebäudes, steht wenige Kilometer entfernt in Breitfurt.
1895 war in Gersheim ein Kalkwerk gegründet worden, welches das Neunkircher Eisenwerk mit diesem unentbehrlichen

Rohstoff versorgen sollte. Der Kalkabbau wurde 1922 unter Tage verlegt. Es entstand ein kilometerlanges Stollennetz, das gegen Ende des Zweiten Weltkrieges zum Zufluchtsort von etwa 2000 Menschen wurde, die hier rund hundert Tage lang inmitten mitgebrachter Möbel und mitsamt ihres verbliebenen Viehs ausharrten.

Wegekreuz von 1768 in Gersheim

Vor allem während der Hauptblütezeit von Mai bis Mitte Juli lohnt sich der Aufstieg vom Lachenhof hinauf zum **Gersheimer Orchideengebiet**.

Gastronomie: Historischer Bahnhof (Bahnhofstraße 3, Tel. 06843/902055) Vielfältige, moderne Küche. Hausgemachte Kuchen und Torten. Terrasse. Ruhetage: Mo, Di, Mi. • Eiscafé Messina (Hauptstraße 4)

Freizeit: Kneippanlage (Schulstraße), Bliestal-Freizeitweg

Rundwege: Bliesgau-Blicke, Der Medelsheimer, Orchideenpfad

Markantes Wahrzeichen des Dorfes Reinheim ist der **romanische Rundturm** (im Volksmund »Heiden-« oder »Römerturm« genannt) der katholischen Kirche St. Markus, der wohl schon um das Jahr 1000 als Wehrturm errichtet wurde. Ähnliche Türme befinden sich in Erfweiler-Ehlingen und Bebelsheim. Die schöne Barockausstattung im Innern der Kirche stammt aus dem Kloster Gräfinthal. Besonders sehenswert ist die Samson-Kanzel.

Bis in die 30er Jahre des 20. Jahrhunderts wurde an den Hängen des Bliestals Wein angebaut. Mancherorts finden sich noch Überreste alter Weinbergsmauern. In Reinheim erinnert ein um 1800 errichtetes Rebhäuschen an die lange Weintradition des Ortes, die vor wenigen Jahren mit der Instandsetzung einiger alter Rebanlagen wiederbelebt wurde. Der aus diesen Reben vom Weingut Steffenhof aus Trittenheim gekelterte »Biosphärenwein« wird zum Beispiel in der Jungholzhütte bei Bebelsheim serviert. Überregional bekannt ist der **Europäische Kulturpark Bliesbruck-Reinheim**, ein deutsch-französischer Archäologiepark, der auf 70

Sonnenaufgang über den Weinreben bei Reinheim

Hektar archäologische Funde präsentiert und insbesondere mit der teilweisen Rekonstruktion einer römischen Villenanlage Geschichte erlebbar macht (siehe Kapitel »Museen«).
Gastronomie: Café Fräulein Ida (Am Staaten 5) Café mit Garten, hausgemachte Kuchen und Torten, samstags und sonntags geöffnet. • Römische Taverne (Im Europäischen Kulturpark, Tel. 06843/9999442) Römische Küche. Geöffnet von März bis Oktober. Ruhetag: Mo. • Fischerhütte Reinheim (Robert-Schuman-Straße 15, Tel. 06843/589688) Saisonale Fischgerichte. Flammkuchen. Terrasse. Ruhetage: Di, Mi, Do.
Kultur: Europäischer Kulturpark Bliesbruck-Reinheim
Rundwege: Spazierweg Kulturpark, Lauschtour Kulturpark

links: Reinheim mit dem romanischen Rundturm der St. Markus-Kirche

Obwohl im Zweiten Weltkrieg in Niedergailbach der Großteil der Gebäude inklusive der 1721 erbauten Dorfkirche zerstört wurde, hat das hübsche Dorf am Gailbach vor allem in der Dorfmitte viel von seinem ursprünglichen, bäuerlichen Charme bewahrt. Von den zahlreichen Wegekreuzen im Ort sind insbesondere das Kreuz am Dorfbrunnen in der Bischof-Weis-Straße sowie das Sandsteinkreuz in der Oberen Straße sehenswert. Nur wenige Kilometer entfernt, auf der französischen Seite der Grenze liegt die Nachbargemeinde Obergailbach. Beide Orte liegen am gleichen Bach, dessen Wasser nach starken Regenfällen eine gelbliche, »gäle«, Färbung aufweisen soll.

Wegekreuz von 1756 in der Oberen Straße in Niedergailbach

Lässt man das Tal der Blies hinter sich und verlässt Gersheim ostwärts über die Landstraße L102, gelangt man zunächst in ein schönes, großes Waldgebiet, das im Frühjahr so manchen Bärlauchsammler anlockt. Hat man den Wald durchquert, öffnet sich der Blick in die malerische **Parr** und auf das schön gelegene Medelsheim. Kurz vor dem Ortseingang führt ein Kreuzweg hinauf zum Husarenberg und zur **Kreuzkapelle zur Schmerzhaften Mutter**, die eine Pietà von 1554 birgt. Die weithin sichtbare **Pfarrkirche St. Martin** ist Wahrzeichen und Namensgeber der Parr, der Landschaft rund um Medelsheim, welche die vier ehemals zur katholischen Pfarrei Medelsheim gehörenden Orte Medelsheim, Peppenkum, Seyweiler und Utweiler umfasst. Im Innern der Kirche befinden sich **Fresken** und ein **Altarretabel**

links: Die kleine Steige in Niedergailbach verbindet Unter- und Oberdorf.

Medelsheim, das Zentrum der Parr

Peppenkum

aus gotischer Zeit. Der jährlich am dritten Sonntag im Juli stattfindende **Jakobsmarkt** bietet regionale Spezialitäten, historisches Handwerk, Jahrmarkttreiben und blickt auf eine jahrhundertelange Tradition zurück.
Rundwege: Medelsheimer Kreuzweg, Der Medelsheimer

Ob es sich bei der in Lothringen entspringenden **Bickenalb** nun um einen kleinen Fluss oder doch eher um einen Bach handelt, sei dahingestellt. Jedenfalls fließt sie zwischen **Peppenkum** und Altheim besonders reizvoll durchs Tal. Wie überall in der Parr gibt es in Peppenkum und dem kleinen Nachbarort **Utweiler** einige sehenswerte Wegekreuze zu entdecken. Die Bruder-Konrad-Kirche in Utweiler ist Ziel des jedes Jahr am Pfingstmontag stattfindenden **Bruder-Konrad-Ritts**, der in Medelsheim beginnt und an dem Reiter, Kutsch- und Traktorenfahrer teilnehmen.

Neben den für die Parr obligatorischen Wegekreuzen ist im schön gelegenen **Seyweiler** vor allem der oberhalb des Ortes

rechts: Wegekreuz bei Utweiler

TIPP LIEBLINGSPLATZ

Der Vogesenblick, ein schöner Aussichtspunkt oberhalb von Seyweiler, bietet eine großartige Fernsicht bis weit in den Zweibrücker Westrich. In der Ferne sind bei klarer Sicht die Vogesen zu sehen.

gelegene **Vogesenblick** an der **Duser (Dieuzer) Straße**, einer alten Salzstraße, ein lohnenswertes Ziel.

Die Dorfmitte von Walsheim wartet mit einer geologischen Attraktion auf: dem **Duppstein**, einem ca. 10.000 Jahre alten porösen Kalktuffrücken mit fossilen Landschnecken und Pflanzenresten aus dem Quartär.
Die protestantische Kirche stammt aus dem 12. Jahrhundert. Ihr Turm gilt als einer der ältesten der sogenannten »Hornbacher Türme«, die sich alle durch einen quadratischen Grundriss und ein Satteldach auszeichnen und in ihren Maßen auf der »Hornbacher Elle« beruhen.
Bis in die 1930er Jahre hinein war Walsheim bekannt für das hier gebraute »Bier der Kenner«. Die **Walsheimer Brauerei** war zeitweise die bedeutendste Brauerei der Region und exportierte weltweit. Von den Gebäuden der Brauerei ist heute nur noch der gelegentlich als Veranstaltungsort genutzte **Gewölbekeller** erhalten, der bald saniert werden soll. Lange existierte »Walsheimer« aber noch als Markenname für den französischen Markt – gebraut wurde dieses Bier jedoch in Homburg. Doch heute wird auch in Walsheim wieder Bier gebraut, das regelmäßig auf Festen und Veranstaltungen in der Region angeboten wird und sich großer Beliebtheit erfreut.
Im Sommer ist das **Walsheimer Freibad** ein beliebtes Ausflugsziel. Es ist das am schönsten gelegene Freibad der Region. In direkter Nachbarschaft befindet sich ein **Campingplatz**.
Freizeit: Walsheimer Freibad, Kneippanlage (Brauereistraße)
Rundwege: Der Medelsheimer, Vogesenblick

rechts: Walsheim mit der katholischen Kirche

Gemeinde Mandelbachtal

Einwohner: ca. 10.500

Ortsteile: Bebelsheim, Bliesmengen-Bolchen, Erfweiler-Ehlingen, Habkirchen, Heckendalheim, Ommersheim, Ormesheim, Wittersheim

Die Gemeinde Mandelbachtal ist benannt nach einem gut 13 Kilometer langen Bachlauf, der bei Aßweiler entspringt und bei Habkirchen in die Blies mündet. Der Name des Baches leitet sich nicht etwa von Mandelbäumen ab – die es hier wohl nie gegeben hat –, sondern wahrscheinlich von den zahlreichen Kopfweiden entlang des Bachlaufes, aus deren Ruten man früher Körbe flocht. Die Blätter der Weiden – insbesondere jene der Mandelweide – gleichen denen von Mandelbäumen. Das beschauliche Tal liegt eingebettet zwischen sanft ansteigenden Hügeln, die umso höher erscheinen, je näher man der Mündung des Mandelbaches kommt. Mit seinen weitläufigen Wiesen und Feldern ist es bei Wanderern, Radfahrern und nicht zuletzt Reitern sehr beliebt.

Rundtour durch die Ortsteile
Wissens- und Sehenswertes

Ommersheim ist umgeben von ausgedehnten Feldern und Streuobstwiesen. Sehenswert ist neben einigen schönen alten Bauernhäusern die katholische Pfarrkirche Mariä Heimsuchung, deren historische Orgel aus der Werkstatt der Orgelbauerdynastie Stumm stammt. Der am Ortsrand gelegene Ommersheimer Weiher ist bei Spaziergängern beliebt, hier befindet sich der Gangelbrunnen und ein Kneipp-Tretbecken.
Gastronomie: Di Paola's (Am Ommersh. Weiher, Tel. 06803/3003) Ital. Restaurant. Biergarten. • Trattoria Aquila (Vichterstr. 1, Tel. 06803/994199) Ital. Restaurant. Ruhetag: Mi. • Bistro der Tennishalle (Ziegelhütte 13b) Biergarten. Ruhetage: So, Mo.
Freizeit: Ommersheimer Weiher • Kneippanlage am Weiher
Rundwege: Höfeweg, Spazierweg Metzelberg, Bettelwald-Weg

links: Blick auf Ommersheim

Auf der Römerstraße bei Heckendalheim kann man unvergleichlich schön dem Sonnenuntergang entgegenspazieren.

Auch der Nachbarort **Heckendalheim** liegt mitten im Grünen und bietet sich als Ausgangspunkt schöner Wanderungen an. Insbesondere ein Spaziergang auf der alten **Römerstraße**, die am Dorf vorbeiführt und der ca. 13 km lange Rundweg »Rund um Dalem« sind zu empfehlen. »Dalem« bzw. Dalheim war der ursprüngliche Name des Ortes. Die »Hecken« kamen erst im 17. Jahrhundert hinzu, um Verwechslungen mit dem im Bliestal gelegenen gleichnamigen Ort, der seinerseits 1816 den Namen Bliesdalheim erhielt, zu vermeiden. Rund um den Ort befinden sich ca. 120 Bunkerruinen aus der NS-Zeit. Heckendalheim befand sich mitten in der Höckerlinie des Westwalls.
Gastronomie: Hotel-Restaurant Dorfkrug (St. Ingberter Straße 64 – 66, Tel. 06803/602) Traditionsgasthaus, bodenständige, aber raffinierte Küche, abends Burger. Ruhetage: Mo, Mi
Rundwege: Rund um Dalem

Ormesheim ist der Verwaltungssitz der Gemeinde Mandelbachtal. Im Zentrum des Ortes ragt der Turm der 1932 erbauten ka-

Blick vom Koppelberg auf Ormesheim

tholischen **Pfarrkirche St. Mauritius** empor. Auch die einzige protestantische Kirche des Mandelbachtals, die **Kreuzkirche**, steht in Ormesheim. Ein weiterer bemerkenswerter Sakralbau – die **Strudelpeterkapelle** – befindet sich am oberen Ortsrand in der Kapellenstraße. Ebenfalls sehenswert sind, neben einigen alten Häusern im Ortskern und Wegekreuzen aus dem 18. Jahrhundert, der so genannte Sulgerhof in der Straße Neumühle sowie der Ponsheimer Hof und die Gassenmühle, die beide außerhalb des Ortes liegen und über die Landstraße Richtung Eschringen zu erreichen sind. Der aufwendig restaurierte **Sulgerhof** stammt aus dem 16. Jahrhundert und war Amtssitz des kurtrierischen Amtsmanns Sulger. Er ist eines der ältesten Gebäude des Saarlandes und befindet sich in Privatbesitz. Der **Ponsheimer Hof**, auf dem nun schon seit gut dreißig Jahren Islandpferde gezüchtet werden, hat seinen Namen von dem 1291 erstmals urkundlich erwähnten Weiler Ponsheim, über den wir heute nicht viel mehr wissen, als dass er sich an gleicher Stelle wie der Hof befunden hat. Vor dem Hof steht eine imposante,

TIPP LIEBLINGSPLATZ

Der 12 Meter hohe Aussichtsturm auf dem Heidenkopf bietet eine fantastische Fernsicht, die an klaren Tagen bis zu den Vogesen reicht. Am Turm befindet sich ein Wanderparkplatz.

als Naturdenkmal eingetragene, 300 Jahre alte Rosskastanie. Mindestens genauso alt dürfte die **Gassenmühle** sein, die an der Landstraße Richtung Ensheim, auf Ensheimer Gemarkung gelegen ist. Die alte Bannmühle des Klosters Wadgassen sollte im 18. Jahrhundert zur Geburtsstätte der bemerkenswerten Unternehmerdynastie Adt werden. Was mit den handgeschnitzten Behältnissen des Müllers Mathias Adt begann und sich ab 1739 mit der Herstellung von Pappmachédosen für die Propstei des Klosters Wadgassen fortsetzte, entwickelte sich in der Folge zu einem weltweit tätigen, familiengeführten Unternehmen, das zeitweise zu den größten Arbeitgebern der Saarregion gehörte, nach dem Zweiten Weltkrieg jedoch seinen Niedergang erlebte.

Gastronomie: Gasthaus Niederländer (Adenauerstraße 69, Tel. 06893/2442) Gut bürgerliche Küche. Ruhetage: Mo, Di

Rundwege: Kneippweg Ormesheim, Natura Trail Mandelbachtal

Die erste Ortschaft der Gemeinde Mandelbachtal, die vom Mandelbach auf seinem Weg von der Quelle zur Mündung durchflossen wird, ist **Erfweiler-Ehlingen**. Sehenswert ist insbesondere der Ortskern rund um die katholische Pfarrkirche St. Mauritius. Der romanische Rundturm der Kirche stammt aus dem 12. Jahrhundert und war vermutlich ein Wehrturm oder gehörte zu einer befestigten Anlage. Auch die Kirchen von Bebelsheim und Reinheim verfügen über romanische Rundtürme. Oberhalb des Ortes steht am Hang des Hölschberges die schöne Josefskapelle, von der aus man einen schönen Ausblick ins Mandelbachtal hat.

Gastronomie: Pensionär- und Wanderhütte. ÖZ: Fr–So.

Freizeit: Kneippanlage, Beachvolleyballanlage, BMX-Parcours

Rundwege: Kneippweg Erfweiler-Ehlingen, Schornwald Runde

rechts: Der markante »Römerturm« der Kirche St. Mauritius in Erfweiler

Restauriertes Sandsteinkreuz von 1817 in Wittersheim

Die nächste Station des Mandelbaches auf seinem Weg zur Mündung in die Blies ist Wittersheim. Neben den obligatorischen historischen Wegekreuzen und der schönen Ortsmitte ist es vor allem die idyllische Lage, die den besonderen Reiz des gut 600 Einwohner zählenden Dorfes ausmacht. Die Umgebung lädt zu Spaziergängen und Wanderungen ein. Zu empfehlen ist der Besuch des **Kulturlandschaftszentrums Haus Lochfeld**, das sich von der Ortsmitte bequem zu Fuß erreichen lässt, aber auch mit dem Auto angefahren werden kann (allerdings ist die Zahl der Parkplätze sehr begrenzt). Rund um das schön gelegene Haus wurde eine vielfältige Gartenlandschaft mit ökologischem Weinberg, Streuobstwiesen, Kräuter-, Bauern-, Rosen-, Beerengarten und einem Bienenhaus angelegt.
Freizeit: Lauschtour am Haus Lochfeld

Nur wenige hundert Meter von Wittersheim entfernt befindet sich der nicht minder schön gelegene Ort Bebelsheim. Nicht allein ihrer Größe wegen bemerkenswert sind die beiden Zweiseithöfe am Ortseingang. Es handelt sich um Erbhöfe, die 1940 nach dem Frankreichfeldzug errichtet wurden. Vielerorts hatte der Krieg in der Region, die in der im Kriegsfall zu räumenden »Roten Zone« lag, tiefe Spuren hinterlassen. Die Menschen, die 1940 aus der Evakuierung in ihre Heimatorte zurückkehrten, fanden diese oft weitgehend zerstört vor. In vielen Orten gab es kaum ein Haus, das nicht beschädigt war – sei es aufgrund von Granatenbeschuss, von Plünderungen oder aufgrund von Witterungseinflüssen. Doch die Notwendigkeit des Wiederaufbaus wurde von den NS-Machthabern auch zur ideologischen Neugestaltung der Orte ausgenutzt, wobei sogar vor dem Abriss

rechts: Der romanische Rundturm der Kirche St. Margaretha in Bebelsheim

Die Annakapelle in Habkirchen

intakter Häuser nicht zurückgeschreckt wurde. Die Errichtung von Erbhöfen, die in der nationalsozialistischen Blut- und Bodenideologie eine wichtige Rolle spielten, fügt sich in dieses Bild.
In der Dorfmitte Bebelsheims steht eine von nur drei saarländischen Kirchen mit romanischem Rundturm. Wie die Türme von Erfweiler-Ehlingen und Reinheim stammt auch dieser aus dem 12. Jahrhundert und war wohl Teil des wehrhaften Wohnsitzes der Ritter von Bebelsheim. Direkt neben der Kirche befindet sich ein großer Kinderspielplatz. Das oberhalb des Ortes in Richtung Gräfinthal gelegene Brudermannsfeld soll einst Schauplatz des Wunders der Madonna mit den Pfeilen gewesen sein.
Gastronomie: Jungholzhütte (Die Hütte liegt am Waldrand oberhalb des Ortes, die Zufahrt ist ausgeschildert.) Kleine Gerichte und Brotzeiten mit Produkten aus der Biosphäre. Mittwochs, samstags sowie an Sonn- und Feiertagen geöffnet.

In **Habkirchen** erreicht der Mandelbach sein Ziel und mündet in die Blies. Im Mittelalter residierten hier die **Bliesgaugrafen**, bevor sie sich im 11. Jahrhundert bliesaufwärts eine größere Burg

Die Europäische Freundschaftsbrücke führt ins französische Frauenberg.

errichteten, zu deren Füßen sich das heutige Blieskastel entwickeln sollte. Die **Europäische Freundschaftsbrücke** verbindet den Ort mit dem französischen Frauenberg, das sich vor allem wegen seiner Burgruine zu besuchen lohnt. Wenige Meter von der Brücke entfernt, erinnert im historischen Zollamtsgebäude das **Zollmuseum** an eine Zeit, als Grenzen noch nicht so offen waren, wie wir es heute gewohnt sind, und zum Beispiel auch Karl Marx im »Königlich Bayrischen Nebenzollamt 1. Klasse Habkirchen« seinen Pass vorweisen und abstempeln lassen musste. In der Zweibrücker Straße fällt ein von weißen Mauern eingefasstes Grundstück auf. Hier ließ 1877 der lothringische Unternehmer Eduard Jaunez, eine Villa im Stil des Historismus erbauen: das **Hofgut Habkirchen**. Es diente Eduards Bruder Sylvestre Léon Jaunez als Sommersitz. Nach aufwendiger Renovierung durch die jetzigen Eigentümer steht das Hofgut heute unter Denkmalschutz. Direkt gegenüber dem Hofgut steht ein **Sandsteinkreuz** aus dem Jahr 1667. Etwa 300 Meter entfernt Richtung Reinheim befindet sich die **Annakapelle**, die erstmals 1239 Erwähnung fand. Nachdem sie im Zweiten Weltkrieg fast

vollständig zerstört worden war, wurde sie 1947 von der Habkircher Bevölkerung wieder aufgebaut. Ebenfalls sehenswert ist die 1768 erbaute katholische **Pfarrkirche St. Martin**, deren romanischer Turm aus dem 12. Jahrhundert stammt.
Kultur: Zollmuseum Habkirchen
Freizeit: Brücken-Tour, Kanu-Anlegestelle, Campingplatz

Das 2023 mit Gold im Bundeswettbewerb »Unser Dorf hat Zukunft« ausgezeichnete **Bliesmengen-Bolchen** liegt an der deutsch-französischen Grenze, deren Verlauf hier von der Blies vorgegeben wird. Zwei Kirchen prägen das Ortsbild: die 1965 eingeweihte **Pfarrkirche St. Paulus** mit ihrem markanten, freistehenden Rundturm und die frühere Dorfkirche **St. Petrus in Ketten**, die heute nur noch als Einsegnungshalle Verwendung findet. Eine Fußgängerbrücke verbindet seit 1990 den Ort mit dem französischen Blies-Schweyen. Seit 2015 hat die Brücke auch einen Namen, nämlich **Fährmannsbrücke**, und seit Ende 2020 lädt der vor der Brücke angelegte Fährmannsplatz zum Verweilen und zur deutsch-französischen Begegnung ein. Zu verdanken ist dieser Platz, wie viele andere kleinere und größere,

Bliesmengen-Bolchen

rechts: Das Wehr bei Bliesmengen-Bolchen

Gräfinthal mit der historischen Klosterkirche

immer aber liebevolle Verschönerungen, den engagierten Mitgliedern des Dorfvereins von Bliesmengen-Bolchen.

Der Wallfahrtsort **Gräfinthal**, ein Ortsteil Bliesmengen-Bolchens, zählt wegen seiner Klosteranlagen – deren Ursprünge ins 13. Jahrhundert zurückreichen –, der Naturbühne Gräfinthal – einem Freilichttheater, das seit 1932 zu begeistern weiß – und nicht zuletzt seiner Gastronomie zu den touristischen Highlights der Region.

Gastronomie: Gräfinthaler Hof (Gräfinthal 6, Tel. 06804/91100) Gehobene Küche aus Zutaten der Region. Schöner Biergarten. Ruhetage: Mo, Di. • Alessandro's Gelato to go (Bliestalstraße 66) Hausgemachtes Eis »to go«. • Il Ritrovo (Am Schiffert 2, Tel. 06804/1214) Italienisches Restaurant. Ruhetage: Mo, Di. • Trattoria La Contessa (Gräfinthal 3, Tel. 06804/9940144) Leichte, authentische italienische Küche. Schöner Biergarten. Ruhetage: Di, Mi.

Kultur: Naturbühne Gräfinthal, Haus der Dorfgeschichte

Rundwege: Spazierweg Gräfinthal, Gräfinthaler Klosterpfad, Heidenkopfrunde

rechts: Historisches Taubenhaus im Innenhof des ehem. Wilhelmitenklosters

Gemeinde Kleinblittersdorf

Einwohner: ca. 10.800

Ortsteile: Auersmacher, Bliesransbach, Kleinblittersdorf, Rilchingen-Hanweiler, Sitterswald

Die Grenze der Gemeinde Kleinblittersdorf wird zum großen Teil durch den Verlauf zweier Flüsse bestimmt. Im Südosten folgt sie zunächst dem Verlauf der Blies, die auf ihren letzten Kilometern zum deutsch-französischen Grenzfluss wird, bis sie bei Saargemünd in die Saar mündet. Ab hier ist es die Saar, die bis zum Saarbrücker Stadtteil Güdingen den Grenzverlauf Deutschlands und Frankreichs vorgibt. Wie überall, wo Nationen durch Flüsse voneinander getrennt sind, kommt auch an Blies und Saar den Brücken eine besondere Bedeutung zu. Die viel genutzte »Freundschaftsbrücke« verbindet Kleinblittersdorf mit dem lothringischen Grosbliederstroff. Im Frühjahr 2020 sorgten die coronabedingten Grenzschließungen für symbolträchtige Bilder, die bundesweit durch die Medien gingen: Das polizeiliche Absperrband, mit dem die Freundschaftsbrücke notdürftig gesperrt worden war, wurde alsbald zerrissen und niedergetreten.

Rundtour durch die Ortsteile
Wissens- und Sehenswertes

Kleinblittersdorf ist bis heute geprägt durch seine Nähe zu Frankreich. Mehr noch: Es gehörte im Lauf der Jahrhunderte immer wieder selbst zu Frankreich bzw. Lothringen oder stand unter französischer Verwaltung. Dem Nachbarort Grosbliederstroff auf der französischen Seite der Saar erging es genau umgekehrt. Wobei es noch etwas komplizierter ist, denn die beiden Orte gehörten ursprünglich zusammen und wurden erst geteilt, als Kleinblittersdorf im Zuge der durch den Wiener Kongress angestrebten Neuordnung Europas Teil der preußischen Rhein-

links: Blick auf Kleinblittersdorf und Grosbliederstroff. Hinter der Kleinblittersdorfer Pfarrkirche St. Agatha ist die Freundschaftsbrücke zu erkennen, die über die Saar zum französischen Nachbarort führt.

Die Freundschaftsbrücke verbindet Kleinblittersdorf und Grosbliederstroff.

provinz wurde, während Grosbliederstroff zunächst französisch blieb. Heute verbindet die **Freundschaftsbrücke** die beiden Ufer. Wer Kleinblittersdorf besucht, sollte es nicht versäumen, die Brücke zu überqueren und sei es nur, um gleich hinter der Brücke auf der Terrasse des **Café Côté Canal** ein Stück Kuchen zu genießen. Es herrscht ein reger Grenzverkehr in Kleinblittersdorf, nicht zuletzt weil der Ort durch die **Saarbahn** sowohl mit der saarländischen Landeshauptstadt Saarbrücken als auch mit Sarreguemines verbunden ist. Das mag auch ein Grund dafür sein, dass sich im Ortskern bis heute noch mehrere Geschäfte behaupten können, die im Zusammenspiel mit den teils modernen, teils historischen Häusern den ganz eigenen Charme des Ortes ausmachen. Hervorzuheben sind die 1906–1908 erbaute **katholische Pfarrkirche St. Agatha** und der kuriose **Kindchesbrunnen** in der Klosterstraße.

Außerhalb des Ortes, auf der Anhöhe oberhalb von Bliesransbach liegt der historische **Wintringer Hof** und in dessen Zent-

links: Der Wintringer Hof bei Bliesransbach

rum die sehenswerte **Wintringer Kapelle**, die auf Überreste einer Prioratskirche aus dem 15. Jahrhundert zurückgeht. Auf dem Hof betreibt die Lebenshilfe Obere Saar einen landwirtschaftlichen Bioland-Betrieb mit eigenem Hofladen und Restaurant.

Historie: 777 erste Erwähnung des lothringischen Bliederstorff • 1766 kommt der Ort zu Frankreich und 1781 in den Besitz der Grafen von der Leyen • Ab Ende des 16. Jahrhunderts tauchen erstmals die Präfixe Groß- bzw. Klein- auf, die sich von den Einwohnerzahlen der beiden Ortsteile herleiten • Nach 1792 sind beide Ortsteile Teil des französischen Saardepartements • Nach den napoleonischen Kriegen wird Kleinblittersdorf Teil der preußischen Rheinprovinz • Ab 1871 gehören beide Teile zum Deutschen Reich • Ab 1919 gehört Großblittersdorf zu Frankreich und Kleinblittersdorf zunächst zum Saargebiet, ab 1935 (erste Saarabstimmung) wieder zum Deutschen Reich, dem auch Großblittersdorf wieder ab 1940 angehört • Nach Ende des Zweiten Weltkrieges stehen zunächst beide Ortsteile unter französischer Kontrolle: Grosbliederstroff als Teil des Départements Moselle, Kleinblittersdorf als Teil des teilautonomen Saarlands • Infolge der zweiten Saarabstimmung 1955 wird das Saarland und mit ihm Kleinblittersdorf zum 1. Januar 1957 Teil der Bundesrepublik Deutschland … die komplizierte Historie eines geteilten Ortes!

Abbildung: © Bildnis Dr. Alfred Döblin/E. L. Kirchner

ALFRED DÖBLIN

Dem zwischen Bliesransbach und Bliesmengen-Bolchen gelegenen **Ritthof** hat Alfred Döblin, der während des Ersten Weltkrieges im benachbarten Saargemünd als Militärarzt Dienst tat, mit seiner Erzählung »Das Gespenst vom Ritthof« ein literarisches Denkmal gesetzt. Es wird wohl nicht zuletzt der hier angebaute »gelbe Saarwein« gewesen sein, der den Schriftsteller wiederholt nach Bliesransbach auf den Hof lockte. Heute erinnert der 1,5 Kilometer lange **Alfred-Döblin-Weg** an Döblins Zeit in der Region. Startpunkt ist am Ritthof, wo mittlerweile auch wieder Wein angebaut wird.

Viehtränke am Ortsrand von Bliesransbach

Freizeit: Freibad (Wintringer Straße 88), Lauschtour auf dem Wintringer Hof
Gastronomie: Eiscafé Kaos (Elsässer Straße 34) • San Remo (Saarbrücker Str. 2, Tel. 06805/22106) Italienisches Restaurant. Ruhetage: Mo, Di. • Landgasthaus Wintringer Hof (Am Wintringer Hof 1, Tel. 06805/902500) Saisonale Küche, Zutaten zum großen Teil aus eigenem Bio-Anbau. Ruhetag: Mo.

Wer sich Bliesransbach, von Kleinblittersdorf kommend, auf der L254 nähert, versteht, warum das Dorf gerne als **Tor zum Bliesgau** bezeichnet wird. Von der Anhöhe kommend, präsentiert es sich von seiner schönsten Seite. Es liegt inmitten sanft abfallender Hügel unweit der Blies, die hier ihre letzten Windungen in die Landschaft zeichnet, bevor sie bei Saargemünd in die Saar mündet. Die katholische Pfarrkirche wurde 1779 durch Erweiterung eines Baus aus dem 17. Jahrhundert errichtet. Sehenswert ist auch die **Wendalinuskapelle** aus dem 18. Jahrhundert. Doch wie so oft im Bliesgau ist es in erster Linie die Lage mitten im

Bliesransbach, das sonnenverwöhnte »Tor zum Bliesgau«

Backhaus

Das Backhaus am Dorfplatz in Auersmacher. Dahinter ist der Turm der katholischen Pfarrkirche Mariä Heimsuchung zu sehen.

Das Alte Bauernhaus in Auersmacher

Grünen, welche die Attraktivität des Ortes ausmacht. Der weite Talkessel bietet vielfältige Möglichkeiten für entspannte Spaziergänge und aussichtsreiche Wanderungen.
Freizeit: Kneippanlage (An der Wendalinuskapelle)

Vielerorts in der Region finden sich Menschen zusammen, die sich gemeinsam für ihre Dörfer und die Bewahrung dörflicher Traditionen einsetzen. Auch in Auersmacher gibt es allem Anschein nach noch ein vitales Dorfleben und engagierte Menschen. Direkt am schönen Dorfplatz betreibt der Heimat- und Verkehrsverein Auersmacher seit über 40 Jahren ein traditionelles **Backhaus**, in dem regelmäßig Backtage stattfinden. Das sehenswerte **Alte Bauernhaus** in der »Kirchegass«, direkt gegenüber der Kirche, ist heute Heimatmuseum und Pilgerherberge und wird ebenfalls von den Mitgliedern eines Vereines betrieben. Es stammt aus dem 18. Jahrhundert und wurde bis 1967 landwirtschaftlich genutzt (siehe Kapitel »Museen«).

Schon zu Zeiten der Grafen von der Leyen war in Rilchingen-Hanweiler eine Salzwasserquelle, die Augusta-Quelle, erschlossen worden, welche ab 1790 zur Salzgewinnung mittels Salinen genutzt wurde. Marianne von der Leyen soll sogar geplant haben, hier ihren Lebensabend zu verbringen, und ließ sich ein standesgemäßes Schlösschen – die **Annahalle** – nebst prächtigem Schlossgarten errichten. Doch die Freude an dem schicken Neubau sollte nicht lange währen. 1793 wurden im Zuge der Französischen Revolution Saline und Schloss beschlagnahmt und 1810 endgültig zerstört. Lediglich zwei Türme des Salinenbetriebes – der **Viktoria-Turm** und der **Turm der Augusta-Quelle** – sind erhalten geblieben. Sie befinden sich im Schlossgarten Rilchingen auf dem Gelände der Barmherzigen Brüder. Wer sich die Türme ansehen möchte, parkt am besten in der Peter-Friedhofen-Straße und betritt von dort das Gelände der Barmherzigen Brüder. Der Schlossgarten befindet sich direkt hinter dem großen, augenscheinlich historischen Gebäude, auf das man vom Parkplatz aus zugeht. Ab 1841 gab es in Rilchingen-Hanweiler für wenige Jahre sogar einen Kurbadbetrieb, weshalb man noch heute gelegentlich auf die Schreibweise »Bad Rilchingen« stößt. Seit 1922 wurden die örtlichen Quellen zur Gewinnung von Mineralwasser genutzt, das bis zum Jahr 2020 unter dem Namen »Rilchinger« bekannt und beliebt war. Die Wiederbelebung der Badetradition erfolgte 2012 mit der Eröffnung der **Saarland-Therme**, die mit Thermalbecken, diversen Saunen und Spa-Bereich ein laut Homepage »magisches, mediterranes Erholungsparadies« verspricht. In direkter Nachbarschaft zu diesem Wellness-Tempel ergänzen Glamping-Unterkünfte, ein Wohnmobil-Stellplatz sowie der **Erlebnispark Bliesgau** das touristische Angebot des **Saarland Thermen Resorts**.

Freizeit: Saarland Therme (Zum Bergwald 1), Saarland Thermen Resort (Glamping, Wohnmobilstellplatz, Erlebnispark Bliesgau)

Gastronomie: Pui's Restaurant (Bahnhofstr. 57, Tel. 06805/2058350) Thailändische Küche. Ruhetage: Mo, Di, Mi. • Eiscafé Ragno Doro (Konrad-Adenauer-Straße 22)

links: Der Viktoria-Turm im Schlossgarten Richlingen

Bei **Sitterswald,** dem jüngsten Ortsteil der Gemeinde, handelt es sich nicht um ein »gewachsenes«, sondern um ein buchstäblich am Reißbrett geplantes Dorf, das nach dem Wald benannt ist, der für seinen Bau gerodet worden war. 1935 wurde das Dorf bewusst in Sichtweite Saargemünds, direkt an der deutsch-französischen Grenze errichtet. Doch was derart unrühmlich als Ausdruck von Provokation und deutscher Überheblichkeit seinen Anfang nahm, hat sich zu einem beliebten Wohnort und einem Ort gelebter deutsch-französischer Freundschaft entwickelt. Dem kleinen Marktplatz in der Dorfmitte mag man durchaus einen Hauch französisches Flair zugestehen. Wer der Beschilderung des **Blies-Grenz-Weges**, der in Sitterswald beginnt, folgt, gelangt schon bald zu einer weiteren **Freundschaftsbrücke**, die über die Blies hinüber nach Saargemünd führt. Von der Brücke aus hat man den besten Blick auf die malerische, 1841 erbaute **Bliesmühle**, die bis 1960 der Herstellung von Steingutmasse diente und heute ein Keramikmuseum beherbergt (siehe Kapitel »Museen«).

Rundwege: Bliesgrenzweg

TIPP LIEBLINGSPLATZ

Die Bliesmühle bei Saargemünd ist ein erster Höhepunkt des Bliesgrenzweges. Doch auch, wer die Mühen des gut 15 Kilometer langen Premiumwanderweges scheut, sollte sich die Bliesmühle nicht entgehen lassen. Vom Wanderparkplatz in Sitterswald ist es ein Spaziergang von etwa einem Kilometer bis zur Freundschaftsbrücke, von der aus man den besten Blick auf das Mühlengebäude hat. In der Mühle ist heute ein Keramikmuseum untergebracht.

rechts: Sitterswald

Stadt St. Ingbert

Einwohner: ca. 35.000

Stadtteile: St. Ingbert-Mitte (mit Sengscheid und Schüren), Hassel, Oberwürzbach (mit Reichenbrunn und Rittersmühle), Rentrisch und Rohrbach

St. Ingbert kann auf eine lange Tradition als Bergbau- und Industriestandort zurückblicken. Erste Kohlengruben bestanden schon zu Beginn des 17. Jahrhunderts, ein Eisenwerk, die »Alte Schmelz«, nahm 1733 den Betrieb auf. Der Bergbau in St. Ingbert endete 1959, doch als Wirtschaftsstandort ist die Stadt nach wie vor von großer Bedeutung für die Region.

Ihren Ruf als heimliche Kulturhauptstadt des Saarlandes verdankt sie vor allem der »St. Ingberter Pfanne«, einem seit 1985 jährlich stattfindenden Kleinkunstwettbewerb, und dem Jazzfestival, das seit 1987 viele internationale Musikerinnen und Musiker in die Mittelstadt gelockt hatte, leider jedoch 2019 zum wohl endgültig letzten Mal stattfand. Auch der in St. Ingbert geborene Maler Albert Weisgerber muss in diesem Zusammenhang genannt werden. Auf die Wiedereröffnung des Albert Weisgerber Museums in den neuen Räumlichkeiten in der Alten Baumwollspinnerei freuen sich viele.

Mit seiner kleinen, aber feinen Fußgängerzone weiß sich St. Ingbert als Einkaufsstadt durchaus zu behaupten. Mittwochs und samstags findet vor dem Rathaus ein Wochenmarkt statt, der als einer der schönsten der Region gilt. Neben regionalem Obst und Gemüse werden auch Käse, Gewürze, Fleisch, Fisch, Essige, Öle, Töpferwaren, Blumen und mehr angeboten.

Ihren hohen Freizeit- und Erholungswert verdankt die Stadt vor allem den ausgedehnten Wäldern, von denen sämtliche Stadtteile umgeben sind.

Sehenswertes in St. Ingbert

Seine Blütezeit erlebte St. Ingbert im Zuge der industriellen Revolution, die dem einstmaligen »Walddorf« ein rasantes Wachstum bescherte. Gemäß den Beschlüssen des Wiener Kongresses wurde St. Ingbert 1816 – wie auch das benachbarte Homburg –

rechts: Über den Häusern der Blieskasteler Straße in St. Ingbert ragt der Turm der Engelbertskirche hervor.

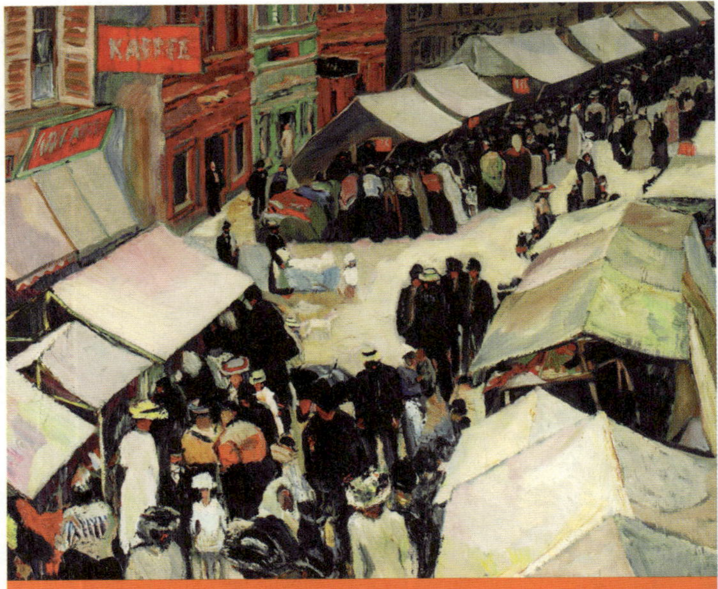

ALBERT WEISGERBER

Zu den herausragenden Persönlichkeiten St. Ingberts zählt der Maler und Grafiker **Albert Weisgerber**, der hier am 21. April 1878 als Sohn des Bäckers und Gastwirts Peter Weisgerber geboren wurde. Früh zeigte sich, dass aus dem elterlichen Wunsch, aus dem Sohn einen Volksschullehrer zu machen, nichts werden würde. Nach dem Besuch der Kreisbaugewerbeschule in Kaiserslautern und einer begonnenen Lehre als Dekorationsmaler in Frankfurt, wechselte er 1894 an die Kunstgewerbeschule in München. Von 1897 bis 1901 studierte er an der Akademie der Bildenden Künste in München. Bereits während des Studiums arbeitete er als Zeichner für die Zeitschrift »Jugend«, später auch für den »Simplicissimus«. Auch als Buchillustrator und Plakatgestalter war er erfolgreich. Reisen führten ihn u.a. nach Venedig, Paris und Florenz. Besonders sein Paris-Aufenthalt und die Auseinandersetzung mit Toulouse-Lautrec, Cézanne, Manet und Matisse hatten großen Einfluss auf seine künstlerische Entwicklung. Ab 1911 fanden größere Ausstellungen seiner Werke u.a. in München, Dresden, Berlin und Zürich statt. 1913 gehörte er zu den Gründungsmitgliedern der Künstlervereinigung »Neue Münchener Secession«. Im August 1914 wurde Albert Weisgerber zum Militär eingezogen, am 10. Mai 1915 fiel er an der Front bei Fromelles. Er hinterließ ein umfangreiches Werk, das neben Portraits und biblisch-religiösen Motiven auch etliche Ansichten und Szenen aus St. Ingbert umfasst (oben: Jahrmarkt in St. Ingbert (I), 1906).

dem Königreich Bayern zugeschlagen. 1829 wurde es zur Stadt erhoben. Da St. Ingbert den Zweiten Weltkrieg weitgehend unbeschadet überstanden hat, verwundert es nicht, dass viele der sehenswerten Gebäude der Stadt aus diesem »bayerischen Jahrhundert« der Saarpfalz (1816–1919) stammen. Im Stadtzentrum finden sich etliche schöne Häuser aus der Zeit um die Jahrhundertwende mit teils aufwendig gestalteten Erkern, Simsen und Fenstereinfassungen. Es lohnt sich also bei einem Stadtrundgang immer wieder den Blick zu heben. Insbesondere die Rickert-, die Post-, die Ludwigs- und die Kaiserstraße seien in dieser Hinsicht empfohlen. Hervorzuheben ist das ehemalige **Königlich Bayerische Postamt** in der Rickertstraße 17.

Am Geburtshaus des Malers Albert Weisgerber erinnert ein Relief nebst Tafel an den berühmten Sohn der Stadt.

In der Fußgängerzone steht nicht nur das **Geburtshaus des Malers Albert Weisgerber**, des berühmtesten Sohnes der Stadt. Er hat sich auch künstlerisch im Stadtbild verewigt: Für das seit 1890 bestehende Zigarrenhaus Bennung hat er 1903 das Firmensignet gestaltet, das über der Eingangstür des Ladengeschäftes zu sehen ist. Die zehn Stationen des 2022 eröffneten **Albert-Weisgerber-Rundweges** folgen den Spuren des Malers durch die Stadt. Die QR-Codes an den Schautafeln führen zu weiterführenden Informationen und Bildern und machen aus dem realen Stadt- einen virtuellen Museumsrundgang. Der Rundgang beginnt an Weisgerbers Geburtshaus.

Im Zentrum der Fußgängerzone steht die barocke **Engelbertskirche**. Sie war 1755 im Auftrag der Grafen von der Leyen und nach Plänen des Baumeisters Friedrich Joachim Stengel, der unter anderem auch für die Saarbrücker Ludwigskirche verantwortlich war, erbaut worden. Ursprünglich hatte man die Kirche nach dem vermeintlichen Namenspatron der Stadt St. Ingobertus nennen wollen, doch dieser tauchte im offiziellen Hei-

Ein in Bronze gegossenes Tastmodell der Stadt St. Ingbert soll insbesondere sehbehinderten Menschen einen haptischen Eindruck der Stadt vermitteln. Es befindet sich in der Fußgängerzone neben der Engelbertskirche.

ligenverzeichnis nicht auf. Seine Existenz wurde schon damals nicht als gesichert angesehen, daher entschied man sich für den ähnlich klingenden Heiligen Engelbert. Seit 2007 erklingt vom Turm der Kirche mehrmals täglich eine zur Jahreszeit oder zur liturgischen Festzeit passende Melodie. An jedem Werktag erklingt um 12 Uhr das Steigerlied. Bis zum Bau der Kirche St. Josef, die 1893 eingeweiht wurde, diente die Engelbertskirche als Pfarrkirche für St. Ingbert. An ihrem Ende knickt die Fußgängerzone in die Ludwigstraße ab. Durch einen schmalen Durchgang gelangt man zum versteckt gelegenen, kleinen **Maxplatz**, der auf allen vier Seiten von Häusern, von denen einige zu den ältesten der Stadt zählen, eingefasst wird.

Die heutige Pfarrkirche **St. Josef** liegt unweit der Fußgängerzone etwas erhöht an der Kaiserstraße. Sie ist nach dem Speyerer Dom die größte Kirche des Bistums Speyer und ist ein Wahrzeichen der Stadt. Ihr Inneres ist nicht zuletzt wegen des Hochaltars und der prächtigen Orgel sehenswert. 2007 kam es zu einem verheerenden Großbrand, der das Dach und den Turmhelm der Kirche zerstörte und sämtliche Glocken irreparabel beschädigte.

links: Blick von der im Stadtzentrum gelegenen Gustav-Clauss-Anlage, der »grünen Lunge« St. Ingberts, zur Josefskirche

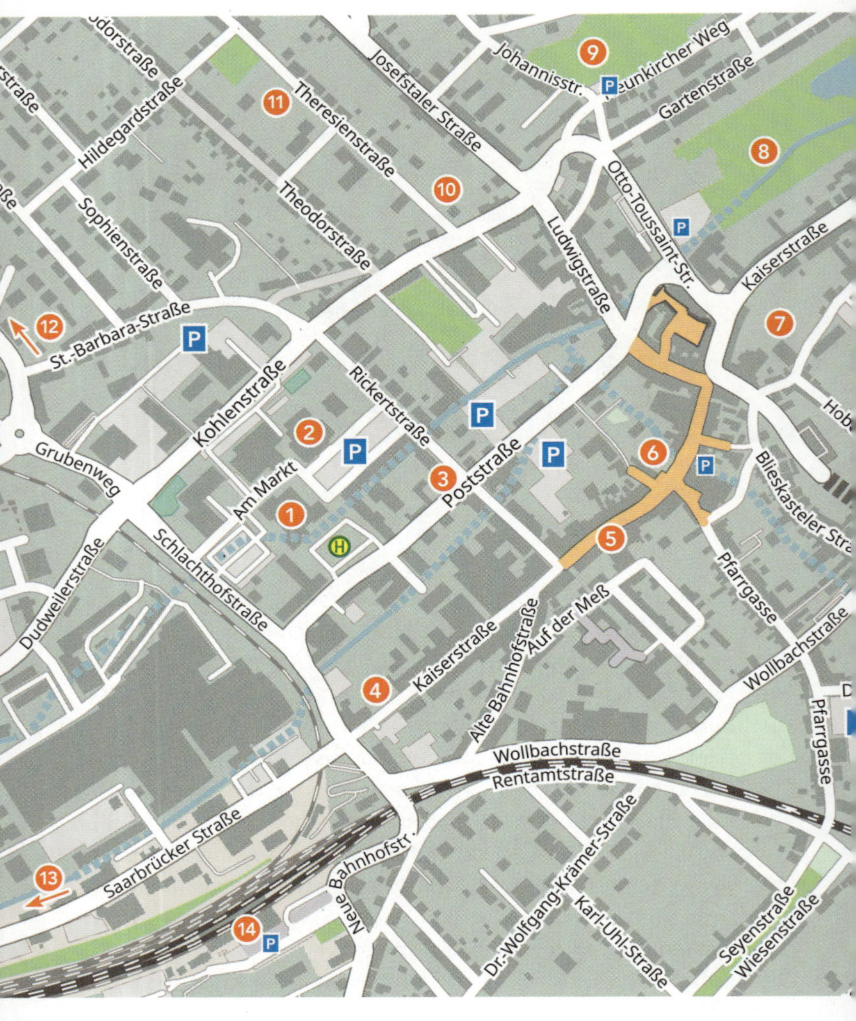

1 Rathaus
2 Stadthalle
3 Ehem. »Kgl. Bay. Postamt«
4 Luitpoldschule
5 Geburtshaus A. Weisgerber
6 Kirche St. Engelbert
7 Kirche St. Josef
8 Gustav-Clauss-Anlage
9 Alter Friedhof
10 Martin-Luther-Kirche
11 St. Hildegard
12 Rischbachstollen
13 Alte Schmelz
14 Bahnhof
Fußgängerzone

Im Februar kündet auf dem Alten Friedhof ein Blütenteppich aus farbenfrohen Krokussen vom nahenden Frühling.

Nicht zuletzt dank der großen Spendenbereitschaft in der Bevölkerung konnte die Kirche saniert und im November 2011 wieder in Dienst genommen werden.

Noch ein weiteres Wahrzeichen ragt über die Dächer St. Ingberts: Der 42 Meter hohe **Beckerturm** der ehemaligen Brauerei Becker, die hier das so beliebte Becker's Pils braute. Die Biermarke existiert zwar noch, doch wird das Bier seit Mitte der 1990er Jahre in Homburg gebraut.
In der **Gustav-Clauss-Anlage**, die sich unweit der Fußgängerzone entlang des Großbachs erstreckt, schlägt das grüne Herz St. Ingberts. Mit seinem Baumbestand, einem Weiher und einem großen Kinderspielplatz erfreut sich der Stadtpark großer Beliebtheit.
Auch der **Alte Friedhof** unweit des Parks hat durchaus Erholungswert und wird von Bürgerinnen und Bürgern nicht nur während der Krokusblüte im Frühjahr gerne aufgesucht. Die teils aufwendigen Grabmäler erinnern an die großen Namen der Stadtgeschichte. So auch an die Unternehmerfamilie Krämer, deren Name untrennbar mit der Eisenwarenproduktion auf der Alten Schmelz verbunden ist.

Das Gelände der **Alten Schmelz**, eines industriegeschichtlichen Kleinods – nicht nur der Stadt, sondern des Saarlandes –, liegt am westlichen Stadtrand und kann über die Saarbrücker Straße

erreicht werden. Ein Teil des Außengeländes ist frei zugänglich und sollte bei keiner Stadtbesichtigung fehlen. Das Gebäude-Ensemble legt anschaulich und eindrucksvoll Zeugnis von der Industrialisierung ab, die ihre ganz eigenen Wohn- und Arbeitsformen hervorbrachte. Die **Arbeitersiedlung** lag unmittelbar beim Werksgelände. Im werkseigenen **Konsum** wurden vom 1890 eigens gegründeten »Consum- und Sparverein« vergünstigte Waren angeboten. Das etwas abseits und höher gelegene **Schlafhaus** bot 144 Männern Unterkunft. Die beiden **Direktorenvillen** lagen inmitten großzügiger Parkanlagen und waren von hohen Mauern umgeben. Mit der 1732 errichteten **Möllerhalle** steht auf dem Areal der Alten Schmelz das älteste Industriedenkmal des Saarlandes. 1803 wurde das Gebäude ausgebaut und erhielt zwei neue Glocken und ein mechanisches Uhrwerk, welches fortan für jeden sichtbar den neuen Takt von Arbeit und Leben vorgab. Das **Magazin** und die eindrucksvolle **Mechanische Werkstatt** werden heute als Veranstaltungsorte genutzt.
Einen lebendigen Eindruck des für die Entwicklung der Stadt im 19. Jahrhundert so wichtigen Bergbaus vermittelt das **Besucherbergwerk Rischbachstollen** in der Oberen Rischbachstraße (siehe Kapitel »Museen«). Von 1852 an diente dieser Stollen dem ebenerdigen Abtransport der in Schnappach geförderten Kohle.

Kultur & Freizeit

- **Gustav-Clauss-Anlage** Stadtpark
- **Schwimmbad:** Das Blau. Hallen- und Freibad, Sauna, Solarium. Arthur-Kratzsch-Straße 6, Tel. 06894/9552-500
- **Besucherbergwerk Rischbachstollen:** Am Tag der offenen Tür, jeweils am letzten Samstag in den Monaten Februar, April, Juni, August und Oktober, werden Führungen angeboten (Anmeldung erwünscht). Gruppenführungen auf Anfrage. Obere Rischbachstraße, Tel. 06894/1690492
- **Kino:** Neues Regina. Rickertstraße 12, Tel. 06894/2445
- **Veranstaltung:** St. Ingberter Pfanne. Kleinkunstwettbewerb. Termin: Anfang September
- **Veranstaltung:** Bundesfestival junger Film. Kurzfilmfestival. Termin: im Sommer

links: Die Möllerhalle auf der Alten Schmelz ist das älteste Industriedenkmal des Saarlandes.

Gastronomie in St. Ingbert (Auswahl)

Cafés

Café Kraus
Kaiserstraße 9
Tel. 06894/8925466
Frühstück, hausgemachte Kuchen und Torten.
ÖZ: Mo, Di, Mi, Fr 8.30–17.30 Uhr; Sa 8.30–14 Uhr; So 11–17.30 Uhr

Café Schöfer
Kaiserstraße 259
Tel. 06894/36463
Hausgemachte Kuchen, Torten und Pralinen.
ÖZ: Mo–Fr 6.30–18 Uhr; Sa 8–18 Uhr; So 9–18 Uhr

Die Café Stube
Kaiserstraße 29
Tel. 06894/382066
Frühstück, kl. Mittagskarte, Kuchen und Torten.
ÖZ: Di–Fr 8–18 Uhr; Sa, So 9–14 Uhr

Eiscafés

Eiscafé Europa
Kaiserstraße 64

Eiscafé Fantasy
Kaiserstraße 80
ÖZ: Mo–Fr 12–18.30 Uhr, Sa 10–14.30 Uhr, So 13–18.30

Eiscafé Cristallo
Ludwigstraße 23a
ÖZ: täglich 10.30–21 Uhr

Mocca Gelato
Ludwigstraße 46
ÖZ: täglich 12– 19 Uhr

Bistros, Restaurants

Trattoria Al Binario
Rentamtstraße 1
Tel. 06894/9989072
Ital. Restaurant mit Terrasse.
Ruhetag: Mo

Hotel Restaurant Alexander
Ensheimer Str. 134
Tel. 06894/966819
Griechisches Restaurant. Terrasse.
Ruhetag: Donnerstag

Die Alte Brauerei
Kaiserstraße 101
Tel. 06894/92860
Französisches Restaurant, gehobene Küche.
Ruhetage: Di, Mi

Asiagourmet
Kaiserstraße 70
Tel. 06894/9984623
Asiatische Gerichte, frisch zubereitet, ohne Geschmacksverstärker.
Ruhetag: Mo

Bellini
Ludwigstraße 20
Tel. 06894/169959
Bistroküche.
ÖZ: Mo–So 17.30–22.30 Uhr

Ristorante Cocorito
Saarbrücker Str. 7/11
Tel. 06894/ 9903769
Italienisches Restaurant.
Ruhetage: Mo, Di

Ristorante Da Vinci
Poststraße 41
Tel. 06894/9299888
Italienisches Restaurant.
ÖZ: täglich 12–14, 18–21 Uhr

Restaurant Delphi
Albert-Weisgerber-Allee 50
Tel. 06894/966991
Griechisches Restaurant.
Ruhetag: Mi

Gasthaus Donauschenke
Am Öschweg 26
Tel. 06894/5302477
Traditionsgasthaus mit Biergarten.
Ruhetag: Mo, Di

De Eisler
Kaiserstraße 65
Tel. 06894/4763
Café, Bistro, Kneipe.
Ältestes Wirtshaus der Stadt.
ÖZ: Mo–Sa ab 9 Uhr

Glasbiermetzgerei
Ludwigstraße 1
Tel. 06894/9977965
Craft Beer, Burger, Grillwurst.
ÖZ: So–Fr 12–24 Uhr;
Sa 10–24 Uhr

Restaurant Jérôme
Kaiserstraße 90
Tel. 06894/9559756
Mediterrane Küche.
Ruhetage: So, Mo

Bistro Krempels
Seyenstraße 34
Tel. 06894/80394
Traditionsreiches Feinschmecker-Bistro. Saisonale Küche.
Ruhetage: Sa, So

Hotel-Restaurant La Fontana
Ensheimer Straße 166-168
Tel. 06894/80192
Italienisches Restaurant.
ÖZ: Di–Sa 17.30–20.30 Uhr

Lea Cucina & Bar
Poststraße 43
Tel. 06894/956 4540
Italienisches Lifestyle-Restaurant.
ÖZ: Mo–Fr 11.30–23 Uhr;
Sa, So ab 17 Uhr

Gasthaus Loreley
Kaiserstraße 107
Tel. 06894/36542
Steak- und Schnitzelspezialitäten.
Ruhetage: So, Mo

Mon
Otto-Toussaint-Straße 3
Tel. 06894/5302926
Asia Fusion & Barbecue. Sushi, Grillspezialitäten, Wok-Gerichte.
ÖZ: täglich 11–22 Uhr (Di ab 17 Uhr)

La Trattoria del Postillione
Neue Bahnhofstraße 2
Tel. 06894/381061
Gehobene, italienische Küche.
Terrasse. Reservierung erwünscht.
ÖZ: Do–Sa 12–15 Uhr, 18.30–24 Uhr

Bistro SoHo
Blieskasteler Straße 6
Tel. 06894/9989046
Ruhetag: So

El Tigre
Kaiserstraße 62
Tel. 06894/9989324
Mexikanische Küche, Cocktails.
Samstagabends Live-DJ.
Ruhetage: So, Mo

(Kult-)Imbiss

Zum Schleppi
Rickertstraße 8
Grillwurst vom Holzkohlengrill.
Motto »E Worschd vom Schleppi macht eich happy«.
Ruhetag: So

Rundtour durch die Stadtteile
Wissens- und Sehenswertes

Folgt man der Landstraße L112 Richtung Elversberg, gelangt man nach **Schüren**. Der mitten im Wald gelegene Weiler, der von 1793 bis 1900 Standort einer Ziegelhütte war, bietet sich als Ausgangspunkt sowohl gemütlicher Spaziergänge als auch actionreicher Mountainbike-Touren an. Vor allem das nahe gelegene Ruhbachtal ist sehr reizvoll.
Freizeit: Weiheranlage mit Kneipp-Anlage
Gastronomie: Gasthaus Wommer (Schüren 4, Tel. 06894/2146) Traditionsgasthaus mit regionaler Küche, schöne Terrasse. Ruhetage: Mo, Di, Mi.
Rundwege: Ruhbachtal Runde, 4 Weiher Runde

Der Stadtteil **Sengscheid** gehört seit 1936 zu St. Ingbert und ist der ideale Startpunkt für einen Aufstieg zum Stiefelfelsen, dem Wahrzeichen der Stadt. Um zum Wanderparkplatz zu gelangen, einfach den Ort durchfahren und auf der kleinen Brücke die Autobahn überqueren.
Gastronomie: Stiefeler Hütte (oberhalb des Stiefelfelsens) sonntags geöffnet (10–20 Uhr).
Rundwege: Gr. Stiefel, Spazierweg zum Stiefel, Hänsel u. Gretel

Wie alle St. Ingberter Stadtteile ist auch **Rohrbach** umgeben von Wald. Den besten Überblick über den nach St. Ingbert Mitte größten Stadtteil hat man vom 372 Meter hohen **Kahlenberg**. Wer den herrlichen Ausblick genießen will, der bis zum Schaumberg bei Tholey und zum Weiselberg bei Freisen reicht, und den Anstieg hinauf zur **Kahlenberghütte** (die derzeit, Stand August 2023, nicht bewirtschaftet ist) nicht scheut, parkt am besten auf dem Wanderparkplatz an der Rohrbacher Straße in Hassel (Denn, auch wenn man es angesichts der mitunter zahlreichen Fahrzeuge, die an der Hütte parken, kaum glauben mag: Die Auffahrt mit dem privaten PKW ist offiziell nicht erlaubt). Eine weitere Attraktion Rohrbachs ist der am Ortsrand gelegene

links: Der Stiefelfelsen, ein Wahrzeichen St. Ingberts, auf dem Großen Stiefel zwischen Sengscheid und Rentrisch

Die katholische Pfarrkirche St. Johannes in Rohrbach

Glashütter Weiher, der mit seiner Liegewiese, dem Kneipp-Tretbecken und den schönen Spazierwegen vor allem bei sommerlichen Temperaturen zahlreiche Besucher anlockt. Der Weiher bietet sich auch als Ausgangspunkt für Spaziergänge ins Kleberbachtal an.
In Rohrbach gibt es drei Kirchen: die evangelische Christuskirche auf dem »Franzosenkopf«, die kath. Kirche St. Konrad und die unter Denkmalschutz stehende kath. Pfarrkirche St. Johannes.
Freizeit: Glashütter Weiher (Liegewiese, Kneipp-Anlage)
Bahnanbindung: Bahnlinie Mannheim-Saarbrücken
Gastronomie: Zur Rohrbacher Glashütte (Glashütter Hof 2, Tel. 06894/511 33) Traditionelle Gerichte. Ruhetage: Mo, Mi. • Bella Italia (Austraße am Tennisplatz, Tel. 06894/9909033) Ital. Restaurant. Ruhetag: Mi. • Edelweißhütte (Am Gutenbergring 2) geöffnet: Mi, Sa, So. • Midi Restaurant & Markt (Ernst-Heckel-Str. 4, Tel. 06894/9299423) Mittagsbuffet mit regionalen Produkten (Mo–Fr). Abends und sonntagmittags Michelin-Stern-prämierte Gourmetküche (Di, Mi, Fr, Sa, So).
Rundweg: Kleberbachtal Runde

Umrahmt vom **Kahlenberg** im Norden, dem **Hochscheid** im Süden und dem St. Ingbert-Kirkeler Waldgebiet im Osten profitiert Hassel in besonderem Maß von seiner naturnahen Lage. Ob genussorientiert oder sportlich ambitioniert: Dem Wanderer und Radfahrer erschließen sich von hier aus zahllose Spazier- und Wanderwege sowie Radtouren und Mountainbiketrails. Optimale Startpunkte sind die Wanderparkplätze am Griesweiher und am Fröschenpfuhl. Wer den Hochscheid besteigen möchte, parkt am besten beim Parkplatz an der Autobahnzufahrt. Auch in Hassel – wie im Nachbarort Rohrbach – gibt es eine protestantische und eine katholische Kirche. Die katholische Kirche, die 1928/29 aus dem Buntsandstein des

Der St. Ingberter Stadtteil Hassel ist von Wald umgeben.

nahen Kahlenbergs erbaut wurde, steht in der Dorfmitte und prägt mit ihrem markanten, patina-grünen Spitzturm das Dorfbild. Die im Jugendstil erbaute Evangelische Kirche befindet sich in der Eisenbahnstraße und steht unter Denkmalschutz.
Bahnanbindung: Bahnlinie Saarbrücken-Pirmasens
Freizeit: Wildpark mit Spielplatz (Ortsausgang Richtung Niederwürzbach) • Nordic Walking Park St. Ingbert und Fitness-Parcours, Waldparkplatz Fröschenpfuhl
Gastronomie: Schopphübelhütte. ÖZ: So ab 10 Uhr. Am jeweils letzten Sonntag im Monat ist die Hütte geschlossen. • Biergarten am Triebscheider Hof. ÖZ: So u. feiertags ab 11 Uhr • Wanderhütte Hochscheid. ÖZ: März bis Oktober: So 11–18 Uhr • Fischerhütte am Griesweiher, Ruhetage: Mo, Di. • Pandori Palace 2 (Rittershofstr. 66) Indisches Restaurant, Ruhetag: Di.
Rundwege: Ins Fronsbachtal, Hüttenwanderweg

Oberwürzbach und seine Ortsteile Reichenbrunn und Rittersmühle liegen malerisch inmitten bewaldeter Hügel im Würzbachtal. Markantes Wahrzeichen ist der Zwiebelturm der unter Denkmalschutz stehenden **Pfarrkirche Herz Jesu**. Der liebevoll

gestaltete **Eselbrunnen** unweit der Dorfmitte nimmt selbstbewusst Bezug auf den Necknamen der Oberwürzbacher »Maulesel«. Die ruhige Lage mitten im Grünen macht Oberwürzbach zum idealen Ausgangspunkt ausgedehnter Waldspaziergänge. Hier ist auch der offizielle Startpunkt des Premium-**Hüttenwanderwegs**, der unter anderem am **Eichertsfelsen** vorbeiführt, einer oberhalb des Laichweihertales gelegenen Felsformation mit frei zugänglichen, kleinen Höhlen. Am Eingang des Tales befindet sich ein gut erhaltenes **Waschhaus** aus dem frühen 20. Jahrhundert. Sehenswert im Ortsteil Rittersmühle ist das namensgebende Mühlengehöft, das aus dem 18. Jahrhundert stammt.
Freizeit: Kneipp-Anlage in der Friedhofstraße
Gastronomie: Wanderhütte des Wandervereins »Frohsinn«, geöffnet: Mi, Fr, Sa 14–20 Uhr, So und feiertags 10–20 Uhr. • Anglerhütte Laichweihertal, geöffnet: Mi, Sa, So.
Rundwege: Hüttenwanderweg

Im Tal zu Füßen des St. Ingberter Hausberges »Großer Stiefel« liegt, umgeben von Wald und überspannt von einer 340 Meter langen Talbrücke, der kleinste Stadtteil **Rentrisch**. Unterhalb der Talbrücke, in der Straße »Am **Spellenstein**« steht eben dieser 5 Meter hohe Menhir aus der Jungsteinzeit. Der imposante Steinblock, der sich inmitten eines Vorgartens befindet (Rentrisch ist buchstäblich um ihn herum gewachsen), stand wohl in einem kultischen Zusammenhang zum rund 1300 Meter entfernten **Stiefelfelsen** auf dem Gipfel des Großen Stiefels. Bis 1910 wurde der »Rentrischer Hammer« betrieben. Heute existiert noch ein Arbeiterhaus dieses Hammerwerks.
Gastronomie: Zum Kulturhaus (Untere Kaiserstr. 88, Tel. 0 68 94 / 9 66 88 00) Eventlokal. Steaks, Schnitzel, Pasta. Ruhetag: Mo.
Bahnanbindung: Mannheim-Saarbrücken, Saarbr.-Pirmasens

links: Blick auf Oberwürzbach

Der Spellenstein in Rentrisch

Gemeinde Kirkel

Einwohner: ca. 10.000

Ortsteile: Kirkel-Neuhäusel (mit Abstäberhof), Limbach (mit Bayerisch Kohlhof) und Altstadt

Die Gemeinde Kirkel hat gleich zwei touristische Highlights zu bieten: das größte zusammenhängende Waldgebiet der Region und die Kirkeler Burg. Außerdem betritt die Blies genau zwischen den beiden Ortsteilen Limbach und Altstadt die »Bühne« des Biosphärenreservates.

Rundtour durch die Ortsteile
Wissens- und Sehenswertes

Weithin sichtbares Wahrzeichen von Kirkel-Neuhäusel ist die **Burg Kirkel**, die sich auf dem Schlossberg, einem freistehenden Buntsandsteinfelsen, über das Dorf erhebt. Die ehemalige Reichsfeste der Herren von Kirkel war im 17. Jahrhundert infolge eines Brandes und Kriegshandlungen weitgehend zerstört worden. Die spätere Nutzung als Steinbruch tat ein Übriges. 1955 erfolgte der Wiederaufbau des 32 Meter hohen Rundturmes, der seitdem als Aussichtsturm dient. Zu Füßen der Burg finden regelmäßig Veranstaltungen statt, besonders beliebt ist der »Kirkeler Burgsommer« mit Mittelaltermarkt und Handwerkerdorf. In einem ehemaligen Tagelöhnerhaus unmittelbar unterhalb der Burg befindet sich das **Heimat- und Burgmuseum Kirkel** (siehe Kapitel »Museen«).

Das ausgedehnte **Sankt Ingbert-Kirkeler Waldgebiet** ist ein wahres Paradies für Spaziergänger, Wanderer und Mountainbiker. Besonders der Felsenpfad und die Kirkeler Tafeltour, die beide beim Naturfreundehaus in der Nähe der Burg beginnen, sind unbedingt zu empfehlen.

Historie: Das Dorf Kirkel entstand im Spätmittelalter zu Füßen der Burg Kirkel, die 1075 erstmals urkundlich erwähnt wurde. • Die Burg diente der Sicherung der hier verlaufenden Straße,

links: Die Burg Kirkel in Kirkel-Neuhäusel

Der Felsenpfad in Kirkel, der auch Teil des Premiumwanderweges »Kirkeler Tafeltour« ist, begeistert Wanderer und Kletterer mit beeindruckenden Felsformationen.
(Foto: © Tourismus Zentrale Saarland / Markus Gloger)

die von Metz kommend über Saarbrücken und Kaiserslautern bis nach Mainz am Rhein führte. Seit die Straße im Auftrag Napoleon Bonapartes ausgebaut worden ist, kennt man sie unter dem Namen Kaiserstraße. • Um 1700 ließ sich der Schultheiß Bernhard Leibrock in der Nähe der Kirche ein ungewöhnlich großes Anwesen errichten, das von den Einwohnern spöttisch »das neue Häusel« genannt wurde, woraus sich der heutige Ortsname ableitet.
Freizeit: Naturfreibad Kirkel (Unnerweg)
Kultur: Heimat- und Burgmuseum Kirkel
Bahnanbindung: Bahnlinie Mannheim-Saarbrücken
Gastronomie: Burgschenke Kirkel (Schlossbergstraße 8) Schankwirtschaft mit Biergarten. Kleine Gerichte. Geöffnet von April bis Oktober, Ruhetage: Mo, Di. • Eiscafé Cortina (Kaiserstraße 66) • Naturfreundehaus (Limbacher Weg 8) Kleine Gerichte, Biergarten. Ruhetage: Mo, Di. • Ressmann's Residence (Kaiserstraße 87, Tel. 06849/90000) Französische Küche mit regionalen Höhepunkten und österreichischen »Schmankerln«. Ruhetage: Di, Mi. • Café am Kreisel (Neunkircher Str. 11, Tel. 06849/9779980) Hausgemachte Kuchen und Torten. Geöffnet: Mi, Sa, So ab 14 Uhr.
Rundwege: Kirkeler Tafeltour, Zum Frauenbrunnen, Löffelsberg Runde, Würzbach Runde, Spazierweg Mutterbachtal, Schmetterlingspfad, Spazierweg Arbeitskammer, Westwall-Weg, Rund um Altstadt, Räuberweg, Lauschtour Kirkeler Felsenpfad

Das am rechten Ufer der Blies gelegene Limbach ist vermutlich zwischen dem 9. und 11. Jahrhundert entstanden, allerdings auf der anderen Seite der Blies, am linken Ufer, wo sich heute der Ort Altstadt befindet. Im 13. Jahrhundert begann die Besiedlung des rechten Ufers. Aus dieser Zeit stammt auch das Untergeschoss des Chorturmes der protestantischen Elisabethkirche. Sehenswert sind zudem die aufwendig restaurierten Grabmale aus dem 19. und frühen 20. Jahrhundert, die sich auf dem Gelände des alten Friedhofs hinter der Kirche befinden sowie die Limbacher Mühle am Ortsausgang in Richtung Altstadt.
Freizeit: Solarfreibad (Zum Schwimmbad 10)
Bahnanbindung: Bahnlinie Mannheim-Saarbrücken
Gastronomie: Die Scheune (Zweibrücker Str. 53, Tel. 06841/89553) Uriges Restaurant mit schönem Biergarten. Regionale Gerichte, Grillspezialitäten, Flammkuchen. Ruhetag: Di.

Grabmale auf dem alten Friedhof hinter der Elisabethkirche in Limbach

Limbacher Mühle

Blick auf Altstadt

Direkt gegenüber von Limbach auf der anderen Seite der Blies liegt **Altstadt**. Der Ort liegt an der »alten Stätte« des Ortes Limbach, welcher hier ursprünglich entstanden war, bis er, vermutlich im Laufe des 13. Jahrhunderts, die Flussseite wechselte: Nach und nach wurde die rechte Seite der Blies besiedelt; eine Zeit lang sprach man von Limbach zur alten und zur neuen Statt, bis sich die heutigen Namen durchsetzten. Wahrzeichen von Altstadt ist der 1859 errichtete **Glockenturm**, der noch heute an jedem Werktag pünktlich um halb acht läutet, um die Kinder an den Schulbeginn zu erinnern – auch wenn es in Altstadt längst keine Schule mehr gibt.
Gastronomie: Dorfbrunnen Altstadt (Kantstr. 17a, Tel. 06841/ 89921) Modern interpretierte traditionelle Küche in urigem Ambiente. Schöner Biergarten. Ruhetage: Mo, Di.

rechts: Glockenturm in Altstadt

Stadt Homburg

Einwohner: ca. 43.000

Stadtteile: Homburg-Mitte (mit Beeden, Bruchhof, Erbach, Lappentascher Hof, Reiskirchen, Sanddorf, Schwarzenbach), Einöd (mit Schwarzenacker und Ingweiler), Jägersburg (mit Websweiler), Kirrberg und Wörschweiler

Die Kreis- und Universitätsstadt Homburg ist als Wirtschaftsstandort von großer Bedeutung für die Region – über 30000 Menschen stehen hier in Lohn und Brot. Allein 5500 Beschäftigte zählt das am Stadtrand gelegene Universitätsklinikum des Saarlandes, das auf die 1909 gegründete »Pfälzische Heil- und Pflegeanstalt in Homburg« zurückgeht. Hoch über der Stadt thront auf dem Schlossberg die Ruine der Vauban-Festung. An gleicher Stelle stand im Mittelalter die Hohenburg der Grafen von Homburg, von der sich der Name der Stadt ableitet. Zu Füßen des Schlossbergs bietet die Homburger Altstadt Einkaufsmöglichkeiten, Gastronomie und kulturelle Veranstaltungen wie etwa den »Homburger Musiksommer« am historischen Marktplatz.

»Der Lesende« vor dem Alten Rathaus.

links: Der Turm der katholischen Pfarrkirche St. Michael überragt den Marktplatz in Homburg.

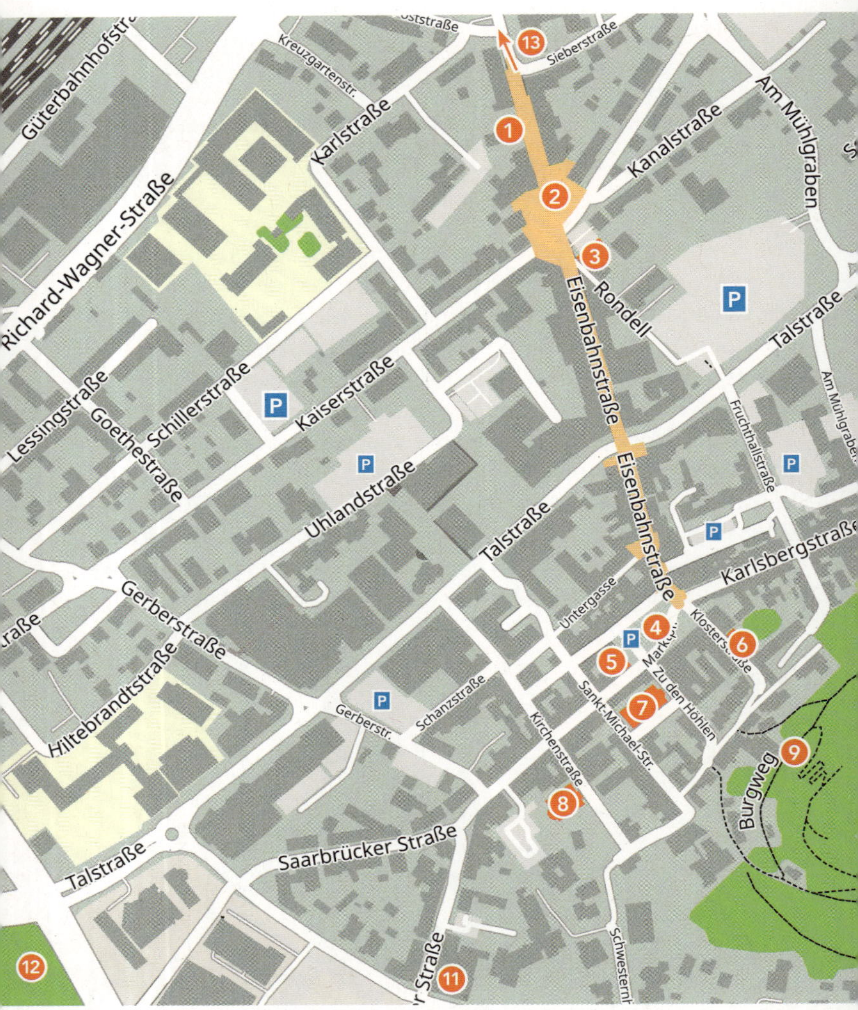

1 Ehem. »Kgl. Bay. Rentamt«
2 Freiheitsbrunnen
3 Homburger Hof
4 Historischer Marktplatz
5 Altes Rathaus
6 Ehem. Synagoge
7 Kirche St. Michael
8 Prot. Stadtkirche
9 Eingang Schlossberghöhlen
10 Festungsanlage
11 Kulturhaus Saalbau
12 Forum
13 Bahnhof
Fußgängerzone

Der aufwendig gestaltete Freiheitsbrunnen erinnert an Philipp Jakob Siebenpfeiffer und Johann Georg August Wirth, die Initiatoren des Hambacher Festes von 1832.

Sehenswertes in Homburg

Wie in St. Ingbert und Blieskastel sind auch in Homburg mehrere Gebäude aus der bayerischen Zeit der Saarpfalz (1816–1919) erhalten geblieben. So diente das 1893 errichtete Sandsteingebäude in der Eisenbahnstraße 40, in dem sich heute eine Polizeidienststelle befindet, seinerzeit als **Königlich Bayerisches Rentamt**. Ebenfalls in der Eisenbahnstraße, unweit des Rentamts, erinnert der 1992 eingeweihte **Freiheitsbrunnen** an den Homburger »Landcommissär« Philipp Jakob Siebenpfeiffer, den Initiator des Hambacher Festes von 1832 und seinen Mitstreiter Johann Georg August Wirth. Auch das imposante Gebäude des Wirtshauses »**Homburger Hof**« stammt aus bayerischer Zeit. Die Eisenbahnstraße führt zum **historischen Marktplatz**, dem sicher schönsten Platz der Stadt, an dem sich das 1680 errichtete, **alte Rathaus** befindet. Die auf den Stufen der Eingangstreppe sitzende Bronzefigur eines Lesenden weist

Die ehemalige Synagoge in der Klosterstraße

darauf hin, dass in dem Gebäude heute u.a. die Stadtbibliothek untergebracht ist. Über dem Marktplatz erhebt sich die 1836–1841 erbaute katholische **Kirche St. Michael**. Sie enthält einen sehenswerten Baldachin-Altar, eine Stiftung des bayerischen Prinzregenten Luitpold. Vom selben Künstler, der auch den Lesenden am alten Rathaus geschaffen hat, nämlich Klaus Glutting, stammt auch das aus sieben Granitstelen bestehende »**Mahnmal gegen das Vergessen**« am Rand des Marktplatzes. Es erinnert insbesondere an die 29 Bürgerinnen und Bürger der Stadt Homburg, die in der NS-Zeit aufgrund ihres jüdischen Glaubens verfolgt und ermordet wurden. Gleich hinter dem Mahnmal führt die Klosterstraße hinauf zu den Gebäuden des **ehemaligen Franziskanerklosters**, das von 1697–1793 bestanden hatte. Die ehemalige **Klosterkirche** war 1862 von der jüdischen Gemeinde erworben, umgebaut und fortan als **Synagoge** genutzt worden. In der »Reichspogromnacht« im November 1938 wurde sie demoliert. Nach Kriegsende wurden wegen Baufälligkeit der Dachstuhl und die Fensterbänke abgebrochen. Wenn man der Klosterstraße weiter bergan folgt,

links: Die Protestantische Stadtkirche in Homburg

gelangt man schon bald zum **Burgweg**, der nach links abzweigt und hinauf zu den **Schlossberghöhlen** und zur **Festungsanlage** auf dem Schlossberg führt. Die Festungsanlage ist zwar auch mit dem Auto über die Schlossberg-Höhen-Straße erreichbar, doch der Aufstieg zu Fuß ist unbedingt zu empfehlen. Er ermöglicht die vielleicht schönsten Blicke auf die Stadt.

Foto: © wikimedia commons / Gunther Tschuch

SCHLOSSBERGHÖHLEN

Der Homburger Schlossberg birgt die größten Buntsandsteinhöhlen Europas. Es handelt sich nicht um natürliche, sondern um von Menschen geschaffene Höhlen. Bereits im Mittelalter waren wohl erste Fluchtgänge für die darüber gelegene Hohenburg gegraben worden. Später hat man hier Quarzsand abgebaut und so das Höhlensystem nach und nach erweitert. Während der Luftangriffe im Zweiten Weltkrieg dienten die Höhlen der Stadtbevölkerung als Luftschutzbunker. In den frühen 1950er Jahren wurde für die Regierung des Saargebiets eine geheime Bunkeranlage angelegt. Im sogenannten Thronsaal, dem größten Höhlenraum, soll in den 1960er Jahren während der regelmäßig stattfindenden Höhlenfeste die jeweilige »Höhlenkönigin« residiert haben. Heute können die Höhlen besichtigt werden, zu jeder vollen Stunde finden Führungen statt. Man sollte aber auf entsprechende Kleidung achten:
Die Temperatur in den Höhlen liegt konstant bei 10 °C.
Öffnungszeiten: April–Okt. 9–17 Uhr | November–März 10–16 Uhr

links: Diese historischen Gebäude befinden sich in der Karlsbergstraße. Bei dem Haus ganz links handelt es sich um das historische Zunfthaus aus dem 17. Jahrhundert. Das Fachwerk ist übrigens nicht echt, sondern nur aufgemalt.

Die Vauban-Festungsanlage auf dem Homburger Schlossberg (Foto: Saarpfalz Touristik / Phormat Werbeagentur, Eike Dubois)

Stadtgeschichte

Keimzelle der Stadt Homburg war die auf dem Schlossberg gelegene **Hohenburg**, die vermutlich im 12. Jahrhundert erbaut wurde und Sitz der Grafen von Homburg war. 1330 erhielten die Grafen für die Siedlung zu Füßen ihrer Burg die **Stadtrechte**.

Nachdem der letzte Graf von Homburg gestorben war, fielen Burg und Stadt an die Grafen von Nassau-Saarbrücken, unter deren Regentschaft die Burg in ein **Renaissance-Schloss** umgebaut wurde.

Im **Dreißigjährigen Krieg** wurde die Stadt weitgehend zerstört und entvölkert. Es folgten Jahrzehnte der Wiederbesiedlung und des Wiederaufbaus. In der **Reunionszeit** ließ der französische König Ludwig XIV. Stadt und Schloss Homburg durch seinen Festungsbaumeister **Vauban** zu einer starken Festung ausbauen. Die Homburger Altstadt beruht in ihrer Grundstruktur auf den Vauban'schen Baumaßnahmen. Die Festungsanlagen wurden 1697 und 1714 endgültig geschleift. 1755 wurde Homburg durch einen Gebietstausch Teil des Herzogtums Pfalz-Zweibrücken.

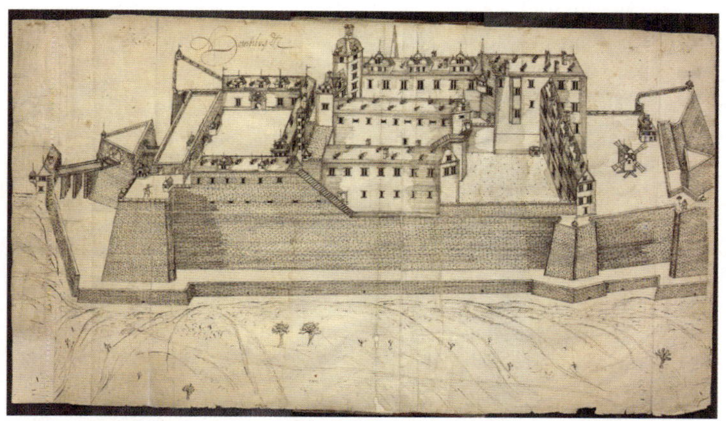

Die Homburg nach dem Umbau zum Renaissanceschloss (Zeichnung von 1617); (Quelle: Heinrich Hoer; Hessisches Landesarchiv – Hessisches Hauptstaatsarchiv Abt. 3011/1 Nr. 3715 B, CC BY 4.0, https://commons.wikimedia.org/w/index.php?curid=85994037)

Im 18. Jahrhundert wurden im heutigen Homburger Stadtgebiet mehrere Schlossanlagen errichtet: die **Gustavsburg** in Jägersburg (1720), **Schloss Gutenbrunnen** in Wörschweiler (1723) und das **Edelhaus** in Schwarzenacker (1722). Von **Schloss Jägersburg** (1752–1756) sind lediglich bildliche Darstellungen erhalten geblieben. Es wurde 1793 von französischen Revolutionstruppen in Brand gesteckt und zu Beginn des 19. Jahrhunderts abgebrochen. Ein ähnliches Schicksal ereilte das 1778–1788 im Auftrag des Herzogs Karl II. August auf dem Buchenberg bei Homburg errichtete **Schloss Karlsberg**. Auch diese Schlossanlage, die dem Herzog ab 1779 als Residenz diente und noch weit größer und prachtvoller gewesen ist, als das Jagdschloss in Jägersburg, wurde 1793 von französischen Truppen zunächst besetzt und später niedergebrannt. Erhalten geblieben sind die Ruine der Orangerie sowie Grundmauern von Nebengebäuden und Gartenanlagen. Das einzige noch intakte Gebäude ist das ehemalige Baumagazin des Schlosses, der heutige Karlsberger Hof im Homburger Stadtteil Sanddorf. Die Überreste der Schlossanlagen mitsamt der instandgesetzten Schwanenweiher können im **WaldPark Schloss Karlsberg** erkundet werden.

Das offensichtlich renovierungsbedürftige ehemalige Festsaalgebäude auf dem Gelände des Universitätsklinikums stammt aus dem Jahr 1909, dem Gründungsjahr der Pfälzischen Heil- und Pflegeanstalt.

Nach dem Ende der napoleonischen Herrschaft machten sich die Siegermächte an die Umsetzung der auf dem Wiener Kongress beschlossenen politischen Neuordnung Europas. So wurde im Jahr 1816 die linksrheinische Pfalz bayerischer Hoheit unterstellt und in Verwaltungsbezirke unterteilt. Es entstand das »Landcommissariat« Homburg und es begann das bayerische Jahrhundert der Saarpfalz, das bis zum Ende des Ersten Weltkrieges andauern sollte.

Mit Inkrafttreten des Versailler Vertrages im Januar 1920 wurde Homburg **Grenzstadt** des neu gebildeten Saargebietes, das durch ein Mandat des Völkerbundes unter französische Verwaltung gestellt wurde. Die **Pfälzische Heil- und Pflegeanstalt,** die 1909 in Homburg eröffnet worden war, wurde ab 1922 als **Landeskrankenhaus** weiter genutzt.

Die **Saarabstimmung vom 13. Januar 1935** bedeutete das Ende des Saargebietes und den Anschluss der Region an das Deutsche Reich. Im Zweiten Weltkrieg erlitt die Stadt schwere Schäden durch Luftangriffe, während derer die Bevölkerung Schutz in den Schlossberghöhlen suchte. Nach Kriegsende war die Region zunächst Teil der französischen Besatzungszone, erhielt aber ab 1947 den Sonderstatus eines teilautonomen

Staates innerhalb des französischen Wirtschaftsverbands. Die Grenzen dieses »Saarstaates« entsprachen weitgehend denen des heutigen Saarlandes.
1947 wurde auf dem Gelände des Krankenhauses die **Universität des Saarlandes** gegründet. Die nichtmedizinischen Fächer wurden 1948 nach Saarbrücken verlegt, die medizinische Fakultät ist bis heute in Homburg, jetzt im **Universitätsklinikum des Saarlandes**, zu Hause.
In Folge der **zweiten Saarabstimmung vom 23. Oktober 1955** erfolgte 1957 der Beitritt des Saarlandes zur Bundesrepublik Deutschland.

Kultur & Freizeit

- **Homburger Musiksommer**. Veranstaltungsreihe in den Sommermonaten mit Open-Air-Konzerten am historischen Marktplatz. Jeweils freitags, 19 bis 22 Uhr »Querbeat« und samstags von 11 bis 14 Uhr Jazz-Frühschoppen.
- Von Januar bis November findet an jedem ersten Samstag des Monats am Homburger Forum (Gelände um Rathaus und Landratsamt) ein überregional beliebter **Flohmarkt** statt.
- **Kino:** Eden-Cinehouse Homburg, Zweibrücker Str. 19
- **Schwimmbad:** Koi. Hallenbad, Freibad und Saunalandschaft. Kaiserslauterer Straße 19a
- Stadtpark mit Wasserspielplatz
- **Hombuch.** Lesefestival. Termin: Spätsommer/Herbst

Gastronomie in Homburg (Auswahl)

Cafés

Café Chili
Saarbrücker Straße 2-4
Kaffeespezialitäten, Kuchen, Eis.
ÖZ: Mo – Fr 9–18 Uhr:
Sa 9–14 Uhr

Cash
Talstraße 30
Tel. 06841/9934050
Café, Bar, Brasserie. Frühstück, Mittagstisch. Große Terrasse.

Chez Nous
Marktplatz 5
Tel. 06841/9769480
Kleines Café mit französischen Patisserie-Spezialitäten. Milchcafés geraten hier regelmäßig zu kleinen Kunstwerken.
ÖZ: Di–Sa 10–19 Uhr;
So 11–18 Uhr

Ennie's Deli
Zweibrücker Straße 4
Tel. 06841/9733777
Pancakes, Waffeln, Obstsalate, Kuchen. Kleine Mittagskarte.
Ruhetage: Mo, Di

Michas Dekoccino
Karlsbergstraße 5
Tel. 06841/8186182
Gemütliches Café mit kleinem Innenhof. Die Deko steht teilweise zum Verkauf.
Ruhetage: So, Mo

Café Zauberlehrling
Talstraße 38 (Saarpfalz-Center)
Tel. 06841/9937540
Ausbildungscafé der CJD Homburg/Saar. Frühstück, Salate, Kuchen, Torten, Eis. Mittagstisch.
ÖZ: Mo – Fr 8.30–18 Uhr;
Sa 9–16 Uhr

Eiscafés

Eiscafé Amore
Ringstraße 4
ÖZ: täglich 12–19 Uhr

Dolce Amaro Eismanufaktur
Talstraße 31
ÖZ: täglich 12–18.00 Uhr

Gelat!Oh
Eisenbahnstraße 5
ÖZ: täglich 11–19 Uhr

Eiscafé De Lazzero
Saarbrücker Straße 18
ÖZ: Mo–Sa 12–18 Uhr

Bistros, Restaurants

Anjas Weinstube
Saarbrücker Straße 23
Tel. 06841/2359
Uriges Ambiente, gutbürgerliche Küche, täglich Stammessen.
Ruhetage: Mo, Di

La Brocca
Sankt-Michael-Straße 6
Tel. 06841/9735335
Italienisches Restaurant.
Ruhetag: Di

Le Connaisseur – Der Feinschmecker
Ringstraße 80
Tel. 06841/1331
Gehobene Küche, erlesene Weine. Reservierung empfohlen.
ÖZ: Mo–So 12–14, 18–22 Uhr, samstagmittags geschlossen

Don Quichotte
Marktplatz 6
Tel. 06841/174722
Spanisches Restaurant, Tapas-Bar.
ÖZ: Do–Mo ab 18 Uhr

Das gastronomische Angebot rund um den historischen Marktplatz im Herzen der Homburger Altstadt ist groß.

Homburger Hof
Am Rondell 3
Tel. 06841/8090802
Traditionswirtshaus im Gebäude von 1907. Deutsche und saarländische Spezialitäten.
ÖZ: täglich 11.30–22 Uhr

Oh!lio
Marktplatz 1
Tel. 06841/9729990
Italienisches Restaurant.
ÖZ: Mo 16–23 Uhr; Di–Fr 11–23 Uhr; Sa 9–23 Uhr; So 9–15 Uhr

La Petite Maison
Simonstraße 1
Tel. 06841/15211
Kleine, aber feine Karte mit saisonalen Gerichten. Terrasse. Reservierung empfohlen.
ÖZ: Di–Sa 18–23 Uhr

Restaurant im Schlossberg Hotel
Schlossberg-Höhen-Straße 1
Tel. 06841/6660
Feinschmeckerrestaurant mit Premiumaussicht.
ÖZ: Mo, Mi–Fr 18–22 Uhr; Sa, So 12–14.30 Uhr und 18–22 Uhr

Vin!oh
Marktplatz 3
Tel. 06841/97299920
Italienische Gerichte, große Weinauswahl.
ÖZ: Do–Sa 18–23 Uhr

Yedo Restaurant
Untergasse 1
Tel. 06841/9737448
Japanisches Fusion- und Sushi-Restaurant.
ÖZ: Mo 16–22 Uhr; Di–Do & So 12–22 Uhr; Fr – Sa 12–23 Uhr

Rundtour durch die Stadtteile
Wissens- und Sehenswertes

Zum Biosphärenreservat Bliesgau gehören die Homburger Stadtteile Einöd, Kirrberg und Wörschweiler sowie das Beeder Bruch.

Das an der Grenze zu Rheinland-Pfalz inmitten von Wäldern gelegene Kirrberg, das vom Turm der **Wallfahrtskirche Mariä Himmelfahrt** überragt wird, bietet sich als Ausgangspunkt von Wanderungen und Spaziergängen, insbesondere ins idyllische Lambsbachtal an. Auch der an der Vauban-Festung in Homburg startende Premiumwanderweg **Schlossbergtour** verläuft unmittelbar an der **Fischerhütte Kirrberg** vorbei. Auf dem Malafelsen in direkter Nachbarschaft zur Fischerhütte sind die Überreste der wohl ältesten und kleinsten Burg des Saarlandes zu bestaunen: die **Ruine der Merburg**. Die einstige Höhenburg überragt den Talgrund um gerade einmal zwölf Meter.
Gastronomie: Ski- und Wanderhütte Kirrberg (an der L214 zwischen Kirrberg und Zweibrücken) Ruhetag: Mo.
Rundwege: Kirrberger Runde

In Beeden sollte man es keinesfalls versäumen, sich das zum Biosphärenreservat gehörende **Biotop Beeden** anzusehen. In den Feuchtwiesen des Landschafts- und Vogelschutzgebietes Beeder Bruch war 1997 auf Initiative des eigens gegründeten Biotop-Vereins damit begonnen worden, einen naturnahen Lebensraum insbesondere für **Störche** zu schaffen. Zur Beweidung der Wiesen wurden **Wasserbüffel**, **Heckrinder** und **Konik-Wildpferde** angesiedelt. Den besten Blick auf das Biotop hat man vom Aussichtsturm am Beeder Sportheim und es

links: Das Biotop Beeden bietet verschiedenen Tierarten einen naturnahen Lebensraum. Die Wiesen werden von Wasserbüffeln, Heckrindern und Koniks beweidet. Ziel des Projekts war insbesondere die Ansiedlung von Störchen. Vom Erfolg dieses Projektes und anderer Maßnahmen kann man sich überall im Biosphärenreservat Bliesgau überzeugen. Heute ziehen im Frühjahr und Sommer dutzende Störche ihre Runden über dem Bliesgau. Ihr Klappern ist mittlerweile selbst an der Bickenalb zu hören.

Beeder Turm

lohnt sich, ein Fernglas mitzubringen. Der Anblick ist jedes Mal ein anderer, es sind nicht immer alle Tierarten zu sehen, aber mit Geduld und ein wenig Glück kann man zum Beispiel erleben, wie die Wasserbüffel sich ins Nass stürzen, dabei eine lauthals protestierende Entenfamilie verscheuchen, während sich die Vögel und Koniks auf den umliegenden Wiesen und erst recht das über allem thronende Storchenpaar vom Ungestüm der Nachbarn gänzlich unbeeindruckt zeigen. Vom Aussichtspunkt am Sportheim führt ein schmaler Pfad hinab auf einen asphaltierten Feldweg, der zu einer weiteren Aussichtsplattform führt. Sehenswert im Ortskern ist der **Beeder Turm**, die Ruine eines frühgotischen Kirchturms aus dem 14. Jahrhundert.
Gastronomie: Fischerhütte Beeden (In der Mastau 1, Tel. 06841 / 2224) Ruhetag: Di.

Mit 3400 Einwohnern und den zwei Ortsteilen Ingweiler und Schwarzenacker ist **Einöd** der größte Gemeindebezirk der Stadt Homburg. In Einöd und nicht zuletzt im kleinen Ingweiler sind einige schöne alte Häuser und Hofgebäude erhalten. Interessant für Besucher ist aber vor allem Schwarzenacker. Hier lohnt sich der Besuch des **Römermuseums**, eines Freilichtmuseums, das mit freigelegten Straßenzügen und Rekonstruktionen römischer Gebäude den Versuch unternimmt, einen authentischen Eindruck des Lebens in einer römischen Siedlung zu vermitteln, wie sie hier vor 2000 Jahren nachgewiesen ist. An das Freilichtmuseum schließt sich ein **Barockgarten** nebst

rechts: Einöd, der größte Gemeindebezirk der Kreisstadt Homburg

Barockgarten und Edelhaus in Schwarzenacker. Auf dem bewaldeten Hügel im Hintergrund sind die Ruinen von Kloster Wörschweiler zu erkennen.

Edelhaus aus dem 18. Jahrhundert an, in dem sich eine Dauerausstellung den Gemälden Johann Christian von Mannlichs und anderer Vertreter der Pfalz-Zweibrücker Malerei des 18. Jahrhunderts widmet.

Ein landschaftlicher Höhepunkt Schwarzenackers ist das **Pfänderbachtal**, das zur Kernzone des Biosphärenreservates Bliesgau zählt und zu Waldspaziergängen entlang von Buntsandsteinfelsen einlädt. Der Verein der Ski- und Wanderfreunde Einöd betreibt am Taleingang eine beliebte Wanderhütte, die sich als Ausgangspunkt schöner Wanderungen anbietet.

Gastronomie: Hotel-Restaurant Saigon (Webenheimer Str. 1, Tel. 06848/7190333) Asiatische Küche. • Pizzeria Ristorante Roma (Homburger Straße 44, Tel. 06848/730722) Ruhetage: Mo, Di • Eiscafé Messina (Einöder Straße 51) • Porta Romana 3 (Einöder Straße 60, Tel. 06841/2694) Italienische Küche. Ruhetag: Di. • Nicos Restaurant (Einöder Straße

rechts: Im Bliesweg in Ingweiler stehen einige besonders schöne, liebevoll restaurierte historische Bauernhäuser.

Foto: © wikimedia commons / Flocci Nivis

INFO HÖHLE

In den Buntsandsteinfelsen des Pfänderbachtals befindet sich die Schlangenhöhle. Die 400 Jahre alte Höhle entstand bei der Sandgewinnung. Heute bietet sie vier Fledermausarten einen Rückzugsort und steht, obwohl sie von Menschen geschaffen wurde, als Naturdenkmal unter Schutz. Sie ist nicht mehr öffentlich zugänglich.

5a, Tel. 06841/170839) Italienische Küche. Ruhetag: Mo. **Rundwege:** Römer Runde, Pfänderbachtal Runde

Das im Bliestal gelegene Wörschweiler besteht aus nicht viel mehr als zwei von Häusern gesäumten Straßen, hinter denen sich der Klosterberg erhebt. Doch eben diesen lohnt es sich zu erklimmen, um zu den **Ruinen des Klosters Wörschweiler** zu gelangen, das 1131 vom Graf von Saarwerden zunächst als Priorat der Benediktinermönche des Klosters Hornbach gestiftet worden war. 1171 wurden die Benediktiner durch Zisterzienser ersetzt, aus dem Priorat wurde eine Abtei und eine neue, größere Kirche wurde gebaut. Von der Klosteranlage und der Kirche sind uns leider nur Ruinen erhalten geblieben: Mauerreste, ein Torbogen, einzelne Grabplatten. Dennoch ist die Anlage sehr sehenswert und bietet zudem eine herrliche Aussicht ins Bliestal. Die Anlage kann von der Ortsmitte aus erreicht werden, allerdings gibt es im Ort nur eingeschränkte Parkmöglichkeiten. Alternativ kann hinter der Brücke im benachbarten Schwarzenacker geparkt werden. Die Klosterruine eignet sich aber auch als Ziel von Wanderungen, die in Kirkel-Neuhäusel, Bierbach oder am Waldparkplatz Taubental (erreichbar über die L222 zwischen Wörschweiler und Limbach) begonnen werden können. Am Ortsrand liegt etwas versteckt in einem Seitental der schöne **Wörschweilerhof**.

rechts: Klosterruine Wörschweiler

WANDERN
Entspannte Spaziergänge
und abwechslungsreiche
Halbtagestouren:
Im Biosphärenreservat
Bliesgau finden alle
ihr Wanderglück!

Wandern im Bliesgau

Das Biosphärenreservat Bliesgau ist geprägt durch ausgedehnte Wälder, Streuobstwiesen und sanfte Hügel. Wanderbegeisterten bieten sich hier vielfältige Möglichkeiten. Wer Entspannung sucht, findet schöne Spazierwege, ohne große Höhenunterschiede überwinden zu müssen. Wer die Herausforderung mag, kann sich dem Auf und Ab der Hügellandschaft stellen und dabei zahlreiche Facetten dieser außergewöhnlichen Landschaft kennenlernen.

Die Wanderregion Bliesgau verfügt über ein großes Angebot gut ausgebauter Rundwege, die für jeden Geschmack und Anspruch etwas zu bieten haben. Im Jahr 2022 wurden im gesamten Saarpfalz-Kreis mehr als 700 Kilometer Wander- und Spazierwege neu markiert. Allein im Biosphärenreservat sind so rund 50 neue Rundwege entstanden, die von 50 ehrenamtlichen Wegepatinnen und -paten betreut werden.

Die folgenden Seiten bieten einen **kompakten Überblick über die Rundwege im Biosphärenreservat Bliesgau** mit den wichtigsten **Informationen** sowie jeweils einer kleinen **Karte**, die den Wegverlauf veranschaulicht. **Einige ausgesuchte Wege werden ausführlich – mit detaillierter Wegbeschreibung und Fotografien – vorgestellt.** Diese Wege sind mit dem Zusatz **»En Detail«** markiert. Zusätzlich zu den »offiziellen« Wegen stelle ich außerdem zwei Rundwege vor, die zu meinen persönlichen Favoriten zählen. Diese sind mit dem Hinweis **»Meine Wege«** markiert.

Mit Ausnahme dieser beiden persönlichen Empfehlungen – von denen ein Weg nur bedingt, der zweite gar nicht beschildert ist – sind alle Rundwege mit individuellen Wegzeichen ausgeschildert. Dennoch ist es immer empfehlenswert, eine **Wanderkarte** oder ein **GPS-Gerät** bzw. **Smartphone** mit sich zu führen. Die in die Karten integrierten **QR-Codes** führen direkt auf die Internetseiten der Saarpfalz-Touristik. Neben ausführlichen Infos und aktuellen Hinweisen zu den Wegen finden Sie dort auch Wegekarten, welche die GPS-gestützte Navigation beim Wandern ermöglichen – falls an der Strecke doch einmal ein Wegzeichen fehlen sollte oder übersehen wurde.

Die Rundwege im Überblick

Rundwege im Stadtgebiet von Blieskastel

Rundwege in der Gemeinde Gersheim

Foto: © Saarpfalz Touristik / Manuela Meyer

Rundwege in der Gemeinde Mandelbachtal

Rundwege in der Gemeinde Kleinblittersdorf

Rundwege im Stadtgebiet von St. Ingbert

Rundwege in der Gemeinde Kirkel

Rundwege im Stadtgebiet von Homburg

Rundwege im Stadtgebiet von Blieskastel

Kaschdler Runde (Blieskastel) Von der Altstadt führt der knapp 5 Kilometer lange Rundweg über das Wallfahrtskloster hinauf zum Gollenstein auf dem Blieskasteler Berg. Über Schellental und den Schlossberg geht es zurück in die Stadt. Feste Schuhe werden empfohlen. Einkehrmöglichkeiten: Pilgerrast im Wallfahrtskloster, Gollensteinhütte und in der Altstadt.

◆ 4,8 km | 1:20 h | ◆ 106 hm | mittelschwer

Start: Paradeplatz in Blieskastel

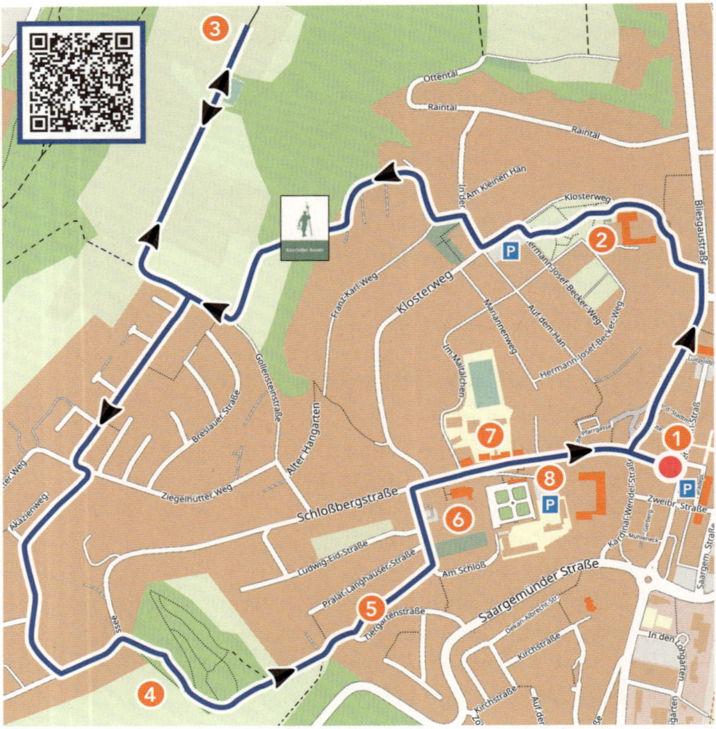

1 Altstadt Blieskastel
2 Kloster und Klosterpark
3 Gollenstein
4 Schellental
5 Maximiliansäule
6 Schlosskirche
7 Hofratshäuser
8 Orangerie

UHU Runde (Niederwürzbach) Der größtenteils im Wald verlaufende Weg führt vom Würzbacher Weiher über Griesweiher und Triebscheider Hof ins Fronsbachtal. Am Uhubrunnen vorbei geht es über den Franzosenkopf zurück nach Niederwürzbach.

◀▶ 9,1 km | 🕑 2:30 h | ⬍ 176 hm | mittelschwer

Start: Wanderparkplatz Würzbachhalle

Weiher Runde (Niederwürzbach) Die gemütliche Spazierrunde führt vom Würzbacher Weiher zum Triebscheider Hof und Sägeweiher.

◀▶ 4,7 km | 🕑 1:15 h | ⬍ 47 hm | leicht

Start: Wanderparkplatz Würzbachhalle

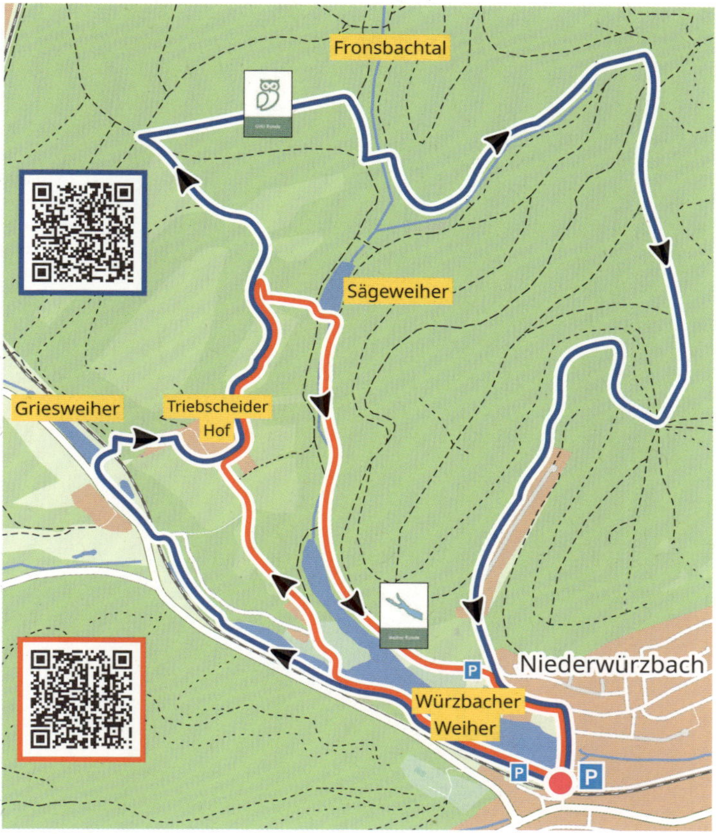

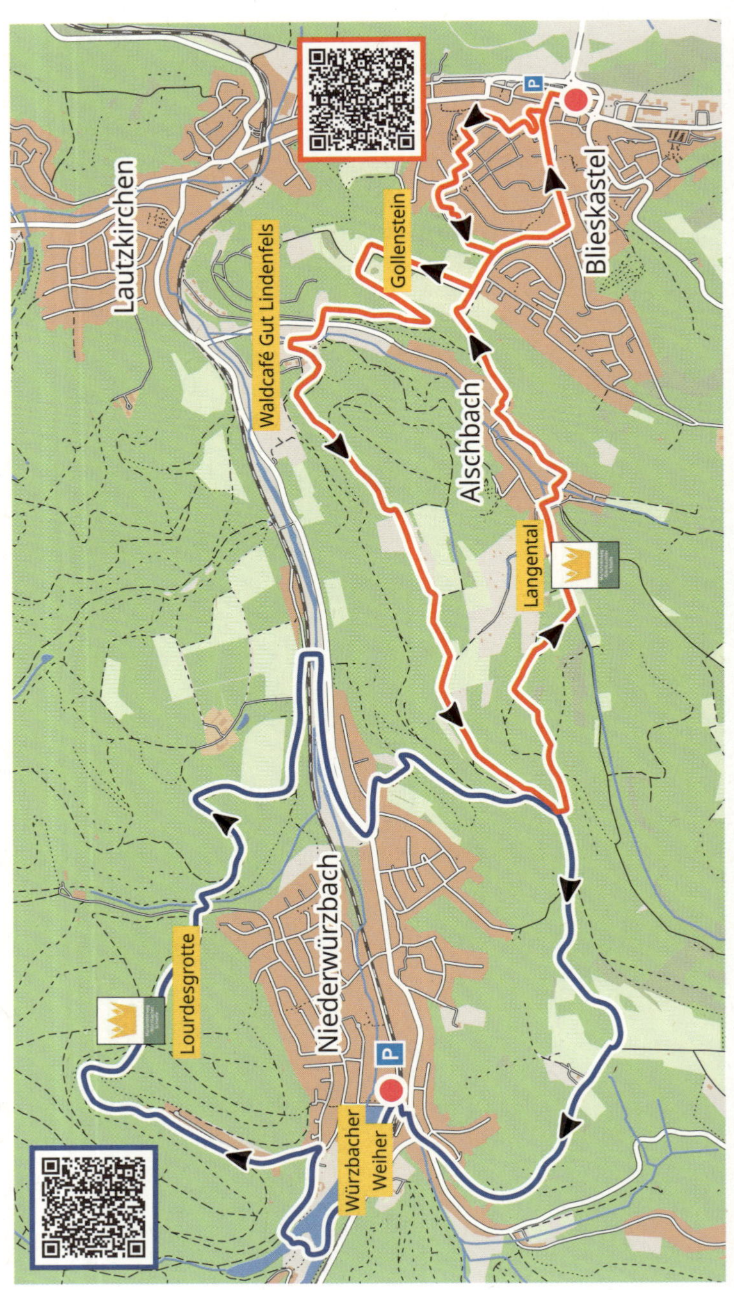
Lautzkirchen
Waldcafé Gut Lindenfels
Gollenstein
Blieskastel
Alschbach
Langental
Niederwürzbach
Lourdesgrotte
Würzbacher Weiher
P

Mariannenweg – Blieskasteler Schleife (Blieskastel) Von der Barockstadt Blieskastel führt der Weg über das Kloster hinauf zum Gollenstein. Von hier geht es durch den Wald bergab und über das Gut Lindenfels auf den Würzbacher Berg. Durchs Langental gelangt man nach Alschbach und nach einem letzten Anstieg wieder zurück nach Blieskastel. Einkehrmöglichkeit im Waldcafé Gut Lindenfels und in Blieskastel.

◀▶ 11,4 km | 🕒 3:20 h | ⬍ 320 hm | schwer
Start: Paradeplatz in Blieskastel

Mariannenweg – Würzbacher Schleife (Niederwürzbach) Beginnend am Würzbacher Weiher führt der anspruchsvolle Wanderweg einmal rund um Niederwürzbach. Zahlreiche Einkehrmöglichkeiten am Weiher.

◀▶ 11,6 km | 🕒 3:15 h | ⬍ 225 hm | schwer
Start: Wanderparkplatz Würzbachhalle

Klingenklamm (Blickweiler) Leichte Spazierrunde durch die bezaubernde Klingenklamm.

◀▶ 2,7 km | 🕒 0:45 h | ⬍ 54 hm | leicht
Start: Parkplatz Kulturhalle Blickweiler

Alschbacher Runde (Alschbach) Kleine Rundwanderung durch Wälder und Wiesen. Schöne Aussicht vom Würzbacher Berg. Einkehrmöglichkeit beim Waldcafé Gut Lindenfels.

◆ 6,6 km | 🕒 1:50 h | ⬍ 150 hm | mittelschwer
Start: Kirche St. Maria in Alschbach

Gollenstein Runde (Alschbach) Schöne, aussichtsreiche Rundwanderung. Höhepunkte sind der Gollenstein, die Biesinger Höhe und das idyllische Kurze Tal bei Alschbach.

◆ 8,2 km | 🕒 2:10 h | ⬍ 106 hm | mittelschwer
Start: Kirche St. Maria in Alschbach

Waldcafé Gut Lindenfels
Würzbacher Berg
Lourdesgrotte
Gollenstein
Alschbach
Langental
Blieskastel
Kurzes Tal

Lautzkircher Nahtour (Lautzkirchen) Der Weg führt zunächst durchs Schwarzweiherflusstal stetig bergan durch den Wald. Ein Höhepunkt ist der markante Wolfsfelsen. Die 2 km lange Runde rund um das Gänshorn ist optional. Einkehrmöglichkeiten: Restaurants »Zum Pferchtal« und »Zum alten Forsthaus«.

◂▸ 8,6 km | 2:30 h | ⬍ 188 hm | mittelschwer
Start: Wanderparkplatz am Alten Forsthaus

Wolfsweg (Lautzkirchen) Gemütlicher Waldrundweg, vorbei am Wolfsfelsen und durch Schwarzweiherfluss- sowie Pferchtal. Einkehrmöglichkeiten: Restaurants »Zum Pferchtal« und »Zum alten Forsthaus«.

◂▸ 6,8 km | 1:55 h | ⬍ 90 hm | mittelschwer
Start: Parkplatz der MEDICLIN Bliestal Kliniken in Lautzkirchen

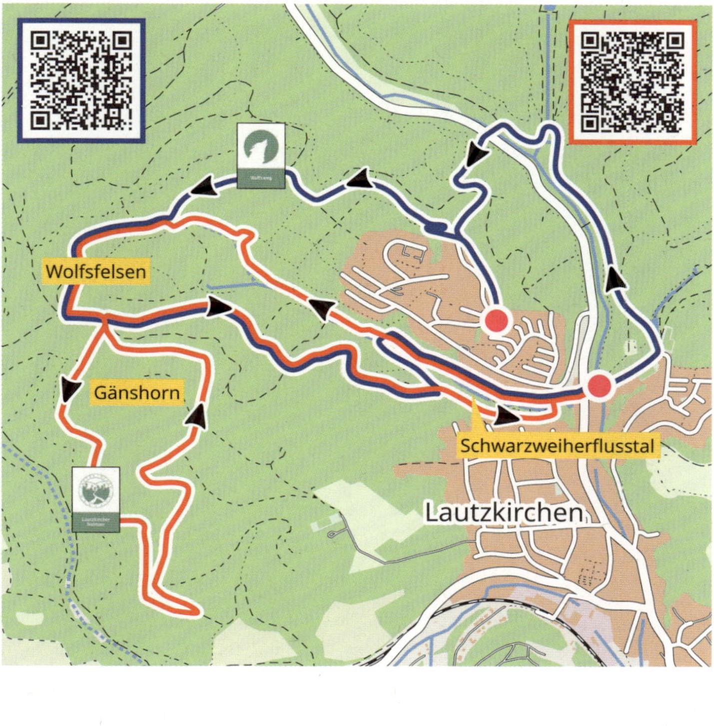

Ins Felsental (Lautzkirchen) Herrliche Rundwanderung, die zum Kirkeler Felsenpfad führt. Zum Teil übereinstimmend mit der Kirkeler Tafeltour. Einkehrmöglichkeit: Restaurant »Zum Pferchtal«.

◆ 11,2 km | 3:15 h | 250 hm | mittelschwer
Start: Wanderparkplatz im Pferchtal

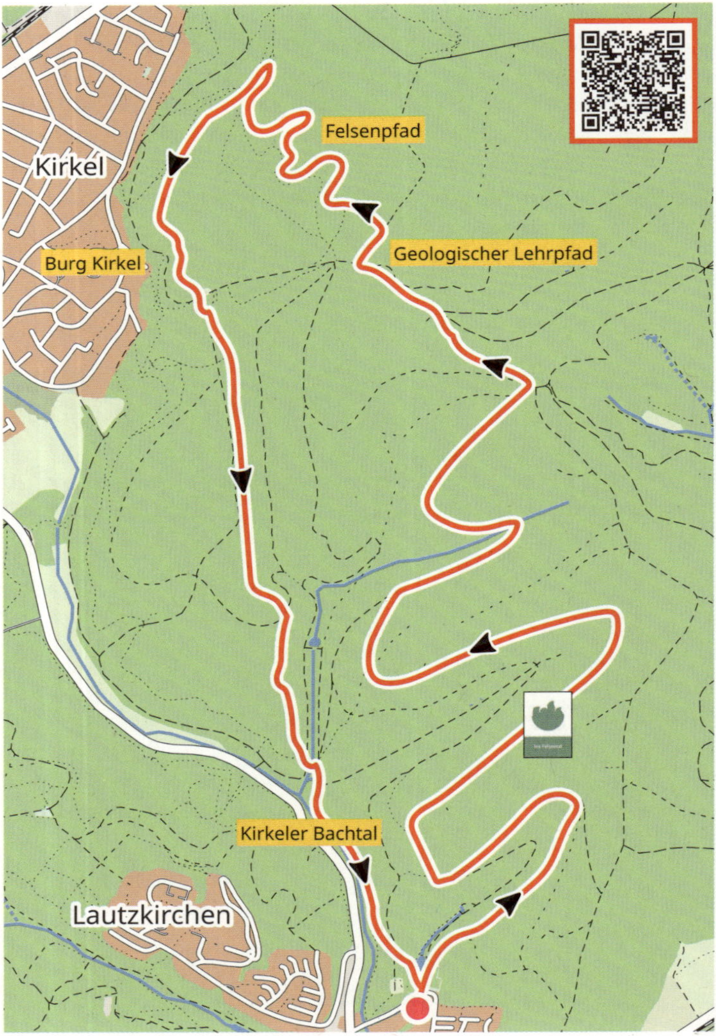

Felsenpfad
Kirkel
Geologischer Lehrpfad
Burg Kirkel
Kirkeler Bachtal
Lautzkirchen

Zur Peterseiche (Bierbach) Gemütlicher Waldweg im idyllischen Grohbachtal. Wegpunkte sind die Peterseiche und das Naturdenkmal Sieben Fichten. Einkehrmöglichkeit: Waldschenke.

◀▶ 5,2 km | 🕒 1:30 h | ⬍ 97 hm | mittelschwer
Start: Wanderparkplatz im Grohbachtal

Ins Grohbachtal (Bierbach) Der Weg führt zunächst auf den Aussichtspunkt »Auf dem Schucht«, dann durch den Wald, vorbei an »Sieben Fichten« und »Peterseiche« zurück ins Grohbachtal. Einkehrmöglichkeit: Waldschenke.

◀▶ 7 km | 🕒 2:00 h | ⬍ 136 hm | mittelschwer
Start: Wanderparkplatz im Grohbachtal

Sieben Fichten
Peterseiche
Grohbachtal
Waldschenke
P
Auf dem Schucht
Schweitzertalstraße
Eckstraße
Bubistraße
Bierbach

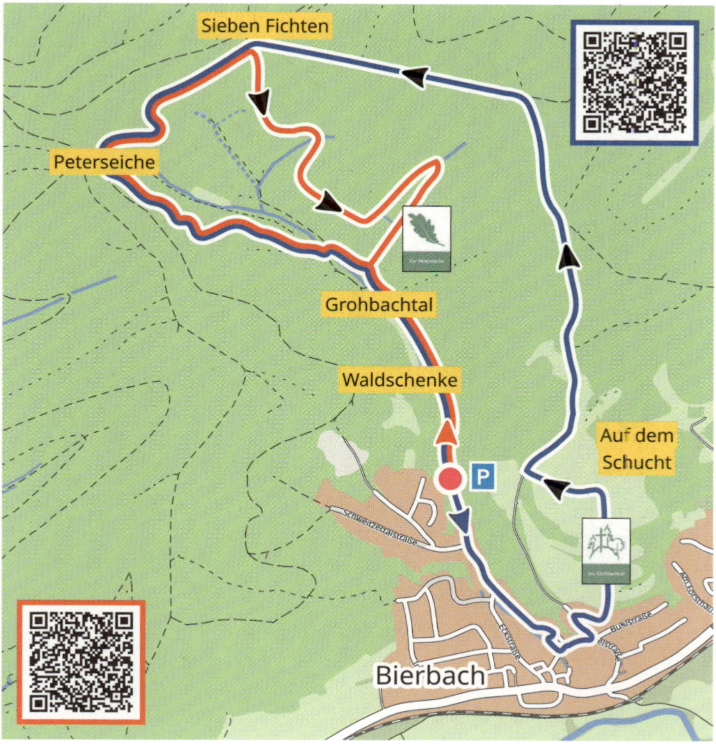

Webenheim Runde (Webenheim) Schöne und besonders aussichtsreiche Rundwanderung über die Höhen bei Webenheim.

9,3 km | 2:30 h | 122 hm | mittelschwer

Start: Parkpl. Martin-Luther-Kirche Webenheim

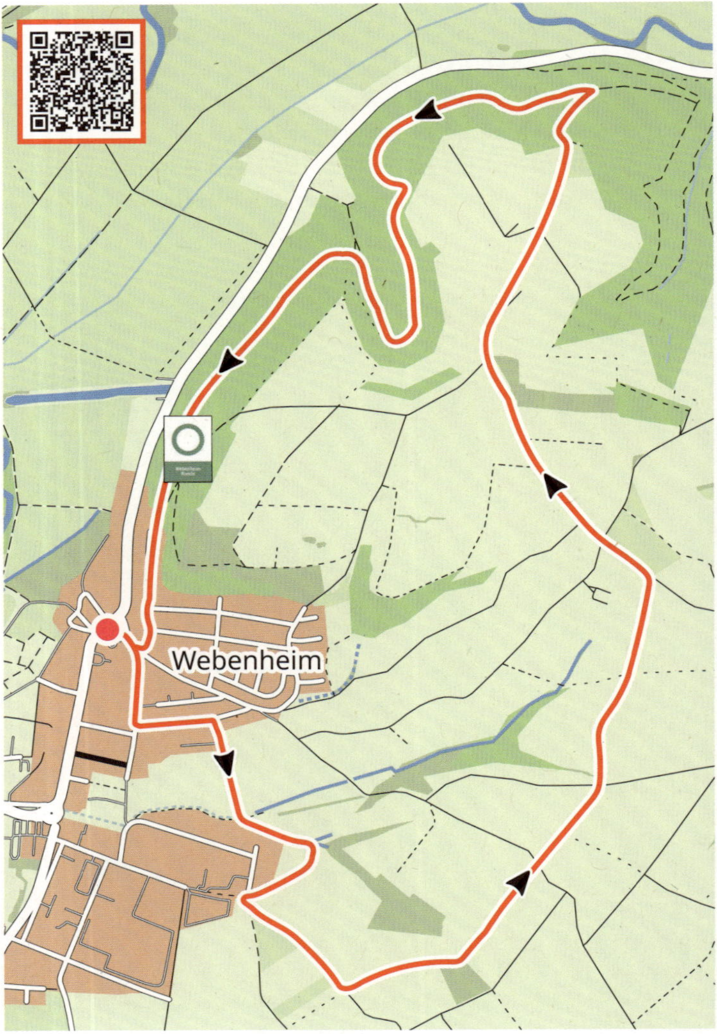

Böckweiler Runde (Böckweiler) Von Böckweiler führt der Weg durch Wiesen und Wald hinauf zum Alexanderturm auf dem Großen Kahlenberg.

◆ 7,2 km | ⌚ 1:50 h | ◆ 107 hm | mittelschwer

Start: Böckweiler, Parkplatz an der Kirche

Alexanderturm Runde (Breitfurt) Aussichts- und abwechslungsreich führt der Weg von Breitfurt zum Kirchheimer Hof und zum Alexanderturm.

◆ 9,0 km | ⌚ 2:25 h | ◆ 177 hm | mittelschwer

Start: Wanderparkplatz am Friedhof Breitfurt

INFO ALEXANDERTURM

Der 1893 fertiggestellte Alexanderturm auf dem Großen Kahlenberg bei Böckweiler hatte eine Höhe von über 26 Metern. 1939 wurde er von deutschen Soldaten gesprengt. 2022 wurde auf der Ruine eine Aussichtsplattform errichtet.

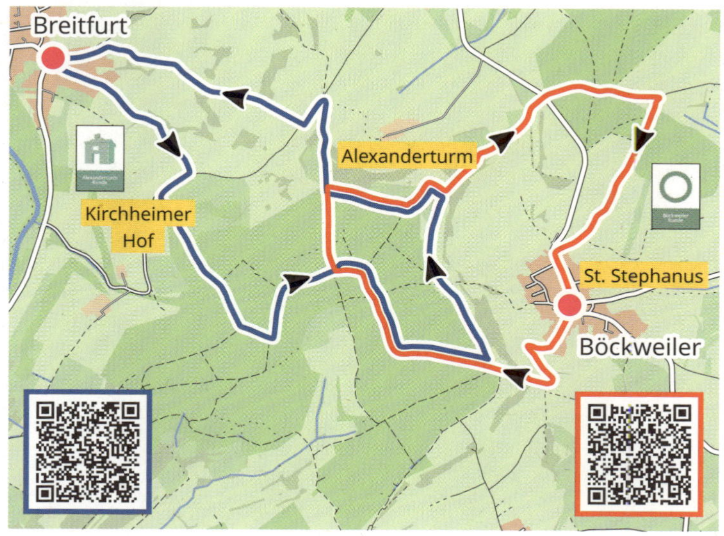

EN DÉTAIL

Drei-Dörfer-Weg

Entspannter und aussichtsreicher Rundweg, der die Orte Altheim, Böckweiler und Pinningen verbindet.

Der Rundweg bietet herrliche Aussichten über die Parr, das Bickenalbtal, in den Westrich und sogar zu den Vogesen. Die Tour verbindet drei idyllische Dörfer und ist nicht sonderlich anstrengend. Ein genussbetonter Spaziergang, der sich in jeder Jahreszeit lohnt, allerdings im Sommer kaum Schatten bietet.

Hinweis: *Der »offizielle« Wegverlauf wurde mittlerweile zwischen Pinningen und Altheim geändert. Der Weg führt dadurch vor Altheim nicht mehr für ca. 300 Meter an der Landstraße entlang. Allerdings verzichtet die neue Wegführung auf einen der schönsten Wegabschnitte. Die folgende Wegbeschreibung bezieht sich auf die alte Wegführung. In der Karte und im Text wird aber auf die neue Route hingewiesen.*

Wegbeschreibung

Wir starten am Wanderparkplatz am Sportplatz in Altheim. Wir folgen der Hornbacher Straße in den Ort hinein und biegen nach 300 Metern rechts ab in die Dorfbachstraße und dann nach rechts in die Mittelbacher Straße. Oberhalb des Friedhofs folgen wir der Merowingerstraße nach rechts. Nach etwa 100 Metern biegen wir unmittelbar vor der Straße »Am Krummacker« auf einen etwas steileren, asphaltierten Weg ab, der uns weiter hinauf und schließlich aus dem Dorf hinausführt. Wir passieren eine schattige Baumgruppe

Dorfbrunnen vor der Kirche St. Stephanus in Böckweiler

links: Weg hinab nach Pinningen

Die blaue Alternativroute entspricht dem kürzlich geänderten, neuen Wegverlauf. Sie erspart das Gehen entlang der Landstraße bei Altheim, verzichtet dafür aber auf einen der schönsten Abschnitte des Drei-Dörfer-Weges. Ich bevorzuge weiterhin die alte Wegführung. Wer mag, kann aber die L201 an der gleichen Stelle überqueren wie dies die neue Wegführung vorsieht: Blickt man kurz vor Erreichen der Landstraße nach links, kann man ca. 100 m entfernt ein Verkehrsschild sehen. Geht man am Feldrand zu diesem Schild, kann man dort die Straße überqueren und dann dem Wegzeichen nach Altheim folgen.

TOURINFOS DREI-DÖRFER-WEG

7,7 km | 2:00 h | 132 hm | mittelschwer

Start: Wanderparkplatz am Sportplatz in Altheim

Wegcharakter: Der Weg verläuft meist auf gut ausgebauten Wegen und ist nicht sehr anstrengend. Er führt durch drei beschauliche Dörfer und reichlich Natur.

Achtung: Kurz vor Altheim verläuft der Weg für ca. 300 Meter direkt an der L201 entlang. Es gibt keinen Bürgersteig, nur einen schmalen geschotterten Streifen neben der Fahrbahn. Die Straße ist jedoch meist nicht stark befahren.

weiler, das wir schon vor uns sehen können. Am Ortseingang empfiehlt es sich, die Straße zu überqueren, da zunächst nur auf der linken Straßenseite ein Gehweg verläuft. Wir gehen an schönen Bauernhäusern vorbei und erreichen schon bald die **Kirche St. Stephanus** 1. Die Kirche ist die vermutlich älteste romanische Kirche des Saarlandes. Die Steinplatten, die ein geometrisches Muster in den Rasen vor der Kirche zeichnen, kennzeichnen die Umrisse der karolingischen Basilika, auf deren Überresten die Kirche erbaut worden ist.

Unweit des Brunnens vor der Kirche zweigt von der Hauptstraße die Hochwaldstraße ab. Wir folgen ihr leicht bergauf aus dem Dorf hinaus. Der asphaltierte Weg führt uns hinauf in Richtung Wald. Einen gepflasterten Weg, der kurz vor dem Wald nach links abzweigt, ignorieren wir. Unser Wanderzeichen, ein stilisiertes Dorf, fehlt an dieser Abzweigung, wir können uns in der ersten Hälfte unserer Tour aber noch am Zeichen des Jakobsweges orientieren. Unser Weg führt uns zunächst durch eine kleine Baumgruppe weiter hinauf bis an den Waldrand. Hier biegen wir links auf einen fein geschotterten Weg ab. Den Wald zu unserer Rechten, bietet sich nach links ein herrlicher Ausblick 2 in den Westrich und über die Parr, bei klarer Sicht sind sogar die Vogesen sichtbar. Im Tal sind die ersten Gebäude von Pinningen zu erkennen. Nach wenigen hundert Metern biegen wir links ab (der Jakobsweg führt weiter geradeaus), gehen zunächst durch Felder, dann durch Hecken bergab. Hinter den Hecken öffnet sich der Blick auf **Pinningen**. Wer mag, kann hier auf einer schönen Ruhebank verweilen. Wir gehen weiter durch ausgedehnte Wiesen und Felder mit zahlreichen, solitär stehenden Bäumen und ignorieren sämtliche Abzweigungen. Wir erreichen Pinningen und gehen geradeaus bis zur katholischen **Kirche Sieben Schmerzen Mariä** 3, wo wir der Hauptstraße nach links bis zum Ortsausgang folgen. Hier befindet sich der Friedhof von Pinningen, vor dessen Eingang eine etwa 4 Meter hohe **Kreuzigungsgruppe** aus dem Jahr 1851 steht. Die Inschrift trägt die Ortsangabe »Neualtheim«. So lautete von 1726 bis 2007 der amtliche Name des Dorfes, wenngleich es von den Einwohnern immer schon »Pinningen« genannt wurde. Gegenüber des Friedhofs, wenige Meter weiter ortsauswärts, zweigt von der Straße ein Feldweg ab. Diesen Weg nehmen wir, folgen ihm zunächst nach rechts

Das vom Neualtheimer Rohrbach durchflossene Tal bei Pinningen

(Wer der neuen Wegführung folgen will, folgt hier stattdessen dem etwas rustikalen Weg nach links), dann nach links, an einem weiteren Wegekreuz vorbei und lassen Pinningen hinter uns. Zu unserer Linken erstrecken sich nun endlos scheinende Felder, zu unserer Rechten verläuft parallel zu unserem Weg ein Zaun, hinter dem sich das Gelände absenkt. In dem schönen, kleinen Tal unter uns fließt der Neualtheimer Rohrbach seiner Mündung in die Bickenalb entgegen. Wir gehen immer entlang des Zaunes, bis sich der Weg gabelt und wir, links abbiegend, den Zaun hinter uns lassen. Uns bietet sich ein Rundum-Panorama. Der Blick reicht von den Höhen oberhalb von Böckweiler über Pinningen, Seyweiler, Medelsheim, Peppenkum, Riesweiler und das Tal der Bickenalb. Nach etwa 200 Metern folgen wir dem Wegverlauf zunächst nach links, nach weiteren 100 Metern nach rechts. Ab hier ist der Weg asphaltiert und bringt uns, an zahlreichen Obstbäumen vorbei, nach ca. 750 Metern zur L201, der Neualtheimer Straße. 4 Hier müssen wir vorsichtig sein, denn für etwa 300 Meter müssen wir neben der

Wiesen und Felder im Tal der Bickenalb bei Altheim

Straße hinunter nach Altheim gehen. Am besten läuft man auf der linken Seite der Straße, wo es zwar keinen Gehweg, aber immerhin einen schmalen Schotterstreifen neben der Fahrbahn gibt und man etwaige entgegenkommende Fahrzeuge im Blick hat. Dieser Wegabschnitt ist der einzige Wermutstropfen auf dieser herrlichen Tour. Die Straße ist jedoch gut einsehbar und in der Regel nicht stark befahren. *(Alternativ geht man kurz vor Erreichen der Landstraße am Feldrand entlang nach links in Richtung des Durchfahrt-Verboten-Schildes, das ca. 100 Meter entfernt steht. Dort kann man die Straße überqueren und dann dem Wegzeichen nach Altheim folgen.)* In **Altheim** angekommen, folgen wir der Hauptstraße zur **Kirche St. Andreas**. Zum Abschluss der Wanderung sollte man unbedingt den hinter der Kirche gelegenen **Pirminiusgarten** 5 besuchen. Anschließend gelangen wir über die Hornbacher Straße wieder zum Ausgangspunkt unserer kleinen Wanderung.

Keltenweg (Altheim) Der Weg führt durch die weitläufige, hügelige Wiesenlandschaft rund um Altheim mit Blick ins schöne Bickenalbtal.

◀▶ 6,5 km | 🕐 1:40 h | ⬍ 76 hm | mittelschwer
Start: Wanderparkplatz Sportplatz Altheim

Grenzgänger (Brenschelbach) Anspruchsvolle, grenzüberschreitende Wanderung. Höhepunkte sind die Mühle von Eschviller (Museum, Einkehrmöglichkeit) und die Kapelle St. Joseph bei Ormersviller.

◀▶ 16,9 km | 🕐 4:30 h | ⬍ 187 hm | schwer
Start: Dorfplatz in Brenschelbach

Altheim
Pirminiusgarten
Brenschelbach
DEUTSCHLAND
FRANKREICH
Riesweiler
Ormersviller
Eschweiler Mühle
Chapelle Saint Joseph

Hornbach Runde (Altheim) Von Altheim führt der Weg durch Wälder und die hügelige Wiesenlandschaft des Zweibrücker Westrichs bis zur historischen Klosterstadt Hornbach und zurück.

◆ 13 km | ◷ 3:30 h | ⬍ 205 hm | schwer

Start: Wanderparkplatz am Sportplatz Altheim

Spazierweg Bagatelle (Aßweiler) Leichte Spazierrunde ohne nennenswerte Steigung auf der »Seelbacher Höhe«, wo sich im 18. Jh. die Schlossanlage »Bagatelle« befand.

◆ 3,6 km | ◷ 0:50 h

⬍ 12 hm | leicht

Start: Busbahnhof Aßweiler / Parkplatz ausgangs Aßweiler

Langental und Hobelter Berg

Entspannte Berg- und Talrunde bei Alschbach

Der nicht nur bei Einheimischen beliebte Rundweg führt ohne große Anstrengung durch das schöne Langental hinauf nach Biesingen. Von hier aus geht es über den Hobelter Berg aussichtsreich wieder zurück ins Tal. Der Weg ist durchgehend asphaltiert. Ein Wegzeichen gibt es nicht, der Wegverlauf ist aber unkompliziert.

Wegbeschreibung

Startpunkt der Tour ist an der **Kirche St. Maria** in Alschbach. Wenn nicht gerade ein Gottesdienst stattfindet, stehen hinter der Kirche wenige, aber meist ausreichende Parkplätze zur Verfügung. Von hier gehen wir zunächst hinab zur Straße **Langental** und folgen dieser nach links. Nach etwa 200 Metern verlassen wir den Ort und folgen dem asphaltierten Feldweg, vorbei an Ackerflächen, Wiesen und Viehkoppeln. Nach etwa zwei Kilo-

TOURINFOS LANGENTAL / HOBELTER BERG

◀▶ 6,5 km | 🕑 2:00 h | ⬍ 114 hm | leicht

Start: Kirche St. Maria in Alschbach

Wegcharakter: Durchgehend asphaltiert führt der Weg durchs Langental hinauf nach Biesingen. Dabei ist die einzige Steigung des Weges zu bewältigen. Aussichtsreich und entspannt geht es dann wieder bergab nach Alschbach.

Einkehrmöglichkeit: Direkt an der Strecke gibt es keine Einkehrmöglichkeit. Doch wer in Biesingen den Straßen »Im Dorf« und »Am Hölschberg« zum höchsten Punkt des Ortes folgt, gelangt zum Café-Restaurant Bellevue mit schönem Biergarten. Ruhetage: Mo, Di, Mi.

links: Blühfläche im Langental

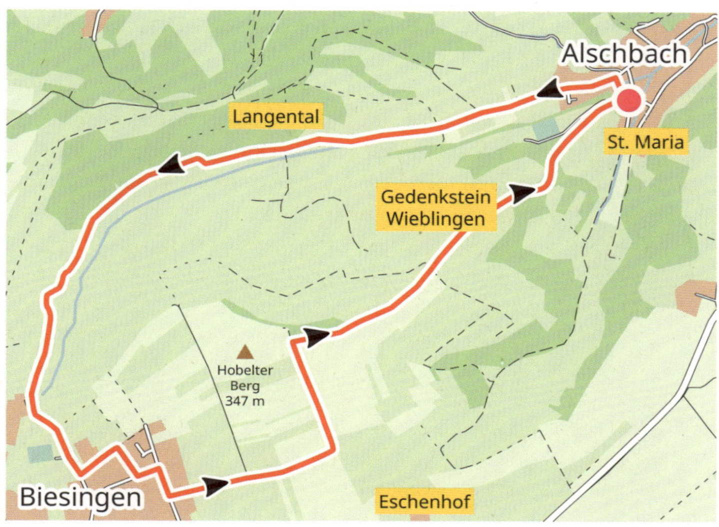

metern erwartet uns mit dem Anstieg hinauf nach **Biesingen** der einzige anstrengendere Wegabschnitt. Oben angekommen, biegen wir nach dem Sportplatz zunächst links in die Pfarrer-Haas-Straße und dann zweimal im Wechsel rechts, links, rechts, links ab (Straßen: Pfarrwiese – Im Dorf – Münchwiesenstraße). So gelangen wir erneut auf einen asphaltierten Feldweg, der uns aus Biesingen hinausführt und den wir für den Rest der Wanderung nicht mehr verlassen. Wir genießen die herrliche Aussicht vom **Hobelter Berg**, gehen entlang von landwirtschaftlichen Nutzflächen, passieren rechterhand den schön gelegenen Eschenhof und folgen unserem Weg schließlich bergab. Wir passieren einen **Gedenkstein**, der an die einstige Wüstung **Wieblingen** erinnert und gelangen schließlich wieder zur Kirche von Alschbach, dem Ausgangspunkt unserer Tour.

Gedenkstein »Wieblingen«

links: Biesingen

Rundwege in der Gemeinde Gersheim

Bliesgau Blicke (Gersheim) Kurze, aber konditionell durchaus fordernde Wanderung durch Streuobstwiesen und Wald. Einer der Höhepunkte ist das Orchideengebiet Gersheim.

6,7 km | 1:50 h | 175 hm | mittelschwer

Start: Busbahnhof in Gersheim

Kulturpark Spazierweg (Reinheim) Der Weg verläuft rund um den Landschaftspark des Europäischen Kulturparks Bliesbruck-Reinheim.

2,8 km | 0:40 h

2 hm | leicht

Start: Parkplatz unter der Brücke in Reinheim

Der Medelsheimer (Gersheim) Die abwechslungsreiche Wanderung führt von Gersheim durch den Erzentaler Wald und vorbei an der Kreuzkapelle nach Medelsheim. Danach führt der Weg über Walsheim zurück ins Bliestal.

◂▸ 13 km | 🕒 3:40 h | ⬍ 329 hm | mittelschwer
Start: Busbahnhof Gersheim

Vogesenblick (Walsheim) Der schöne Rundweg führt zunächst von Walsheim hinauf zur Duser Straße oberhalb von Medelsheim. Der folgende Wegabschnitt bietet herrliche Aussichten über die reizvolle Landschaft der Parr. Insbesondere der namensgebende Aussichtspunkt »Vogesenblick« oberhalb von Seyweiler ist hervorzuheben.

◂▸ 12,2 km | 🕒 3:10 h | ⬍ 329 hm | mittelschwer
Start: Wanderparkplatz am Campingplatz Walsheim

Medelsheimer Kreuzweg (Medelsheim) Entspannter Spazierweg rund um das malerisch gelegene Medelsheim. Der Weg beginnt an der Kreuzkapelle und führt aussichtsreich an insgesamt 12 Wegekreuzen vorbei.

3,7 km | 1:00 h | 76 hm | mittelschwer
Start: Wanderparkplatz an der Kreuzkapelle

links: Dieses Wegekreuz am Waldrand oberhalb von Medelsheim wurde 1769 gesetzt. Weitere Kreuze des Kreuzweges stammen aus den Jahren 1765 und 1766. Als Anlass für diese Kreuzsetzungen werden schlechte Erntejahre vermutet. / oben: Die Kreuzkapelle auf dem Husarenberg

Freundschaftsweg (Medelsheim) Der grenzüberschreitende Weg führt durch eine der reizvollsten Landstriche der Region. Auch ohne anspruchsvolle Steigungen setzt er allein auf Grund seiner Länge von fast 20 Kilometern eine gute Kondition voraus. Wer sich diese Langstrecke zutraut, darf sich auf herrliche Aussichten, die Landschaft der Parr, das Bickenalbtal und beschauliche Dörfer dies- und jenseits der deutsch-französischen Grenze freuen.

◀▶ 19,2 km | 🕔 5:00 h | ⬍ 222 hm | schwer
Start: Wanderparkplatz Kreuzkapelle, Medelsheim

Der Rubenheimer (Rubenheim) Gleich zu Beginn des Rundweges muss nach dem Rohrentalweiher ein knackiger Anstieg gemeistert werden. Danach gehts entspannt und aussichtsreich rund um Rubenheim.

◀▶ 9,2 km | 🕒 2:30 h | ⬍ 187 hm | mittelschwer

Start: Wanderparkplatz Rohrentalweiher

Orchideenpfad (Gersheim) Der Weg führt vom Lachenhof hinauf ins Orchideengebiet Gersheim und dort auf schmalem Pfad durch die Wiese.

◀▶ 2,7 km | 🕒 1:00 h | ⬍ 89 hm | mittelschwer

Start: Lachenhof (Parken in Ortsmitte empfohlen)

Der Hannock (Herbitzheim) Die zwei Anstiege des schönen Rundweges fordern Kondition, ermöglichen aber auch herrliche Aussichten ins Bliestal.

◀▶ 8,2 km | 🕒 2:50 h | ⬍ 158 hm | mittelschwer

Start: Dorfmitte von Herbitzheim

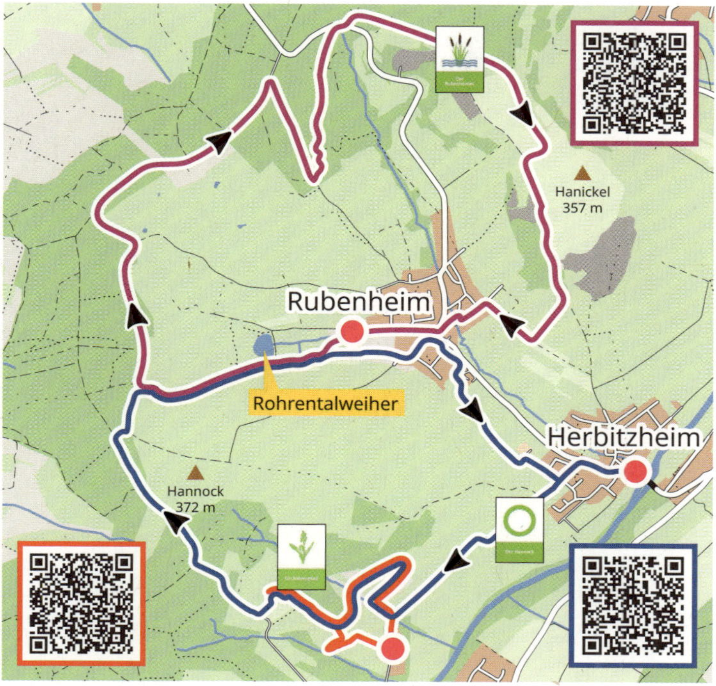

Rubenheimer Brunnenweg

Wald- und aussichtsreiche Runde um Rubenheim

Der Rundweg führt vom Rohrental hinauf in den Willbrunnwald. Etwa die Hälfte des Weges führt durch abwechslungsreichen Laubmischwald. Der Rest des Weges führt durch Streuobstwiesen und durch Rubenheim. Mehrere Brunnenanlagen liegen an der Strecke.

Wegbeschreibung

Startpunkt der Tour ist am Wanderparkplatz im Rohrental. Bevor wir losgehen, können wir schon hier den ersten **Brunnen** begutachten. Er liegt etwas versteckt in der linken hinteren Ecke des Parkplatzes. Vom Wanderparkplatz wenden wir uns nach rechts, d.h. wir gehen auf demselben Weg weiter, auf dem wir zuvor zum Parkplatz gelangt sind. Nach knapp 200 Metern biegt nach rechts ein etwas rustikaler Weg ab, der weiter oben an einem Geräteschuppen vorbeiführt. Diesem Weg folgen wir bergauf (Achtung: Bei der Begehung dieses Rundweges fehlte hier ein Wegzeichen). Wir stoßen auf einen asphaltierten Weg, dem wir nach links weiter bergauf folgen. Wir passieren rechterhand den **Rehbrunnen**. Etwa 100 Meter nach dem Brunnen, kurz vor der Kleintiroler Hütte, verlassen wir den asphaltierten Weg und folgen einem Pfad, der links bergab führt. Unten angekommen, halten wir uns links und erreichen kurz darauf den **Rohrentalweiher**. Hier biegen wir rechts ab, gehen am Wei-

TOURINFOS RUBENHEIMER BRUNNENWEG

◂▸ 9,5 km | 🕑 2:40 h | ⬍ 206 hm | mittelschwer

Start: Wanderparkplatz Rohrentalweiher

Wegcharakter: Aussichtsreiche Runde um Rubenheim mit einer knackigen Steigung zu Beginn. Der Weg führt an zahlreichen Brunnenanlagen vorbei.

links: Die schöne Aussicht auf Rubenheim muss zu Beginn der Wanderung erst einmal verdient werden, denn hier geht es steil bergauf.

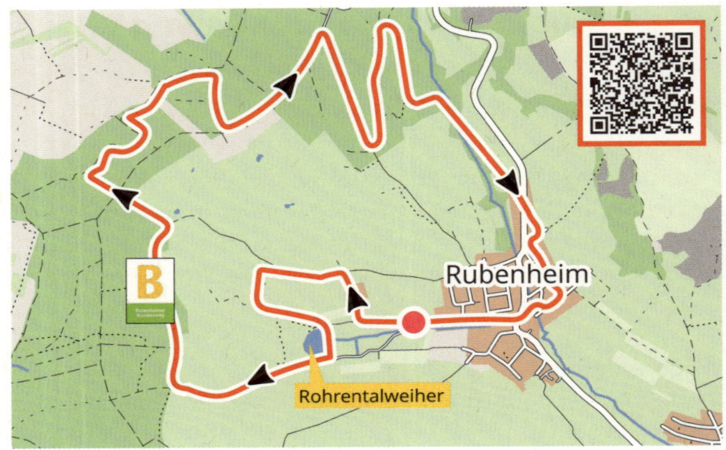

her entlang und an der Rohrentalhütte vorbei. Wer sich den Münchhausenbrunnen ansehen möchte, muss hinter dem Weiher einem schmalen Pfad in ein Wäldchen hinein folgen. Unser Wegzeichen jedoch schickt uns geradeaus. Nun gilt es, dem mitunter nassen und stellenweise rutschigen Wiesenpfad etwa 150 Höhenmeter bergauf zu folgen. Es ist die anstrengendste Passage des Rundwegs, bietet aber eine schöne Aussicht auf Rubenheim und die Hügellandschaft ringsum. Kurz vor Ende des Anstieges kommen wir in einem Wäldchen an einem Wegekreuz vorbei, gleich darauf erreichen wir den Willbrunnwald und biegen nach rechts auf einen fein geschotterten Weg ab, dem wir für etwa 600 Meter bis zum Gelände des Golfclubs Katharinenhof folgen. Hier nehmen wir den schmalen Pfad, der nach links bergauf führt und gehen, akustisch begleitet vom metallischen Klang geschlagener Golfbälle, am Golfplatz vorbei. Dann überqueren wir einen breiten Forstweg und gehen noch tiefer in den Wald hinein. An der nächsten Gabelung halten wir uns rechts. Nun wandern wir am Waldrand entlang, bis wir nach etwa einem Kilometer unserem Wegzeichen nach rechts folgen. Nach 300 Metern stoßen wir auf Höhe des Golfclubs wieder auf den breiten Weg und biegen links ab. Nach 600 Metern verlassen wir den asphaltierten Weg nach rechts und folgen einem Forstweg hinunter zum Waldrand, wo wir nach links abbiegen. Wir folgen unserem Wegzeichen durch den von Buchen dominierten Mischwald. Schließlich gelangen

Der Gänsebrunnen

wir zum **Gänsebrunnen**, der sich dort befindet, wo bis Anfang des 20. Jahrhunderts die Gänse des Ortes gehütet wurden. Auf den Brunnen folgt ein mitunter sehr matschiges Wegstück, das schließlich aus dem Wald hinausführt. Nun gehen wir entlang eines Baches an einem weiteren Brunnen und an Streuobstwiesen vorbei in Richtung Rubenheim, das wir nach wenigen hundert Metern erreichen. Wir überqueren die Hauptstraße und gehen durch die Wiesenstraße, dann nach rechts durch die Blieskasteler Straße und biegen dann in die Oberdorfstraße ab. Am Ende der Oberdorfstraße biegen wir rechts in die Straße Auf der Hohl, dann rechts in die Querstraße und dann nach links in die Hohlstraße ab, welche uns hinunter zur Hauptstraße führt. Wir überqueren die Hauptstraße und folgen der Wittersheimer Straße bis zum Ausgangspunkt unserer Wanderung.

Der Bliesgauer (Herbitzheim) Hinter dem Bliesgauer verbirgt sich die frühere »Bliesgau Tafeltour« und damit einer der schönsten und vielseitigsten Rundwege der Region. Die konditionell anspruchsvolle Tour verbindet das Bliestal mit dem Mandelbachtal und vereint alles, was das Wandern im Bliesgau so reizvoll macht: Wiesen, Wald, Aussicht! Einkehrmöglichkeit: Café Saisonal in Herbitzheim (samstags).

◀▶ 16,3 km | 🕓 4:30 h | ⬍ 321 hm | schwer

Start: Dorfmitte von Herbitzheim

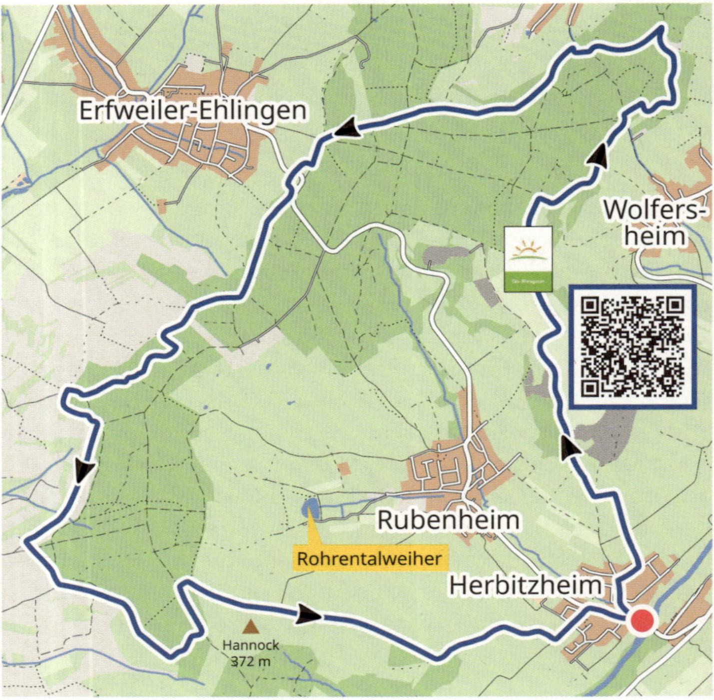

Rundwege in der Gemeinde Mandelbachtal

Rund um Dalem (Heckendalheim) Die als Höhen- und Klammweg deklarierte Rundtour fordert Kondition und Trittsicherheit, bietet dafür aber ein abwechslungsreiches Wandererlebnis. Es muss mit rutschigen Passagen gerechnet werden. Ein Wasserlauf muss auf Trittsteinen überquert werden. Besonders aussichtsreich ist der Wegabschnitt auf der Römerstraße.

◂▸ 12,7 km | 3:40 h | ⬍ 331 hm | mittelschwer

Start: Parkplatz an der Römerstraße zwischen Ommersheim und Oberwürzbach, alternativ am Friedhof oder am Sportplatz

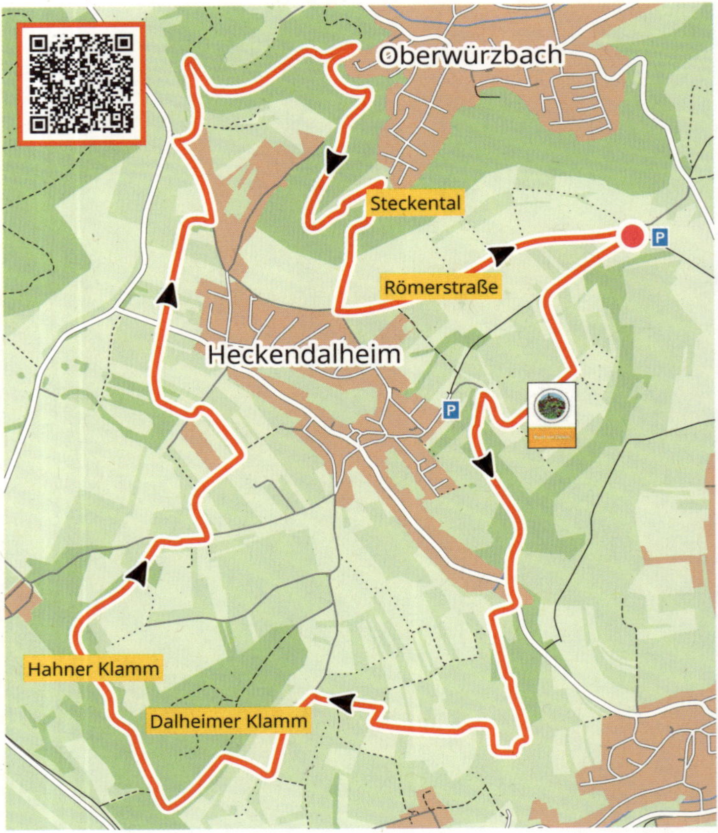

Spazierweg Metzelberg (Ommersheim) Entspannter Spazierweg vom Ommersheimer Weiher über den Eichelberger Hof (Hofladen und Milich Heisje) entlang von Wiesen und Feldern.

◆ 3,8 km | 1:00 h | 55 hm | leicht

Start: Wanderparkplatz Ommersheimer Weiher

Bettelwald Weg (Ommersheim) Vom Ommersheimer Weiher aus führt der Weg einmal rund und durch Allmend- und Bettelwald.

◆ 5,6 km | 1:30 h | 37 hm | leicht

Start: Ommersh. Weiher, alternativ an d. Tennishalle

Höfe Weg (Ommersheim) Vom Wanderparkplatz am Galgen führt die barrierefreie, kurze Runde an Feldern und Wiesen vorbei zum Eichelberger Hof.

◆ 3,9 km | 1:00 h | 1 hm | leicht

Start: Parkplatz am Galgen, Oberwürzbacher Straße

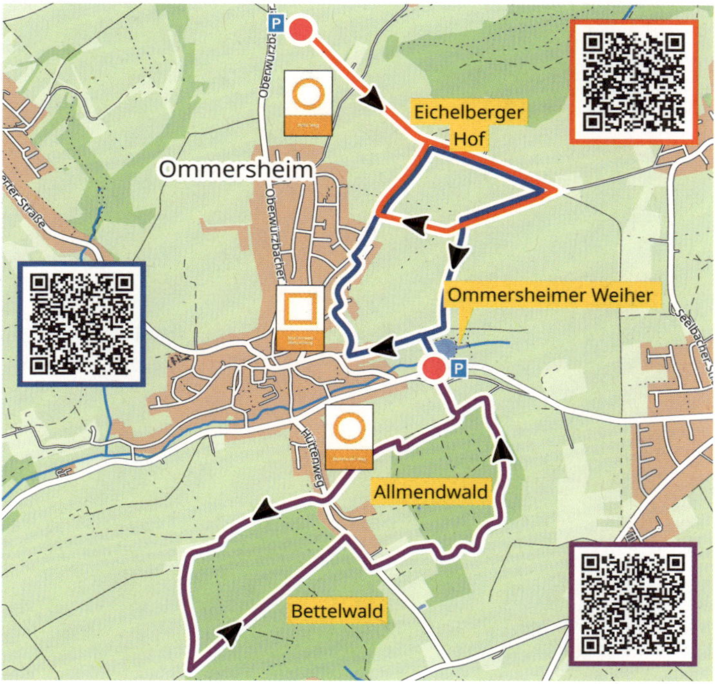

Kneippweg Ormesheim Der schöne, aber auch anstrengende Rundweg führt rund um Ormesheim. Wälder und offene Flächen wechseln sich ab.

◀▶ 11 km | 🕑 2:50 h | ⬍ 137 hm | mittelschwer

Start: Parkplatz am Rathaus Ormesheim

Natura Trail Mandelbachtal (Ormesheim) Anspruchsvolle Tour durch 3 Naturschutzgebiete und 3 Wälder rund um Ormesheim. Weitere Höhepunkte: Haus Lochfeld, Heidenkopfturm und Gräfinthal.

◀▶ 20 km | 🕑 5:30 h | ⬍ 370 hm | schwer

Start: Parkplatz am Rathaus Ormesheim

Schornwald Runde (Erfweiler-Ehlingen) Meist am Waldrand entlang führt der Weg rund um den Schornwald oberhalb von Erfweiler-Ehlingen und bietet herrliche Aussichten ins Blies- und Mandelbachtal.
Einkehrmöglichkeit: Wanderhütte Erfweiler-Ehlingen. Ruhetage: Mo, Di, Do.

◆ 10,1 km | 2:45 h | ⬍ 143 hm | mittelschwer
Start: Wanderparkplatz Schornwald

Kneippweg Erfweiler-Ehlingen Vorbei an der Kirche St. Mauritius und der Josefskapelle am Hölschberg umrundet der Weg einmal den Ort und endet am Kneippbecken am Mandelbach. Einkehrmöglichkeit: Wanderhütte Erfweiler-Ehlingen. Ruhetage: Mo, Di, Do.

◆ 7,2 km | 1:50 h | ⬍ 110 hm | mittelschwer
Start: Kneipp-Becken in Erfweiler-Ehlingen (kein Parkplatz), alternativ am Friedhofsparkplatz (Ballweilerstraße)

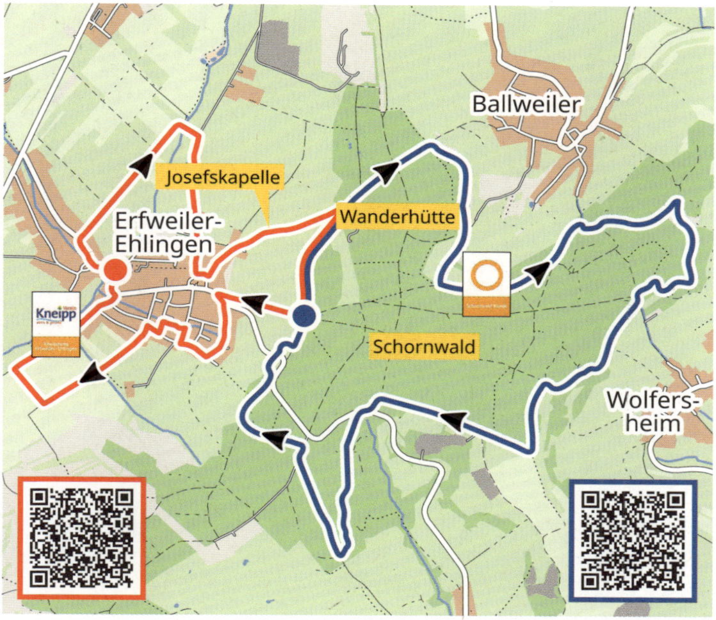

Gräfinthaler Klosterpfad

Wälder, Wiesen, Weite – Abwechslungsreiche Wanderung rund um Gräfinthal

Diese aussichtsreiche Tour zählt zu den schönsten Rundwegen im Biosphärenreservat. Höhepunkte sind die Klosteranlagen in Gräfinthal, das Brudermannsfeld, das Kulturlandschaftszentrum Haus Lochfeld in Wittersheim sowie der Heidenkopfturm, der eine fantastische Fernsicht bietet.

Wegbeschreibung

Startpunkt der Wanderung ist der Parkplatz in Gräfinthal. Direkt hinter der kleinen Tourist-Info, die in einer ehemaligen Telefonzelle untergebracht ist, beginnt unsere Tour, die wir entgegen dem Uhrzeigersinn wandern. Wir folgen unserem Wanderzeichen, dem Bischofsstab des Klosterabtes von Gräfinthal nach rechts in den Weiler **Gräfinthal** 1. In den historischen Gebäuden befinden sich heute zwei Restaurants, eine Jagdschule und ein Benediktinerpriorat. Es lohnt sich, einen kleinen Abstecher

TOURINFOS GRÄFINTHALER KLOSTERPFAD

◂▸ 11,3 km | 🕒 3:20 h | ⬍ 239 hm | mittelschwer

Start: Wanderparkplatz Gräfinthal

Wegcharakter: Die konditionell durchaus fordernde Tour führt größtenteils auf naturnahen Pfaden und Wegen durch Wald und über ein aussichtsreiches Hochplateau. Es gibt zwei etwas anstrengende Steigungen zu Beginn der Tour und am Haus Lochfeld.

Einkehrmöglichkeiten: Gräfinthaler Hof (Gräfinthal 6, Tel. 06804/91100) Gehobene Küche aus Zutaten der Region. Schöner Biergarten. Ruhetage: Mo, Di. • Trattoria La Contessa (Gräfinthal 3, Tel. 06804/994 01 44) Italienisches Restaurant. Schöner Biergarten. Ruhetage: Di, Mi.

links: Die Gräfinthaler Klosterkirche

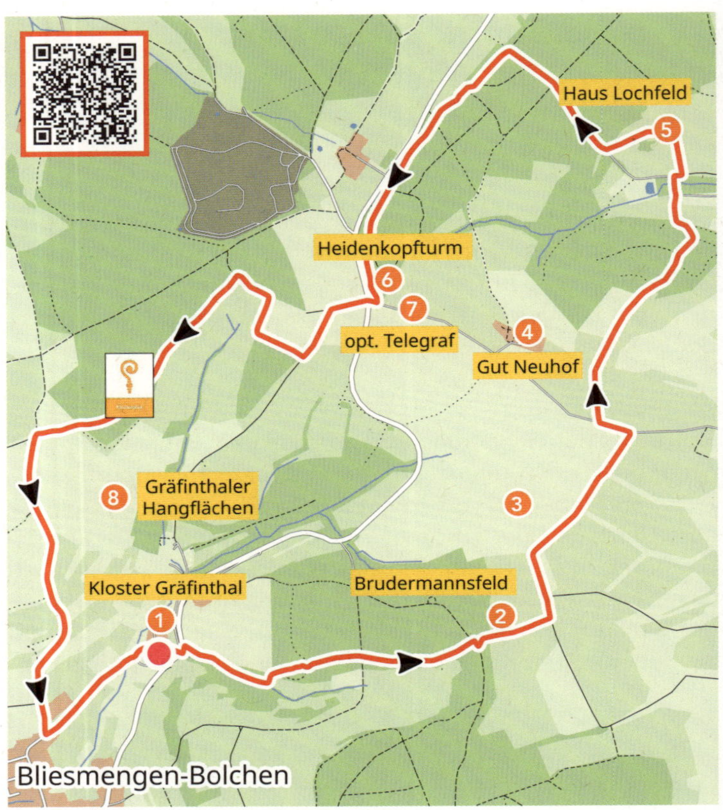

nach links in den Hof zu machen. An seinem Ende steht ein von vier Säulen getragenes historisches **Taubenhaus** aus dem Jahr 1766. Die historische **Klosterkirche** ist täglich von 10 bis 19 Uhr geöffnet.

Wir lassen das Kloster Gräfinthal hinter uns, gehen hoch zur Landstraße und überqueren diese. Wir wenden uns nach links und folgen kurz darauf einem steinigen Weg bergaufwärts. Bei den Trockenmauern zu unserer Linken handelt es sich um alte **Weinbergmauern**. Sie begleiten uns bis in den Wald hinein. Der Weg gabelt sich an einem steinernen Bildstock, der zum »Weg der sieben Schmerzen Mariens« gehört. Der teilweise mit unserem Weg identische Heidenkopfrundweg führt nach links, wir folgen jedoch dem rechten Pfad durch eine schöne Klamm steil bergan. Nach der Klamm stoßen wir wieder auf

Aus dem Wald führt der Weg in Richtung Brudermannsfeld.

den Heidenkopfrundweg und gehen rechts weiter in den Wald hinein. Wir gehen immer geradeaus, an weiteren Bildstöcken vorbei, bis wir auf einen quer verlaufenden Weg stoßen, dem wir für wenige Meter nach rechts folgen und dann nach links abbiegen.

Wir verlassen den Wald und sehen vor uns bereits die Baumgruppe, in deren Mitte das **Brudermannskreuz** 2 an die Sage vom Brudermannsfeld erinnert. Die Ruhebänke am Kreuz bieten sich für eine

Brudermannskreuz

erste Rast an. Nach dem Brudermannskreuz führt unser Weg leicht bergab und stößt nach knapp 200 Metern auf einen asphaltierten Weg, dem wir nach links folgen. Eine weitere Bank lädt zum Genießen des schönen Panoramas ein, das vor allem eines bietet: viel Grün. Wir blicken über ausgedehnte Wiesen, die von Hecken und Reihen von Obstbäumen durchzogen sind. Von dem im Tal gelegenen Ort Bebelsheim ist von hier kaum etwas zu sehen, aber wir sehen am gegenüberliegenden Hang den Grenzlandhof. Unser Weg führt nun hinauf zur **Priorspitze** 3. Wenn die Steigung geschafft ist, können wir vor uns in einem ca. einen Kilometer entfernten Wald bereits den Heidenkopfturm sehen, der heute eins unserer Etappenziele sein wird. Wir folgen unserem Weg zunächst nach rechts und gehen dann in bester Panoramalage geradeaus. Direkt vor uns können wir in der Ferne die Spitze eines Kirchturms ausmachen. Wer den Bliesgau kennt, weiß, dass es sich bei dieser hochgelegenen Kirche nur um die Kirche St. Anna von Biesingen handeln kann. Sie ist im Bliesgau von vielen Orten und aus beinahe allen Richtungen zu sehen. Bei der nächsten Weggabelung biegen wir links ab. Nach ca. 200 Metern biegen wir rechts in einen Feldweg ab, der nur noch für wenige Meter asphaltiert ist. Zu unserer Linken sehen wir auf der Anhöhe die markante Scheune von **Gut Neuhof** 4. Rechts bietet sich ein traumhaftes Bliesgaupanorama, das Blicke auf die **Erbhöfe** in Bebelsheim und den Nachbarort Wittersheim erlaubt. Vorbei an Pferdekoppeln geht es nun in den Käsackerwald hinein.
Wir folgen dem Weg rechts bergab und können bald schon durch das lichte Laub der Bäume am gegenüberliegenden Hang das Haus Lochfeld erkennen. Unten angekommen, stoßen wir wieder auf einen asphaltierten Weg, dem wir zunächst über einen kleinen Bach folgen. Dann gehen wir nach rechts und kurz darauf nach links abbiegend bergauf. Der steinige, steile Pfad führt an Wiesen und alten Obstbäumen vorbei direkt zu den Trockenmauern, die die Gärten des Hauses Lochfeld umgrenzen. Nach links führt eine Tür zu den malerischen Terassengärten – doch wer mag, kann zunächst dem schmalen Pfad nach rechts folgen und trifft nach ca. 20 Metern auf die

rechts: In den Terrassengärten von Haus Lochfeld

Reste einer historischen Trockenmauer, die Zeugnis von der Weinbautradition im Bliesgau ablegt.
Für die Gärten des **Kulturlandschaftszentrums Haus Lochfeld** 5 sollte man sich Zeit nehmen, denn es gibt viel zu sehen. Auf mehreren Terassen-Ebenen wurden ein ökologischer Weinberg, ein Bienenhaus, Streuobstwiesen sowie Kräuter-, Bauern-, Rosen- und Beerengärten angelegt. Wer die Lauschtour-App hat, (siehe »Lauschtouren«, Kapitel »Besondere Erlebnisse«) kann sich bei der Erkundung der Gärten von der »Biosphärentour im Mandelbachtal« akustisch begleiten lassen. Auf der Terrasse von Haus Lochfeld kann man im Schatten der Bäume ganz wunderbar die Aussicht ins Mandelbachtal genießen. Am Bienenhaus vorbei verlassen wir Haus Lochfeld und biegen nach etwa 200 Metern nach rechts in den Kirchenwald ab.
Es folgt ein knackiger Anstieg. Nach etwa 350 Metern kommen wir an einer Schutzhütte vorbei. Wir halten uns geradeaus und gehen den nun nicht mehr allzu steilen Weg weiter, bis wir schließlich oben angekommen sind. Nun folgen wir unserem Wanderzeichen nach links und gehen im Wald, parallel zur Landstraße, entspannt in Richtung **Heidenkopfturm** 6. Es lohnt sich, die 53 Stufen bis hoch zur dritten Plattform zu erklimmen. Die Aussicht ist großartig und reicht bei klarer Sicht bis zu den Vogesen, die man von diesem Turm aus einer besonders reizvollen Perspektive sehen kann.
Wir verlassen den Wald. Wer mag, kann einen kurzen Abstecher nach links machen und sich die Rekonstruktion eines **optischen Telegrafen** 7 ansehen. Solche Telegrafenstationen waren zur Zeit der Französischen Revolution errichtet worden, um eine schnelle Kommunikation über große Entfernungen hinweg zu ermöglichen. Ein weiterer rekonstruierter Telegraf steht auf dem Hölschberg in Biesingen.
Unser Weg führt jedoch nicht in Richtung des Telegrafen, sondern nach rechts, wo wir zunächst die Landstraße überqueren müssen. Dann folgen wir unserem Wanderzeichen an Feldern vorbei in den Schorrenwald. Wenn wir den Wald nach ca. einem Kilometer verlassen, bietet sich uns erneut ein herrliches Panorama, dieses Mal mit Blickrichtung Bliesransbach. Wir gehen leicht bergab, gelangen nach ca. 200 Metern an eine Kreuzung und biegen hier nach links ab. Diesem Weg folgen wir nun an ausgedehnten Wiesen und Feldern vorbei, bis wir nach ca. 700

Sonnenblumen säumen den Weg in den Schorrenwald.

Metern eine Reihe von Hecken erreichen. Ab jetzt geht es die **Gräfinthaler Hangflächen** 8 hinab. Unser Weg führt uns an schön gelegenen Ruhebänken und einem Wegekreuz vorbei hinunter nach Bliesmengen-Bolchen. Am Ortsrand angelangt, biegen wir nach links ab. Am Weidezaun zu unserer Linken wird gelegentlich sogar Kunst präsentiert, zu unserer Rechten säumen Obstbäume unseren Weg. Nach ca. 450 Metern erreichen wir den Ausgangspunkt unserer Wanderung.

Brudermannsfeld-Tour

Aussichtsreicher Rundweg rund um den Allenberg bei Bliesmengen-Bolchen

Für Viele ist dieser Rundweg ein echter Klassiker. Ein Weg mitten im Grünen, mit wunderschönen Aussichten, nicht zu lang und nicht sonderlich anstrengend. Die Runde am Brudermannsfeld geht immer, zu jeder Jahreszeit und bei jeder Witterung.

Wegbeschreibung

Startpunkt der Tour ist der Waldparkplatz Buchholz. Wir gehen den Weg entgegen dem Uhrzeigersinn, doch die eingeschlagene Laufrichtung ist bei dieser Tour nicht wichtig, beide Laufrichtungen haben ihren Reiz. Unser Weg entspricht der Nordic-Walking-Route 1, allerdings verläuft diese »offiziell« im Uhrzeigersinn.

Rast mit Blick auf Bliesmengen-Bolchen und Umgebung

Wir gehen auf dem Forstweg, auf dem wir zuvor zum Parkplatz gefahren sind, weiter zunächst leicht bergan, verlassen kurz darauf den Wald und folgen dem Weg vorbei an Wiesen, Schilf und Hecken bis zu einer Ruhebank, an der wir links abbiegen. Auf dem nun folgenden Wegabschnitt bietet sich uns ein schöner Blick über das im Tal liegende Bliesmengen-Bolchen. Nach etwa einem Kilometer biegen wir rechts ab, gelangen kurz darauf zum **Florianbrunnen** 1 und biegen an diesem links ab. Wir kommen am **Dreibrunnenhof** 2 vorbei, der in dem direkt am Weg gelegenen »Eierheisje« die hofeigenen Produkte anbietet. Unser Weg führt uns an den Waldrand und verläuft dann an diesem entlang. Den Wald zu unserer Linken, können wir zu unserer Rechten die großartige Aussicht genießen. Wir ignorieren alle Wegabzweigungen und blei-

links:
Höhenrücken bei Bebelsheim

TOURINFOS BRUDERMANNSFELD-TOUR

6,6 km | 1:30 h | 114 hm | leicht

Start: Waldparkplatz Buchholz. Zum Waldparkplatz gelangt man über die L238 zwischen Ormesheim und Bliesmengen-Bolchen. Von Ormesheim kommend zweigt auf der Fahrt hinab nach Bliesmengen-Bolchen, kurz vor einer Rechtskurve, nach links der Zufahrtsweg zum Parkplatz ab.

Wegcharakter: Wälder, Wiesen, Weitblick. Diese einfache Tour vereint alles, was das Wandern im Biosphärenreservat so reizvoll macht und ist dabei nur mäßig anstrengend.

ben zunächst auf unserem Weg. Dort, wo der asphaltierte Weg schließlich nach rechts abzweigt, gehen wir geradeaus in den Wald und biegen gleich darauf links ab. Wir gehen immer geradeaus, bis wir nach einer leichten Steigung an eine Kreuzung gelangen und rechts abbiegen. Wir halten uns immer geradeaus,

Bebelsheim im Mandelbachtal

bis wir den Wald verlassen. Der Blick öffnet sich auf Felder und Wiesen, im Tal liegt das Dorf Bebelsheim. Nach etwa 300 Metern gehen wir nach links bergab. Wir stoßen auf einen asphaltierten Feldweg, dem wir bergauf folgen. Vorbei an einem **Wegekreuz** geht es nun in Richtung Brudermannsfeld. Kurz vor einer im Schatten von Bäumen stehenden Bank biegen wir links ab und gelangen zum 1695 errichteten **Brudermannskreuz** 3. Der Legende nach lebte hier einst ein Einsiedler, der in einer Baumnische eine geschnitzte Marienfigur zur Andacht aufbewahrte. Als die Figur während eines Überfalls von einem Pfeil getroffen wurde, seien aus der »Wunde« Blutstropfen hervorgequollen, die nicht nur einem Blinden wieder zum Sehen verhalfen, sondern auch das Augenleiden der Gräfin Elisabeth von Blieskastel geheilt haben sollen, woraufhin die dankbare Gräfin das Kloster Gräfinthal habe errichten lassen. Heute müssen wir hier keinen Überfall mehr fürchten und können sorglos die schöne Aussicht genießen. Anschließend betreten wir wieder den Wald und biegen kurz darauf rechts ab. Nach 600 Metern erreichen wir den Ausgangspunkt.

Heidenkopf Runde (Gräfinthal) Der Rundweg führt von Gräfinthal über das Brudermannsfeld bis hinauf zum Aussichtsturm am Heidenkopf. Der Turm ermöglicht eine fantastische Fernsicht. Bei klarer Sicht erscheinen die Vogesen greifbar nah. Einkehrmöglichkeiten: Gräfinthaler Hof und Trattoria La Contessa in Gräfinthal.

◂▸ 8,4 km | 🕒 2:15 h | ⬍ 153 hm | mittelschwer
Start: Wanderparkplatz Gräfinthal

Spazierweg Grafinthal (Gräfinthal) Der Weg führt von Gräfinthal hinauf in den Schorrenwald und wieder hinab zum Ausgangspunkt, an der Naturbühne Gräfinthal vorbei. Einkehrmöglichkeiten: Gräfinthaler Hof und Trattoria La Contessa in Gräfinthal

◂▸ 5,4 km | 🕒 1:30 h | ⬍ 140 hm | mittelschwer
Start: Wanderparkplatz Gräfinthal

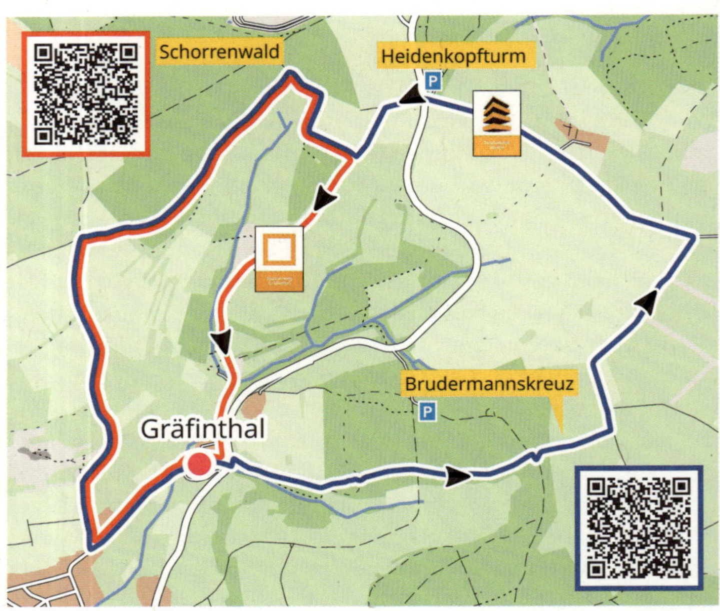

rechts: Kloster Gräfinthal

Rundwege in der Gemeinde Kleinblittersdorf

PREMIUMWANDERWEG

Bliesgrenzweg

Vielseitiger und aussichtsreicher Premiumwanderweg bei Sitterswald

Der Premiumwanderweg bietet eine Vielfalt an Erlebnissen, die in dieser Kombination und Intensität wohl kein anderer Weg im Bliesgau zu bieten hat. Er verbindet die Idylle der letzten Flusskilometer der Blies mit der beeindruckenden Fernsicht vom Hochplateau bei Kleinblittersdorf. Er bietet entspannte Genusspassagen, aber auch wadenkneifende Anstiege und führt durch abwechslungsreiche Wälder und üppige Wiesen.

Wegbeschreibung

Die Wanderung beginnt am Wanderparkplatz in Sitterswald. Wir folgen unserem Wegzeichen am Sängerheim vorbei in den schattigen Wald. Wir biegen einmal rechts und einmal links ab und gelangen nach ca. einem Kilometer zum ersten Höhepunkt der Wanderung, der **Bliesmühle** von Saargemünd. In der ehe-

TOURINFOS BLIESGRENZWEG

◆ 14,9 km | ◷ 4:30 h | ⬍ 321 hm | schwer

Start: Wanderparkplatz am Sängerheim, Nauwieser Straße, Sitterswald

Wegcharakter: Die Tour führt größtenteils auf naturnahen Pfaden und Wegen durch Wald und Wiesen und über ein aussichtsreiches Hochplateau. Ein Wegabschnitt im Ortsteil Bliesgersweiler Mühle führt auf der Straße durch ein ruhiges Wohngebiet. Wegen der zu überwindenden Höhenmeter ist der Weg als schwer einzustufen, insbesondere die zwei Anstiege hinauf zum Hochplateau erfordern Kondition.

rechts: Die Bliesmühle in Saargemünd

maligen Wackenmühle, die früher für die Keramikproduktion genutzt wurde, ist heute ein Keramikmuseum untergebracht (siehe Kapitel »Museen«). Den besten Blick auf das imposante Gebäude hat man von der **Fußgängerbrücke**, die hier über die Blies führt und so Deutschland und Frankreich verbindet. Nachdem wir den Mühlenblick genossen haben, gehen wir zurück ans deutsche Ufer und wandern auf schmalem Pfad am Blieswehr und der Mühle vorbei. Der Pfad führt zurück auf den breiten Forstweg, dem wir – immer noch begleitet vom Rauschen des Blieswehrs – für etwa 400 Meter nach rechts folgen, um dann abermals nach rechts auf einen schmalen Pfad abzubiegen, der ganz nah an der Blies durch eine Wiese führt. Der Wiesenpfad kann mitunter nass und stellenweise rutschig sein. Schließlich gelangen wir zurück an den Waldrand, überqueren den breiten Forstweg und folgen einem schmalen Pfad leicht ansteigend in den Laubmischwald. Ab jetzt lohnt es sich, nach ungewöhnlichen »Objekten« Ausschau zu halten. Der Land-art-Künstler Raimund Maria Herzog hat 2013 in diesem Waldgebiet insgesamt zehn **Holzskulpturen** geschaffen. Die heute noch vorhandenen Skulpturen (nicht alle sind erhalten geblieben) tragen zur mystischen Stimmung des Waldes bei. Wir kommen am idyllisch gelegenen **Mühlenwaldweiher** des Angelvereins Auersmacher vorbei. Gleich hinter dem Weiher geht es auf gewohnt schmalem Pfad weiter, nun wieder bergab. Schließlich stoßen wir wieder auf den breiten Wanderweg, der unweit der Blies am Waldrand entlangführt. Ihm folgen wir nach links. Abgesehen von einem kurzen Abstecher durch einen ehemaligen Kalksteinbruch bleiben wir auf dem breiten Weg, bis wir nach etwa einem Kilometer an eine Weggabelung gelangen. Unser Wegzeichen lotst uns auf den linken, steileren Pfad. (Das nach rechts weisende Schild verspricht einen »Sandstrand an der Blies«, der nur wenige Meter entfernt liegt, aber wohl kaum Strandgefühle hervorrufen dürfte …) Wir folgen also dem linken Pfad zunächst für etwa 200 Meter bergauf, dann geht es leicht bergab wieder hinunter auf das Niveau der Blies. Am anderen Flussufer sind Kühe und landwirtschaftliche Gebäude zu sehen. Sie gehören zum französischen Ort **Blies-Guersviller**. Eine Brücke, an der wir kurz darauf vorbeikommen, verbindet den Ort mit dem deutschen Ufer. Wir folgen dem geschotterten Fahrweg geradeaus und biegen dann nach rechts auf einen schmalen Wiesenpfad ab, der uns am ehemaligen Standort der Bliesgersweilermühle vorbeiführt, von der heute allerdings nichts mehr zu sehen ist. Wir gelangen schließlich zur Landstraße, überqueren diese und folgen dann der Straße Bliesgersweilermühle durch das gleichnamige Wohngebiet. Es folgt ein schatten-

TIPP LAND-ART

Im Wald bei Sitterswald gibt es Außergewöhnliches zu entdecken. 2013 hat der Land-Art-Künstler Raimund Maria Herzog hier insgesamt zehn Holzskulpturen installiert. Weitere Arbeiten desselben Künstlers können im Wald beim St. Ingberter Stadtteil Schüren betrachtet werden.

loser, kräftezehrender Anstieg. Nach etwa 500 Metern ist das Ende der Straße, und nach weiteren 100 Metern geschotterten Waldweges das Ende des Anstieges erreicht. Wir gehen nach rechts und gelangen bald an einen schönen **Aussichtspunkt** am Waldrand. Ganz links am Rand des Blickfeldes ist der Wintringer Hof zu erkennen, im Tal unter uns liegt Bliesransbach. Wir folgen dem rechten Pfad in den Wald hinein. Die folgende, steigungsarme Waldpassage ist die vielleicht schönste des ganzen Weges, zumindest was den Baumbestand angeht. Links und rechts des Pfades ragen hohe Buchen empor. Das frische Grün ihrer Blätter harmoniert vortrefflich mit dem tiefen Blau des Himmels. Schließlich knickt unser Weg nach links ab, wir gelangen an eine Weggabelung. Ein Wegweiser verspricht uns »Biosphärenblick« in 500 Metern. Wir folgen dem breiten Schotterweg bergauf. Ein Schild weist uns darauf hin, dass wir uns nun auf Bergbaugebiet befinden. (Tatsächlich war die Kalksteingrube Auersmacher zuletzt die größte noch betriebene Kalksteingrube Europas und nach Einstellung des Kohlebergbaus die letzte aktive Grube des Saarlandes. Seit Ende 2017 fördert sie nur noch im Stand-by-Betrieb.) Wir folgen unserem Wegzeichen und nähern uns dem höchsten Punkt unserer Wanderung. Der Charakter des Waldes rings um uns hat sich unterdessen deutlich verändert. Die vor kurzem noch vorherrschenden hohen Buchen sind einem weniger hohen, gemischten Laubbaumbestand gewichen. Zu unserer Linken sehen wir durch die Bäume hindurch bereits die Wiesen der Hochebene. Wir verlassen den Wald und genießen am **Biosphärenblick** den weiten Blick über das Plateau und in den Bliesgau. Wir gehen kurz auf dem asphaltierten Weg und folgen dann einem schmalen Pfad nach rechts. Bald schon wandern wir durch die weiten, weiten Wiesen des Hochplateaus. Den Wald zu unserer Rechten, genießen wir nach links eine fantastische **Fernsicht**. In der Ferne sind schemenhaft die Vogesen zu erkennen. Nach etwa 600 Metern gelangen wir wieder an den Waldrand. Wir folgen einem schmalen Pfad bergab, überqueren nach etwa 200 Metern eine asphaltierte Straße und gehen auf einem zunächst

links: Im Frühjahr und Herbst erstrahlt der Buchenwald bei Bliesransbach in intensiven Farben.

Von der Marienkapelle bietet sich eine großartige Aussicht auf Kleinblittersdorf und den französischen Nachbarort Grosbliederstroff auf der anderen Seite der Saar.

fein geschotterten, dann asphalierten, recht steilen Weg hinab. Bald schon öffnet sich der Blick nach rechts. Wir blicken über Kleinblittersdorf, in der Ferne ist Saarbrücken zu sehen. Kurz darauf biegen wir links ab und gelangen zur 1957/58 erbauten **Marienkapelle**. Von hier hat man eine fantastische Aussicht auf Kleinblittersdorf und Grosbliederstroff. Wir blicken direkt auf die katholische Pfarrkirche St. Agatha, können dahinter deutlich die über die Saar führende Freundschaftsbrücke und dahinter die Eglise Saint-Innocent in Grosbliederstroff erkennen. Von der Kapelle folgen wir einem schmalen Pfad durch ein Waldstück, halten uns dann rechts und gehen durch eine kleine Streuobstwiese. An einer Trockenmauer endet die Wiese und wir betreten erneut den Wald. Es folgt ein spannender Weg-

rechts: Zahlreiche Ruinen verleihen dem Wald oberhalb von Kleinblittersdorf eine mystische, verwunschene Stimmung.

Bevor wir das Hochplateau verlassen, bietet sich uns noch einmal ein Panoramablick ins Bliestal. Links ist Bliesransbach zu sehen, rechts das französische Blies-Guersviller und dahinter Bliesmengen-Bolchen.

abschnitt. Teils steil ansteigend verläuft der Pfad an unzähligen **Ruinen bürgerlicher Park- und Wohnanlagen** vorbei. Nach den Ruinen geht es steigungsarm durch den schattigen Wald. Wir erreichen die sogenannte **Teufelskanzel** an der Schlucht des Tiefenbachs. Jetzt geht es entlang der Schlucht steil bergauf, bis wir schließlich den Bach überqueren und uns dem Waldrand und der Hochebene nähern. Oberhalb einer Wiese folgen wir einem Schotterweg nach rechts und lassen den Wald hinter uns. Unser Weg führt stetig ansteigend an Hecken und vereinzelt stehenden Bäumen vorbei und stößt schließlich auf den asphaltierten Weg, den wir bereits vom Aussichtspunkt Biosphärenblick kennen. Wir biegen rechts ab und erreichen schon bald den Aussichtspunkt **Vogesenblick**, wo zwei Ruhebänke zur Rast einladen. Der Blick reicht hier weit ins Land, am Horizont sind die Vogesen zu erkennen. Dann folgen wir unse-

rem Wegzeichen nach links. Dem asphaltierten Weg, auf den wir dann stoßen, folgen wir zunächst nach rechts, verlassen ihn aber schon nach der folgenden Kurve und wandern nun wieder durch Wiesen. Schließlich stoßen wir auf einen asphaltierten Weg, dem wir nach links folgen. Ein großes Holzkreuz markiert einen schönen Aussichtspunkt mit Blick auf Bliesransbach inklusive des Wintringer Hofs und des Ritthofs. Unser Weg führt uns nun nach rechts und schon nach wenigen Metern erreichen wir einen weiteren, noch schöneren Aussichtspunkt nebst zwei Ruhebänken mit einem herrlichen **Panoramablick ins Bliestal**. Etwa 200 Meter nach den Ruhebänken gelangen wir an den Waldrand und folgen einem schmalen Pfad bergab auf einen breiten Forstweg. Wir biegen nach rechts ab und wandern recht schattig mit nur noch moderaten Steigungen durch den Wald. Am Waldrand erreichen wir an einer alten, als Naturdenkmal eingetragenen Eiche eine Weggabelung, behalten hier unsere Richtung bei und gelangen schließlich nach etwa einem Kilometer zurück zum Ausgangspunkt unserer Wanderung.

Rundwege im Stadtgebiet von St. Ingbert

Ruhbachtal Runde (Schüren) Der Rundweg führt ins malerische Ruhbachtal und weiter ins Mäusbachtal. Vorbei am Schafweiher im Elstersteinpark und dem Siouxweiher geht es zurück nach Schüren.

◂▸ 7,8 km | 🕑 2:10 h | ⬍ 154 hm | mittelschwer

Start: Wanderparkplatz Schüren

Industrieweg (St. Ingbert) Der Stadtwanderweg folgt den Spuren des Bergbaus und der Stahlindustrie. Der Weg verläuft an der Alten Schmelz vorbei, durch das Gehnbachtal zum Rischbachstollen.

◂▸ 8,0 km | 🕑 2:05 h | ⬍ 75 hm | leicht

Start: Parkplatz Schlachthofstr. hinter dem Rathaus

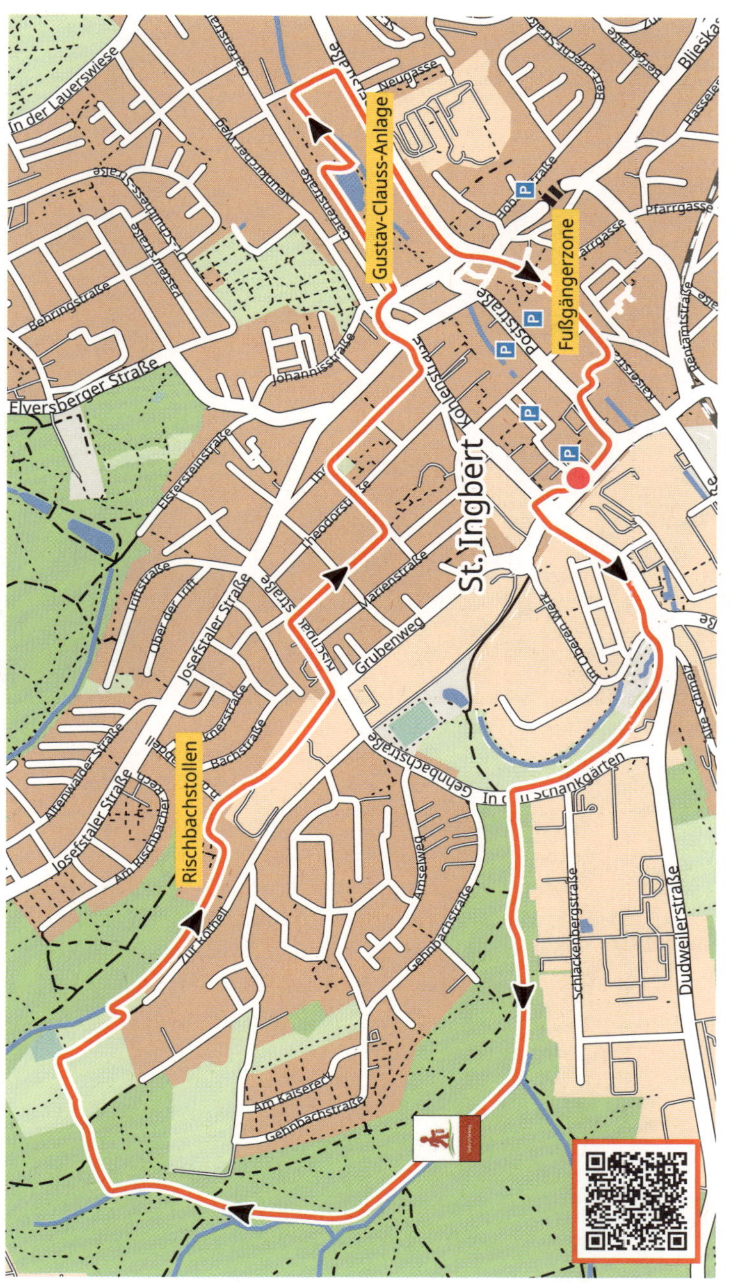
Gustav-Clauss-Anlage
Fußgängerzone
St. Ingbert
Rischbachstollen
In der Lauerswiese
Behringstraße
Elversberger Straße
Johannisstraße
Poststraße
Pfarrgasse
Neugasse
Kaiserstraße
Grubenweg
Marienstraße
Theodorstraße
Josefstaler Straße
Altenwalder Straße
Am Rischbach
Zur Römell
Amselweg
Gehnbachstraße
Am Kaisereck
Schlackenbergstraße
Dudweilerstraße
Alte Schmelz
Gehnbachstraße
In den Schankgärten
Im Oberen Werk
Ober der Trift
Triftstraße
Eisensteinstraße
Neunkircher Weg
Pfarrgasse
Rentamtstraße

Glashütter Weiher in Rohrbach

4 Weiher Runde (Schüren) Landschaftlich reizvoller Wanderweg in den Wäldern St. Ingberts. Mäßige Steigungen, gleich drei Kneipp-Tretbecken und Einkehrmöglichkeiten am Glashütter und Wombacher Weiher sowie in Schüren machen die Tour zu einer der schönsten im Raum St. Ingbert.

◆ 14,4 km | 🕒 3:45 h | ⬍ 121 hm | mittelschwer
Start: Wanderparkplatz Schüren

Kleberbachtal Runde (Rohrbach) Entspannte Waldrunde vom Glashütter Weiher zum Kleberbachtal. Einkehrmöglichkeit und Kneipp-Tretbecken am Weiher.

◆ 6,9 km | 🕒 1:50 h | ⬍ 96 hm | mittelschwer
Start: Parkplatz am Glashütter Weiher

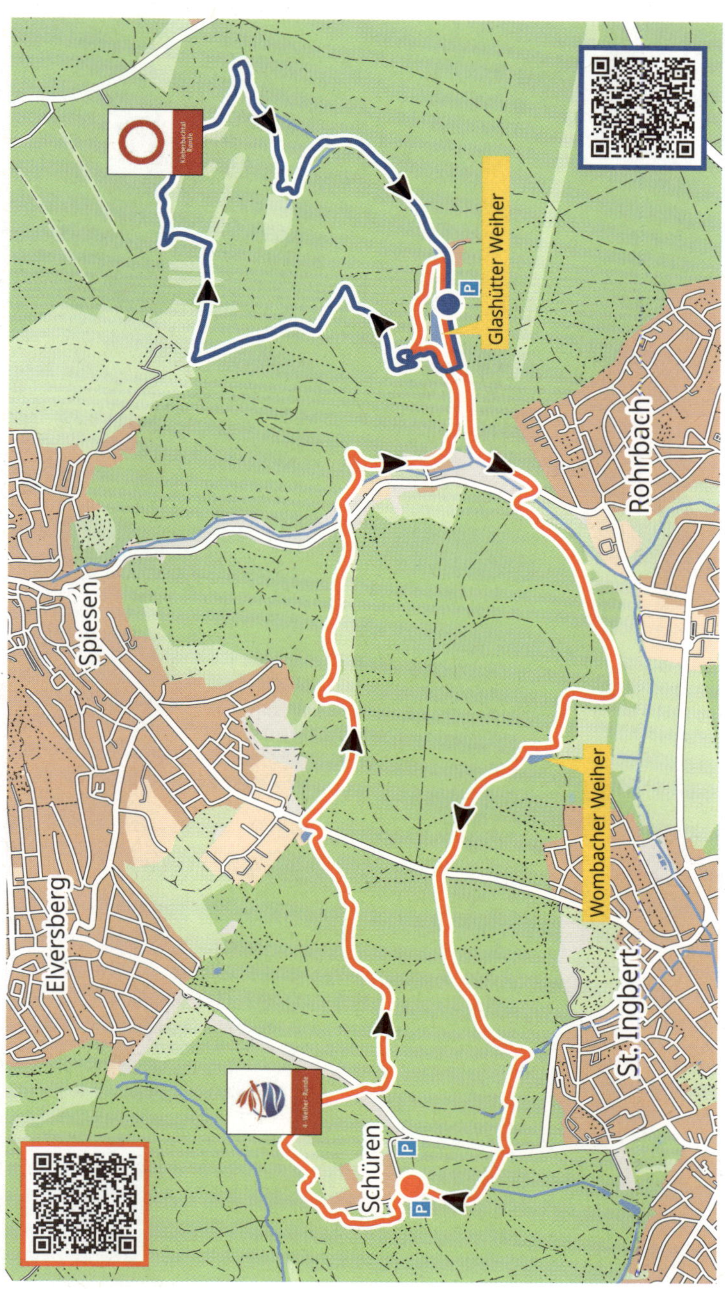
Glashütter Weiher
Rohrbach
Spiesen
Wombacher Weiher
Elversberg
St. Ingbert
Schüren

PREMIUMWANDERWEG

Hüttenwanderweg

Anspruchsvolle Wanderung durch die Wälder am Hochscheid und am Kahlenberg

Abwechslungsreiches, aber auch anstrengendes Auf und Ab in den Wäldern rund um den Hochscheid in St. Ingbert. Der Rundweg verläuft überwiegend im Wald und führt an zahlreichen Brunnen und insgesamt vier (meist nur am Wochenende) bewirtschafteten Wanderhütten vorbei. Es gibt zwei Varianten des Weges: entweder mit oder ohne die sogenannte Kahlenbergschleife. Unsere Wegbeschreibung schließt den Kahlenberg mit ein, auch wenn die Kahlenberghütte zurzeit (Stand 2023) nicht bewirtschaftet ist.

Wegbeschreibung

Der Hüttenwanderweg beginnt am Parkplatz der Oberwürzbachhalle. Wir folgen dem Fußweg, der zwischen der Kita und dem Dorfgemeinschaftshaus hinunter zur sogenannten »Dorfmitte am Bach« führt. Wir überqueren den Würzbach und gelangen zur Friedhofstraße. Hier biegen wir links und gleich darauf rechts ab und gehen am Friedhof vorbei bergauf. Noch befinden wir uns auf dem Zuweg, den wir am Ende der Tour ein zweites Mal gehen werden, erreichen aber nach wenigen

TOURINFOS HÜTTENWANDERWEG

inkl. Kahlenbergschleife:
◀▶ ca. 14 km | 🕓 4:30 h | ⬍ 378 hm | schwer

Start: Parkplatz an der Oberwürzbachhalle, Oberwürzbach

Wegcharakter: Anspruchsvolle Rundwanderung, die überwiegend im Wald verläuft. Mehrere Anstiege.

Einkehrmöglichkeiten: Anglerhütte Oberwürzbach (Mi, Sa, So), Schopphübelhütte (So), Wanderhütte Hochscheid (So), Wanderhütte Frohsinn (Mi, Fr, Sa, So)

Minuten den eigentlichen Rundweg. Hier müssen wir achtgeben, dass wir uns am richtigen der beiden Wegzeichen orientieren (nämlich dem rechten) und weiterhin der Straße folgen, die uns oberhalb des Friedhofs zum Wald führt. Am Waldrand entlang gehen wir zunächst am Friedhof vorbei und erreichen gleich darauf eine Koppel, auf der zwei Pferde, ein Maultier und ein Esel zuhause sind. Über die Wiese hinweg bietet sich eine schöne Aussicht auf Oberwürzbach. Etwa 150 Meter nach der Eselwiese folgen wir unserem Wegzeichen, der gelben Wanderhütte, nach rechts auf einen schmalen Pfad. Der Pfad führt schließlich wieder zurück zum breiten Forstweg, doch kurz bevor wir diesen erreichen, zweigt nach rechts ein weiterer Pfad ab, der uns hinab ins **Laichweihertal** führt. Unten biegen wir rechts ab und erreichen bald das Talende. Hier müssen wir links abbiegen, doch wer mag, geht hier noch wenige Schritte geradeaus und gelangt zum **historischen Waschhaus** 1. Nachdem wir ein weiteres Mal links abgebogen sind, wandern wir nun talaufwärts. Zu unserer Linken befindet sich ein vor vielen Jahrzehnten angelegtes System aus kleinen Teichen, die durch einen sich windenden kleinen Bach verbunden sind und insbesondere Lurchen einen geschützten Lebensraum bieten sollen. Schließlich erreichen wir erst den unteren, dann den oberen Weiher und damit auch die erste Hütte des Rundwegs, die **Anglerhütte** 2 des Angelsportvereins Oberwürzbach. Die Hütte ist in der Regel mittwochs, samstags und sonntags geöffnet. Vom oberen Weiher führt ein schmaler, steiler Pfad hinauf zum **Eichertsfelsen** 3. Dieser bietet Zugang zu Höhlen, die mehrere Meter in den Fels hineinführen. Nach dem Felsen führt der steile Pfad schließlich zu einem breiten Forstweg, dem wir nach rechts folgen. Dann folgen wir einem schmalen Pfad nach rechts und wandern nun steigungsarm durch Laubmischwald, bis wir schließlich eine Weggabelung erreichen. Hier folgen wir dem steinigen, steilen Pfad nach links. Oben angelangt, gehen wir am Waldrand entlang und können durch die Bäume zu unserer Rechten Wiesen und Ackerflächen sehen. Wir stoßen auf einen asphaltierten Weg, den wir überqueren. (Wer sich die schöne »Alte Schäferei« ansehen möchte, muss dem asphaltierten Weg für 350 Meter nach rechts folgen.) Nun geht es immer geradeaus und immer bergab bis wir die **Schopphübelhütte** 4 erreichen.

TIPP LIEBLINGSPLATZ

Auf dem Hochscheid zwischen Oberwürzbach und Hassel, unweit des Ritterhofes II, befindet sich eine besonders schöne alte Scheune: »Die Alte Schäferei«.

Der Kahlenberg bietet eine fantastische Fernsicht.

Diese ist sonntags geöffnet, außer am jeweils dritten Sonntag des Monats. Weiter bergab gehend, erreichen wir schließlich die Altenhofstraße in Hassel, biegen links ab und wandern nun durch das schöne **Wiesental**. Nach wenigen hundert Metern biegen wir rechts ab in Richtung Kahlenberg. (Wer sich die sogenannte Kahlenbergschleife sparen möchte, geht an dieser Stelle einfach geradeaus bis zum Wanderparkplatz.) Wir folgen dem Weg hinauf zur St. Ingberter Straße, überqueren diese und gelangen zum Wald. Wir halten uns links und folgen nach wenigen Metern dem Weg, der nach rechts bergauf führt. Es folgt ein schweißtreibender Anstieg. Schließlich gelangen wir an einen Felsen, an dem uns eine Hinweistafel verrät, dass die Felsen des Kahlenbergs früher als Steinbruch genutzt wurden und die katholische Kirche von Hassel aus dem Sandstein des Kahlenbergs gebaut wurde. Wir folgen unserem Wegzeichen nach rechts und kommen an weiteren Felsen vorbei. Nach den Felsen halten wir uns immer links, bis wir an eine Wegkreuzung gelangen, an der vier Wege aufeinander treffen. Hier folgen wir der Beschilderung zur **Kahlenberghütte** 5. Leider ist die Hütte derzeit nicht bewirtschaftet, doch lohnt sich der Aufstieg allein schon der Aussicht wegen. Je nach Wetterlage reicht der

Blick weit ins Land. Der Schaumberg bei Tholey ist ebenso zu sehen wie der Weiselberg bei Freisen und der Donnersberg in Rheinland-Pfalz. Nachdem wir den Fernblick genossen haben, wandern wir weiter über den Höhenrücken und erreichen bald eine Wegkreuzung. Etwas versteckt steht hier am Wegrand der **Dreibannstein**, der die Banne von St. Ingbert, Rohrbach und Hassel markiert. Das Original wurde bereits in der Landesaufnahme von Tilemann Stella aus dem Jahr 1564 erwähnt: »Dieser marckstein steht oben auff dem Kalenberg, im walt, hat ein creutz unnd zaichen unn schaidet Hasell, Rorbach unnd S. Ingebert«. Der heutige Stein stammt aus dem Jahr 2017.
Wir behalten die bisherige Richtung bei. Nach etwa 250 Metern geht es bergab. Wir halten uns immer geradeaus, bis unser Weg schließlich auf einen breiten Schotterweg stößt. Hier gehen wir nach links und halten uns kurz darauf nochmal links. Kurz bevor wir die Landstraße erreichen, zweigt nach links ein Pfad ab, der uns parallel zur Landstraße zu einer Stelle führt, wo wir die Straße überqueren können. Auf der anderen Straßenseite befindet sich die Zufahrt zum **Waldparkplatz**. Am Parkplatz folgen wir unserem Wegzeichen links bergauf in Richtung Hochscheid. Nach etwa 500 Metern kommen wir an einer mit Gestrüpp bewachsenen Ebene vorbei – es handelt sich um eine Schutthalde – die eine schöne Sicht auf Hassel und die Wälder ringsum bietet. Nach weiteren 150 Metern zweigt nach links ein schmaler Pfad ab, der hinab zum **Christkönigsbrunnen** und zum **Horstebrunnen** führt. Der Abstieg zu den Brunnen ist nicht unbedingt notwendig, denn der äußerst steile Weg, der vom Horstebrunnen wieder aufwärts führt, endet am selben Weg, an dem auch der Abstieg begann. Alle weiteren Abzweigungen ignorieren wir, bleiben auf unserem Weg und gelangen schließlich an eine Wegkreuzung, an der nach links ein Weg bergab, geradeaus ein Pfad steil bergauf und nach rechts ein leicht ansteigender Weg abzweigen. Wir nehmen den rechten Weg in Richtung Hainbuchenbrunnen und Hof Hochscheid. Nach etwa 200 Metern folgen wir einem nach links abzweigenden Weg bergauf, gehen am **Hainbuchenbrunnen** vorbei und verlassen den Wald. Rechts vor uns sehen wir den **Hof Hochscheid** 6. Hier lädt an Sonntagen die wohl am schönsten gelegene **Wanderhütte** weit und breit zur Einkehr ein. Nach dem Hof führt ein gepflasterter Weg hinunter zu einem breiten Forstweg,

Auf dem Hochscheid fühlen sich auch die Rinder wohl.

dem wir nach rechts folgen. An der nächsten Weggabelung gehen wir links und erreichen bald die **Weidenberghütte,** eine Schutzhütte. Hier folgen wir nun einem steilen, mit Treppenstufen versehenen Pfad bergab. Unten angelangt, gehen wir nach links. Nach etwa 300 Metern erreichen wir den **Brunnen am Saulager**, gehen weiter geradeaus und gelangen schließlich am **Rotsoligbrunnen** nach Oberwürzbach. Wir folgen der Reichenbrunner Straße nach links und biegen kurz darauf wieder links ab in Richtung Lourdesgrotte. Wir wandern entlang eines Kreuzweges in das schöne »Lange Tal« hinein. An der zehnten Station des Kreuzweges gehen wir rechts hinauf und erreichen bald darauf die **Lourdesgrotte** 7, die mit zahlreichen Engelsfiguren und Rosenkränzen geschmückt ist. Unser Pfad führt zunächst weiter bergauf und stößt dann auf einen Weg, dem wir nach rechts folgen. An der nächsten Gabelung halten wir uns rechts und erreichen bald darauf die **Wanderhütte des Wandervereins Frohsinn** 8, die mittwochs, freitags, samstags und sonntags geöffnet ist. An der Hütte zweigt nach links ein schmaler Pfad ab, der uns nach 400 Metern wieder zur Friedhofstraße führt. Wir gehen bergab und erreichen nach weiteren 350 Metern den Ausgangspunkt unserer Wanderung.

Großer Stiefel (Sengscheid) Mittelschwere Wanderung rund um den St. Ingberter Hausberg. Höhepunkt der Runde ist der Stiefelfelsen. Wer sich diesen für den Schluss der Tour aufheben möchte, sollte entgegen dem Uhrzeigersinn gehen.

4,9 km | 1:30 h | 181 hm | mittelschwer

Start: Wanderparkplatz am Stiefel

Spazierweg zum Stiefel (Sengscheid) Wer nur an einem Besuch des Stiefelfelsens interessiert ist, dem sei diese kurze Runde empfohlen.

2 km | 0:40 h | 144 hm | mittelschwer

Start: Wanderparkplatz am Stiefel

Hänsel und Gretel (Sengscheid) Spazierrunde im Wald bei Sengscheid, der eine weitere, in diesem Fall von Menschenhand geschaffene, steinerne Sehenswürdigkeit birgt: Ein Felsrelief aus galloрömischer Zeit, das zwei Menschen darstellt und im Volksmund »Hänsel und Gretel« genannt wird.

4,1 km | 1:15 h | 111 hm | mittelschwer

Start: Wanderparkplatz am Stiefel

Ins Fronsbachtal

Entspannte Runde im St. Ingbert-Kirkeler Waldgebiet über Sägeweiher, Triebscheider Hof und Griesweiher

EN DÉTAIL

Der wenig anstrengende Weg verläuft weitgehend im Wald oder am Waldrand. Mit nur wenigen Steigungen führt er vom Waldparkplatz am Fröschenpfuhl in Hassel ins schöne Fronsbachtal (das sich, auch wenn das Wegzeichen anderer Meinung ist, ohne »h« schreibt) und weiter zum Sägeweiher. Über den Triebscheider Hof geht es weiter zum Griesweiher und von dort zurück zum Ausgangspunkt.

Wegbeschreibung
Wir starten am großen Wegekreuz vor dem Waldparkplatz am **Fröschenpfuhl**. Wir gehen die Strecke im Uhrzeigersinn und gehen daher rechts am Kreuz vorbei in den Wald hinein. Wir folgen dem breiten Forstweg und ignorieren sämtliche Pfade und Wege, die von ihm abzweigen. Wir gehen talwärts durch Misch- und Fichtenwald. Kurz nachdem wir eine Station des Fitnessparcours passiert haben, gelangen wir an eine Kreuzung, an der wir nach rechts in Richtung Sägeweiher abbiegen. Wir sind nun im **Fronsbachtal** 1 angekommen und gehen von Bäumen beschattet immer am Waldrand entlang. Nach etwa 800 Metern erreichen wir den **Sägeweiher** 2. An diesem idyllisch gelegenen kleinen Gewässer ist meist wenig los, Bänke

TOURINFOS INS FRONSBACHTAL

◂▸ 5,5 km | 🕒 1:25 h | ⬍ 43 hm | mittelschwer

Start: Wanderparkplatz Fröschenpfuhl, Hassel

Wegcharakter: Schöner entspannter Spazierweg mit wenig Steigungen. Er verläuft überwiegend im Wald oder am Waldrand und führt am Säge- und am Griesweiher vorbei.

Einkehrmöglichkeiten: Triebscheider Hof, Fischerhütte am Griesweiher

Am Sägeweiher

laden zum Verweilen ein. Wir gehen auf demselben Weg wie bisher weiter, bis wir nach etwa 400 Metern rechts abbiegen. Der etwas steilere Weg bringt uns entlang von Pferdekoppeln und Hecken hinauf zum **Triebscheider Hof** 3. Oben angekommen, biegen wir rechts zum Hof ab und gehen schließlich links an den Hofgebäuden vorbei. Wir passieren den Biergarten des Triebscheider Hofes (geöffnet sonntags, ab 11 Uhr), biegen danach links ab und lassen den Hof hinter uns. Nach etwa 150 Metern zweigt nach links ein schmaler Pfad, der sogenannte Poststeig, ab. Ihm folgen wir den Hang hinab, dann durch einen schmalen Tunnel unter den Bahngleisen hindurch zum **Griesweiher** 4, wo die Fischerhütte des Angelsportvereins Hassel zur Einkehr einlädt (Ruhetage: Mo, Di). Wir folgen

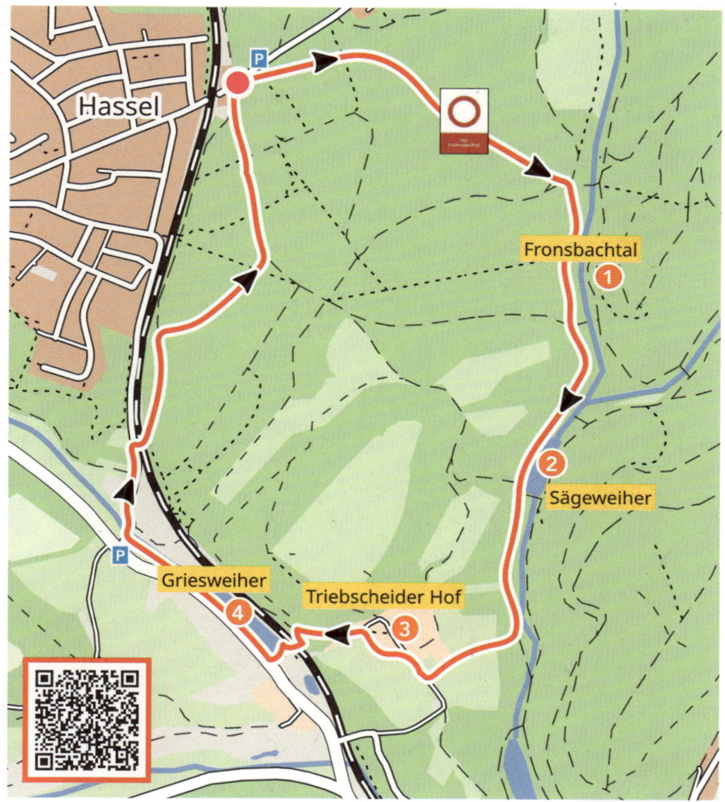

unserem Wanderzeichen nach rechts und gehen am Weiher entlang bis zum Griesweiherparkplatz, wo wir rechts abbiegen und den Stockweiherbach überqueren. Eine Abzweigung, die nach rechts zurück zum Triebscheider Hof führt, ignorieren wir, halten uns links und gehen auf dem straßenbegleitenden Gehweg, bis wir nach ca. 250 Metern die Straße überqueren und durch eine Bahnunterführung hindurch wieder in den Wald gelangen. Wir folgen dem breiten Waldweg, bis wir nach ca. 350 Metern einem schmalen Pfad nach rechts folgen. Wir gehen bergauf, immer geradeaus und ignorieren alle abzweigenden Pfade, bis wir wieder auf einen breiten Waldweg gelangen, dem wir nach links, erneut an einigen Stationen des Fitness-Parcours vorbei, zum Ausgangspunkt der Tour folgen.

Rundwege in der Gemeinde Kirkel

Kirkeler Felsenpfad (Kirkel-Neuhäusel) Der Rundweg führt hinauf zur Hollerburg und dem eigentlichen Felsenpfad. Über den geologischen Lehrpfad und den Frauenbrunnen geht es zurück zum Ausgangspunkt.

◆ 4,6 km | 🕒 1:30 h | ⬍ 85 hm | mittelschwer
Start: Wanderparkplatz am Naturfreundehaus

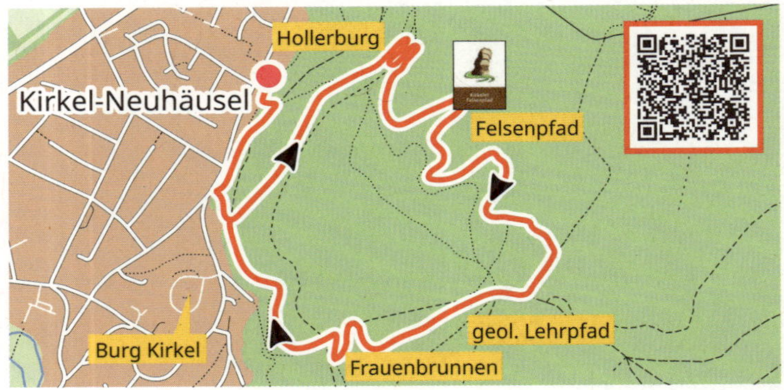

Zum Frauenbrunnen (Kirkel-Neuhäusel) Entspannte Spazierrunde rund um den Hirschberg.

◆ 3,8 km | 🕒 1:05 h | ⬍ 67 hm | leicht
Start: Wanderparkplatz am Naturfreundehaus

Räuberweg (Kirkel-Neuhäusel) Die kleine Wanderung richtet sich an Familien mit Kindern. Zahlreiche kunstfertig geschnitzte und bemalte Figuren machen den Weg zum Mitmach-Märchen.

◀▶ 3,3 km | 🕒 1:05 h | ⬍ 105 hm | mittelschwer

Start: Wanderparkplatz am Naturfreundehaus

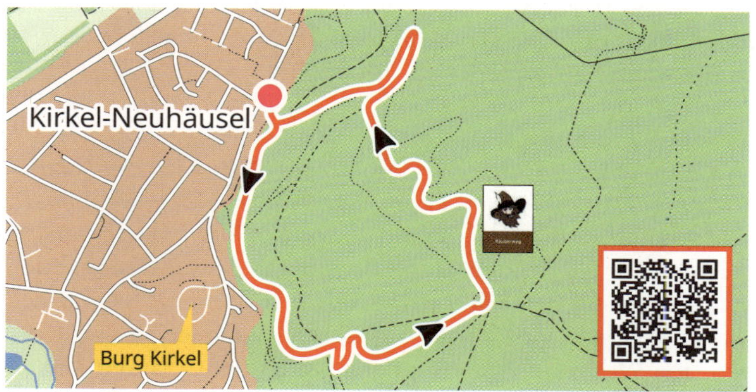

Spazierweg Mutterbachtal (Limbach) Lange, fast steigungsfreie Spazierrunde rund um das schöne Mutterbachtal bei Limbach.

◀▶ 9 km | 🕒 2:20 h | ⬍ 48 hm | mittelschwer

Start: Wanderparkplatz vor dem Landhaus am kleinen Sägeweiher

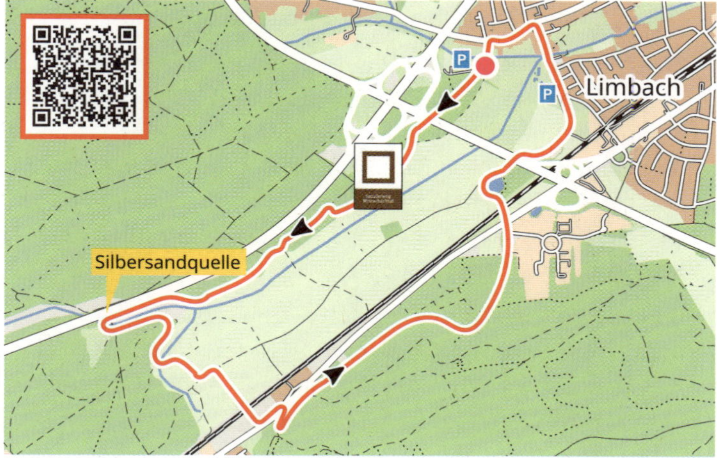

PREMIUMWANDERWEG

Kirkeler Tafeltour

Auf schmalen Pfaden durch den Kirkeler Wald

Waldgenuss Pur bietet dieser herrliche Rundwanderweg, der größtenteils über naturbelassene Pfade verläuft. Höhepunkt der Tour ist der Kirkeler Felsenpfad, der an zahlreichen imposanten Felsformationen vorbeiführt.

Wegbeschreibung

Wir beginnen unsere Wanderung am Parkplatz des Naturfreundehauses Kirkel im Limbacher Weg in Kirkel-Neuhäusel. Ich empfehle, die Wanderung entgegen dem Uhrzeigersinn zu gehen und sich somit den Höhepunkt des Rundweges, den Felsenpfad, für den Schluss der Tour aufzusparen. Nur wer sich während des Wanderns die »Lauschtour Kirkeler Felsenpfad«, die den Weg vom Naturfreundehaus bis zum Frauenbrunnen akustisch begleitet, anhören möchte, sollte die Tafeltour im Uhrzeigersinn gehen (siehe »Lauschtouren«, Kapitel »Besondere Erlebnisse«). Wir folgen also unserem Wanderzeichen, einer

TOURINFOS KIRKELER TAFELTOUR

◂▸ 8,5 km | 2:45 h | ⬍ 192 hm | mittelschwer

Start: Wanderparkplatz am Naturfreundehaus

Wegcharakter: Ausgesprochen schöne und nicht besonders anstrengende Waldwanderung. Wer die Tour entgegen dem Uhrzeigersinn geht, nähert sich dem höchsten Punkt ganz gemächlich. Der Weg verläuft überwiegend auf schmalen Pfaden und Waldwegen und ist zu jeder Jahreszeit empfehlenswert. Höhepunkt sind die imposanten Felsformationen auf dem Felsenpfad.

Einkehrmöglichkeiten: Naturfreundehaus (Limbacher Weg 8) Ruhetage: Mo (Mai – Sept.) / Mo, Di (Okt. – April). • Burgschenke (Schlossbergstraße 8) April – Oktober, Ruhetage: Mo, Di.

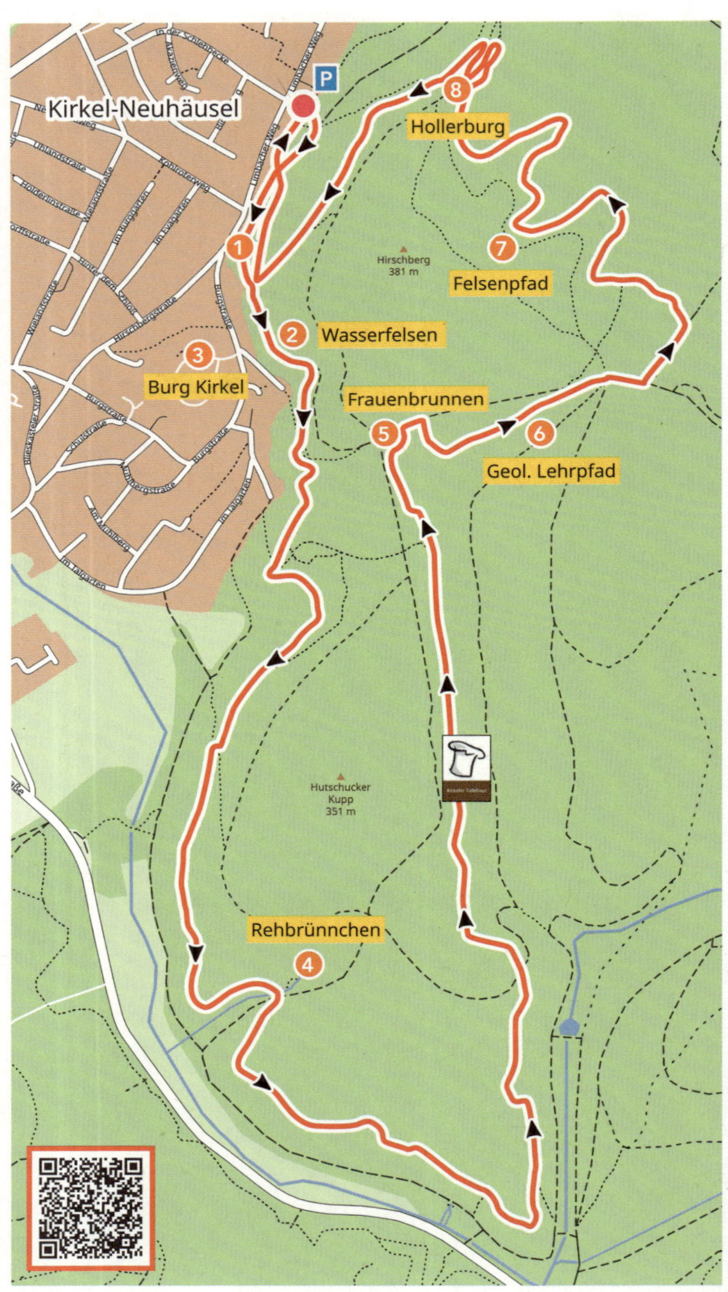
Kirkel-Neuhäusel
P
1
2 Wasserfelsen
3 Burg Kirkel
4 Rehbrünnchen
5 Frauenbrunnen
6 Geol. Lehrpfad
7 Felsenpfad
8 Hollerburg
Hirschberg
381 m
Hutschucker
Kupp
351 m

Kochmütze, in den Wald hinein. Unser Pfad führt uns alsbald zu einem breiten, geschotterten Weg. Hier gehen wir nach rechts, leicht bergab und erreichen nach etwa 150 Metern das **Portal der Kirkeler Tafeltour** 1, den eigentlichen Startpunkt der Wanderung. Wir durchschreiten das Portal und gehen zunächst auf einem etwas steileren Pfad bergauf, bis wir auf einen breiten Forstweg stoßen, dem wir nach rechts folgen. An der nun folgenden beschilderten Weggabelung gehen wir nicht nach links den Berg in Richtung Felsenpfad hinauf, sondern bleiben auf dem breiten Forstweg und folgen dem Wegweiser Richtung Rehbrünnchen. Kurz nachdem wir mit dem **Wasserfelsen** 2 die erste Felsformation der Wanderung passiert haben, verlassen wir den breiten Weg und folgen einem nach rechts abzweigenden, schmalen Pfad. Nun beginnt ein wunderschöner Wegabschnitt. Der Pfad führt zunächst noch an einigen Felsen vorbei, zu unserer Rechten können wir zwischen den Bäumen hindurch die **Burg Kirkel** 3 sehen. Es geht immer tiefer in den Kirkeler Wald hinein, Nadel- und Mischwald wechseln sich ab. Abzweigende Pfade ignorieren wir und behalten die eingeschlagene Richtung bei. Verlaufen kann man sich nicht, die Beschilderung ist vorbildlich. Schließlich führt uns der Pfad nach links, durch mannshohen Farn und einen natürlich gewachsenen Laubengang hindurch. Kurz darauf zweigt nach links ein etwas unscheinbarer Pfad ab. Wer mag, kann hier einen Abstecher zum kleinen **Rehbrünnchen** 4 machen. Zurück auf unserem Weg gelangen wir nun an eine Kreuzung, wo wir unserem Wanderzeichen abermals auf einen schönen, naturbelassenen Pfad folgen, der uns an Heidelbeersträuchern und moosbewachsenem Nadelwaldboden vorbeiführt. Unser Weg wird bald breiter, die moosbewachsenen Flächen entlang des Weges werden ausgedehnter. Unverkennbar sind die Schäden, welche die Trockenheit der letzten Jahre und Schädlingsbefall auch in diesem Nadelwald angerichtet haben. Hier sind etliche Bäume gefällt

Am Rehbrünnchen

Relief in einem Felsen am Frauenbrunnen

worden, selbst das Moos wirkt staubtrocken. Auf der abgeholzten Fläche wächst Farn, hier und da Heidekraut. Anschließend gelangen wir wieder in Mischwald, der einen augenscheinlich gesünderen Eindruck macht. Unser Pfad windet sich durch einen Wald, der immer wieder ein anderes Gesicht zeigt. Mal dominieren Nadelbäume, mal geht es durch Mischwald, irgendwann auch durch eine Ansammlung mächtiger, hoher Buchen hindurch. Entlang des Weges tauchen wieder erste Felsen auf. Es geht nun stetig bergauf und nach ca. 80 Minuten Gehzeit erreichen wir den **Frauenbrunnen** 5, der seinen Namen der angeblich fruchtbarkeitsfördernden Wirkung seines Wassers verdankt. Ein in die Felsformation geschlagenes Portal soll der Legende nach den Zugang zu einem unterirdischen Gang markieren, der zum 5 Kilometer entfernten Kloster Wörschweiler geführt haben soll. Bemerkenswert ist auch ein in den Fels geschlagenes Relief, das ein weibliches Gesicht darstellt. Wir lassen den Frauenbrunnen hinter uns, halten uns rechts und erreichen nach wenigen Metern den **Geologischen Lehrpfad**

6, der eine Vielzahl unterschiedlicher Gesteinsarten zeigt und verrät, wo die jeweiligen Steine herstammen. Etwa 100 Meter nach dem Lehrpfad biegen wir ein erstes Mal und nach weiteren 100 Metern ein zweites Mal nach links ab. Wir durchschreiten nun das »Tor zum **Felsenpfad**« 7 und haben den Höhepunkt unserer Wanderung erreicht. Auf 1,6 Kilometern führt der Pfad an eindrucksvollen, teils spektakulären Felsformationen vorbei, die teilweise auch zum Klettern freigegeben und entsprechend mit Kletterhaken versehen sind. Die Felsen tragen so eindrucksvolle Namen wie »Unglücksfelsen« oder »Hollerkanzel«. Auf letzterer soll sich ab dem 9. Jahrhundert die »Hollerburg« befunden haben, eine frühmittelalterliche Befestigungsanlage aus Holz und Erde, die möglicherweise – ebenso wie die später errichtete Burg Kirkel – dem Schutz der Altstraße von Metz nach Mainz gedient haben könnte. Der Aussichtspunkt **Hollerburg** 8 bildet den höchsten Punkt und zugleich den Abschluss des Felsenpfades. Hier laden Ruhebänke zur Rast mit Fernblick ein. Der Blick öffnet sich über Kirkel und seine ausgedehnten Wälder bis hin zum 27 Kilometer entfernten Schaumberg in Tholey. Von den Ruhebänken an der Hollerburg geht es zunächst nach rechts und gleich darauf nach links bergab. Der Weg führt nun für ca. 1,5 Kilometer an weiteren Felsen vorbei hinab zum Ausgangspunkt der Wanderung. Es bietet sich an, zum Abschluss die Burgruine zu besuchen und z. B. in der Burgschänke oder im Biergarten des Naturfreundehauses den Wandertag zu beschließen.

rechts: Auf dem Kirkeler Felsenpfad

Würzbach Runde (Kirkel-Neuhäusel) Herrliche, aber auf Grund ihrer Länge und der zu überwindenden Höhenmeter durchaus anstrengende Waldwanderung, die von Kirkel-Neuhäusel, vorbei am verwunschenen Uhubrunnen und dem stillen Sägeweiher, bis zum beliebten und meist gut besuchten Würzbacher Weiher führt. Am Weiher bieten sich zahlreiche Möglichkeiten zur Erfrischung und Einkehr, bevor es durch das Allmend wieder hinein in die Stille des Waldes und zurück zum Ausgangspunkt in Kirkel geht.

◀▶ 12,5 km | 🕒 3:35 h | ⬍ 256 hm | mittelschwer

Start: Wanderparkplatz Pfälzerwald-Haus

rechts: Herbststimmung am Sägeweiher

Spazierweg Arbeitskammer (Kirkel-Neuhäusel) Wald, ein kleiner Weiher und ein reizvolles Tal machen diese leichte Spazierrunde zu einem erholsamen Erlebnis.

◀▶ 4,4 km | 🕑 1:10 h | ⬍ 13 hm | leicht

Start: Wanderparkplatz an der Bildungsstätte der Arbeitskammer

Löffelsberg Runde (Kirkel-Neuhäusel) Schöner, nicht allzu anstrengender Waldrundweg, der am sehenswerten, ausgehöhlten Wolfsfelsen vorbeiführt.

◀▶ 7,5 km | 🕑 2:10 h | ⬍ 142 hm | mittelschwer

Start: Wanderparkplatz Pfälzerwald-Haus

Westwall-Weg (Kirkel-Neuhäusel) Leichter Rundweg, der an zahlreichen Bunkerruinen des Westwalls vorbeiführt.

◀▶ 6,4 km | 🕑 1:40 h | ⬍ 72 hm | leicht

Start: Wanderparkplatz Pfälzerwald-Haus

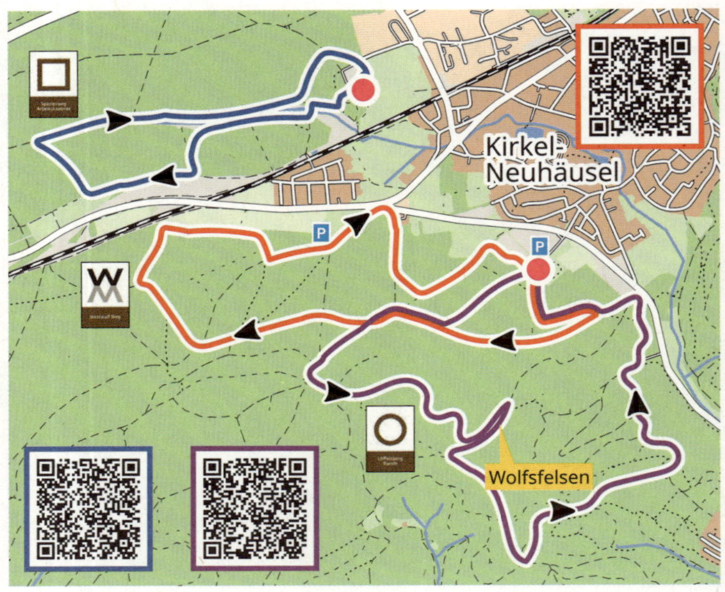

Schmetterlingspfad (Limbach) Ein schöner, ruhiger Rundweg, der im Taubental beginnt und auf schmalen Pfaden an Buntsandsteinfelsen vorbei durch den Kirkeler Wald führt. Wer Wegverlauf und Wegzeichen vergleicht, kann erkennen, weshalb der Weg gerade diesen Namen trägt.

9,5 km | 3:00 h | 150 hm | mittelschwer

Start: Wanderparkplatz im Taubental

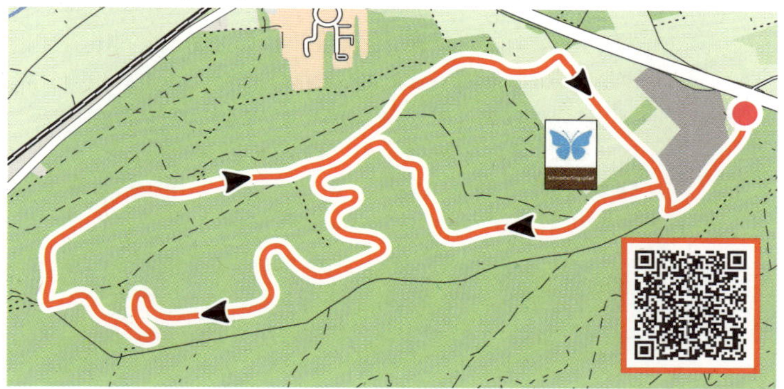

Rund um Altstadt (Altstadt) Gemütliche Runde um den hübschen Ort an Limbachs »alter Statt«. Einkehrmöglichkeit: Restaurant Dorfbrunnen.

8,2 km | 2:05 h | 33 hm | mittelschwer

Start: Parkplatz an der Hugo-Strobel-Halle

Rundwege im Stadtgebiet von Homburg

Römer Runde (Einöd) Der Rundweg führt vom Römermuseum ins Pfänderbachtal und über den Ohligberg zurück nach Schwarzenacker.

7,2 km | 2:00 h | 114 hm | leicht

Start: Römermuseum Schwarzenacker

Pfänderbachtal Runde (Einöd) Durchs naturnahe Pfänderbachtal geht es »knackig« hinauf zum Ohligberg und an Audenkellerhof und Römermuseum vorbei zurück zum Ausgangspunkt.

8,2 km | 2:20 h | 128 hm | mittelschwer

Start: Ski- und Wanderhütte Einöd

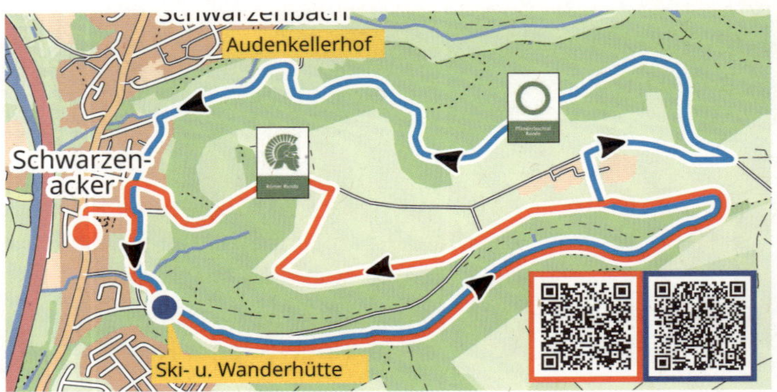

Hohenburg Spazierweg (Homburg) Leichte Spazierrunde am Schlossberg, die über die Festung und an den Schlossberghöhlen vorbeiführt.

2,9 km | 0:50 h | 44 hm | leicht

Start: Wanderparkplatz an der Vauban-Festung

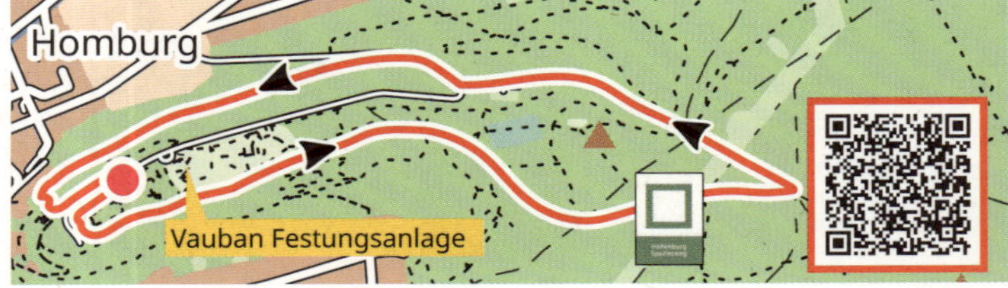

Webersberg Runde (Homburg) Leichter Waldspaziergang auf breiten Waldwegen und mit Wiesenpassagen am Webersberg bei Homburg.

◆ 5,5 km | 1:35 h | 131 hm | leicht

Start: Parkplatz am ehem. Hubschrauberlandeplatz im Universitätsklinikum des Saarlandes

Lambsbachtal Runde (Homburg) Der anspruchsvolle Rundweg verläuft überwiegend im Wald von der Uniklinik zum Rabenhorst und weiter ins Lambsbachtal bei Kirrberg. Er verläuft teilweise über asphaltierte und geschotterte Wege, die ersten 1,5 Kilometer verlaufen über das Gelände der Uniklinik. Zweimal muss die Landstraße L213 überquert werden. Einkehrmöglichkeit: Restaurant Waldidyll Rabenhorst.

◆ 9,0 km | 2:40 h | 229 hm | schwer

Start: Parkplatz am ehem. Hubschrauberlandeplatz im Universitätsklinikum des Saarlandes

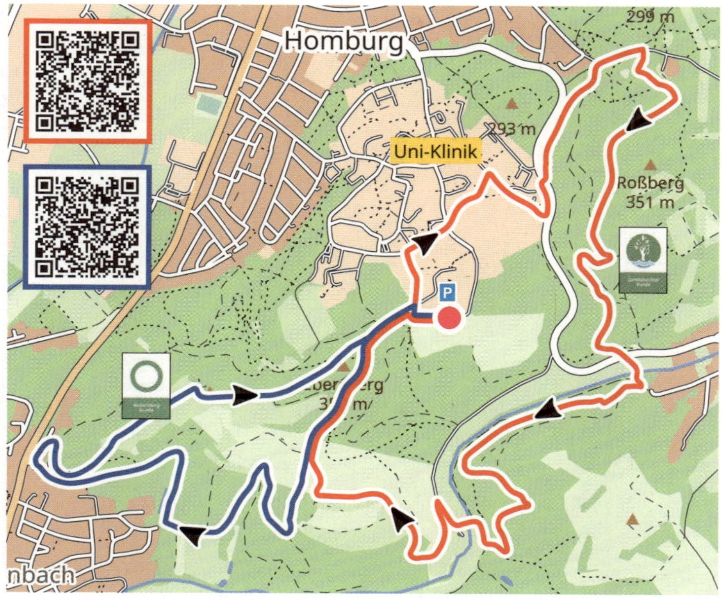

Foto: © Saarpfalz Touristik/Phormat Werbeagentur, Eike Dubois

PREMIUMWANDERWEG

Schlossberg-Tour (Homburg)

Die Ruine der Vauban-Festung auf dem Schlossberg bei Homburg ist Ausgangspunkt dieses spannenden Premiumwanderweges, der neben besagter Festung noch viele weitere kulturhistorische Sehenswürdigkeiten zu bieten hat. So führt der Weg tief in den Wald zu den Überresten des Schlosses Karlsberg, das hier von 1778–1788 im Auftrag des Herzogs Karl II. August von Pfalz-Zweibrücken errichtet worden war, bevor es nur wenige Jahre später, im Juli des Jahres 1793 von französischen Revolutionstruppen in Brand gesetzt und zerstört wurde. Heute erinnern u.a. die Ruinen der Orangerie und des Bärenzwingers sowie die wiederhergestellten Weiheranlagen an die einstige Pracht der Schlossanlagen. Der Weg führt außerdem an der Ruine der Merburg vorbei, der wohl kleinsten Burg des Saarlandes, die sich auf dem Mala-Felsen, unweit des Kirrberger Fischweihers erhebt.

14,5 km | 4:30 h | 311 hm | mittelschwer

Start: Wanderparkplatz an der Ruine der Vauban-Festung

Rabenhorst Runde (Homburg) Der waldreiche Rundweg führt durchs schöne Lambsbachtal bei Kirrberg, vorbei an Fischweiher und der Ruine der Merburg. Einkehrmöglichkeit: Restaurant Waldidyll Rabenhorst.

◂▸ 5,1 km | 🕐 1:20 h | ⬍ 34 hm | mittelschwer
Start: Wanderparkplatz der Karlslust

Karlsberg Runde (Sanddorf) Rundweg auf den Spuren von Schloss Karlsberg.

◂▸ 6,7 km | 🕐 2:00 h | ⬍ 221 hm | schwer
Start: Wanderparkplatz am Karlsberger Hof

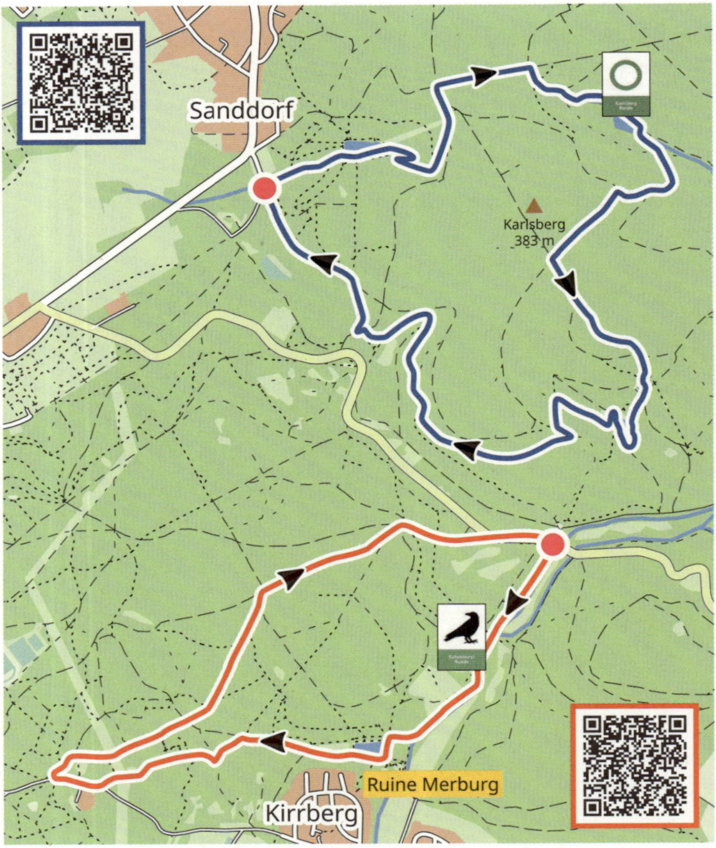

Sanddorf
Karlsberg
383 m
Ruine Merburg
Kirrberg

PREMIUMWANDERWEG

Herzog Karl II. August-Pfad (Bechhofen)

Der im rheinland-pfälzischen Bechhofen beginnende Premiumwanderweg führt durch das obere Lambsbachtal zum WaldPark Schloss Karlsberg. Schmale Pfade und breite Waldwege führen vorbei an den Überresten der während der Französischen Revolution zerstörten Schlossanlage, die Herzog Karl II. August von Pfalz-Zweibrücken von 1778 bis 1788 hier hatte errichten lassen. Die Ruinen des Tschifflik Pavillons, des Bärenzwingers und der Orangerie sowie der Karlsberg- und die drei Schwanenweiher geben einen Eindruck von Ausmaß und Pracht der einstigen Anlage. Der Weg verläuft überwiegend im Wald oder am Waldrand entlang, wobei einige mitunter steile Anstiege zu überwinden sind.

◂▸ 15,9 km | 🕒 3:45 h | ⬍ 311 hm | mittelschwer

Start: Dorfplatz in Bechhofen

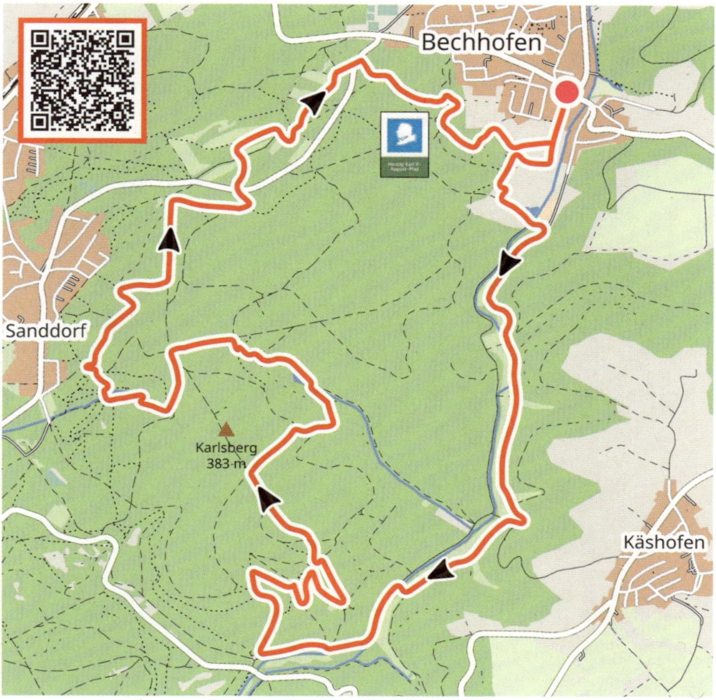

Rundwege an den Jägersburger Weihern

Spazierweg Weiher (Jägersburg) Der gemütliche Spazierweg führt von der Gustavsburg am Schlossweiher durch den Wald, entlang des Felsbaches zum Brückweiher und zurück zum Ausgangspunkt.

◂▸ 4,7 km | 🕒 1:10 h | ⬍ 31 hm | leicht

Start: Parkplatz in der Schlossstraße in Jägersburg

14-Weiher-Tour (Jägersburg) Beginnend am Möhlwoog, führt der Weg an den bekannten und den versteckteren Weihern bei Jägersburg vorbei.

◂▸ 7,3 km | 🕒 1:50 h | ⬍ 53 hm | mittelschwer

Start: Wanderparkplatz gegenüber dem Fun Forest Abenteuerpark

Herzog-Christian-Weg (Jägersburg) Gemütlicher Rundweg, der vom Möhlwoog bei Jägersburg zum Spickelweiher bei Waldmohr und zurück führt.

◂▸ 8,9 km | 🕒 2:15 h | ⬍ 24 hm | mittelschwer

Start: Wanderparkplatz gegenüber dem Fun Forest Abenteuerpark

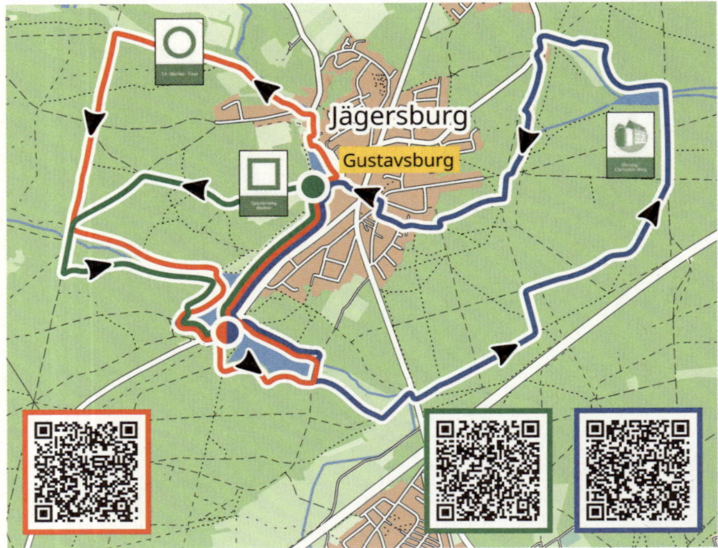

Der Jägersburger (Jägersburg) Beginnend beim Möhlwoog verläuft der Rundweg überwiegend im Wald, bis er schließlich zum Brückweiher führt.

◀▶ 8,9 km | 🕒 2:15 h | ⬍ 51 hm | mittelschwer

Start: Wanderparkplatz gegenüber dem Fun Forest Abenteuerpark

Jägersburger Runde (Bexbach) Vom Freibad Hochwiesmühle bei Bexbach führt der Rundweg zum Brückweiher bei Jägersburg.

◀▶ 6,8 km | 🕒 1:45 h | ⬍ 56 hm | leicht

Start: Wander- und Schwimmbadparkplatz an der Hochwiesmühle

Einkehrmöglichkeiten an den Jägersburger Weiheranlagen: Café-Restaurant am Schlossweiher (Höcherstraße 17-19, Tel. 06841/2327) Ruhetage: Mo-Mi. • Das Blockhaus (Kleinottweilerstraße 150, Tel. 06841/72642) Ruhetag: Mo, Di. • Peters Alm & Biergarten (Kleinottweilerstraße 114, Tel. 06841/9241999) • Il Lago (Kleinottweilerstraße 104, Tel. 06841/9949656) Ruhetag: Mo.

RADFAHREN
Ob familientaugliche Genuss-,
anspruchsvolle Tagestour
oder actionreicher MTB-Trail:
Radfahren im Bliesgau
ist immer ein Erlebnis

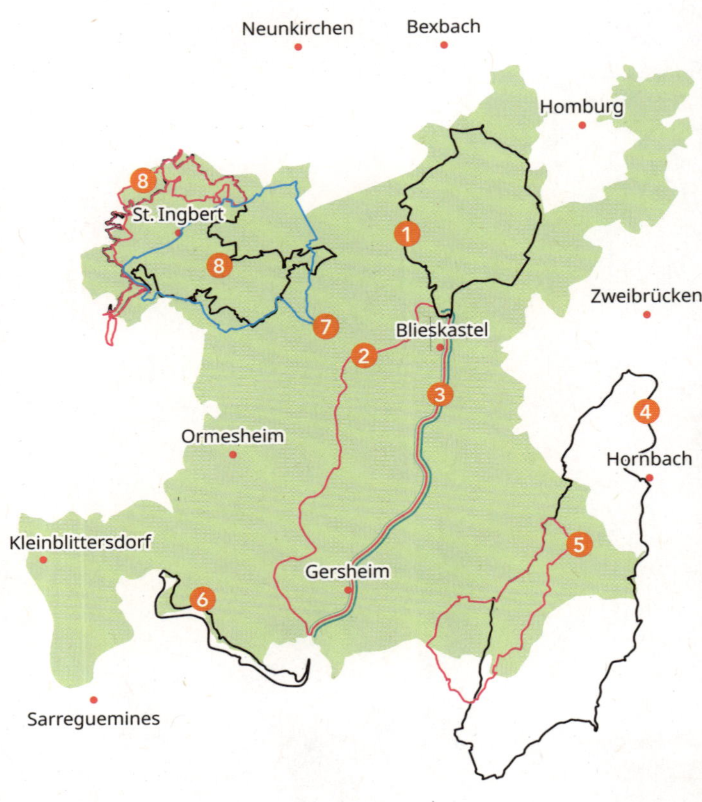
Neunkirchen
Bexbach
Homburg
8
St. Ingbert
1
8
7
Zweibrücken
Blieskastel
2
3
4
Ormesheim
Hornbach
5
Kleinblittersdorf
Gersheim
6
Sarreguemines

Adebar-Tour

Gemütliche Rundtour durch den Kirkeler Wald und die Bliesauen

Die entspannte Rundtour führt durch den Wald nach Kirkel-Neuhäusel, vorbei an der Burg Kirkel. Über das Mutterbachtal geht es nach Limbach und von dort in die Bliesauen. Besonderes Highlight ist das am Weg gelegene Biotop Beeden, in dem sich mit etwas Glück Konik-Pferde, Wasserbüffel und nicht zuletzt die Namensgeber der Tour beobachten lassen.

Wegbeschreibung

Wir starten am Parkplatz des Bahnhofs Lautzkirchen und fahren zunächst zur Hauptstraße, die in diesem Abschnitt »Bliesgaustraße« heißt. Wir biegen rechts ab, überqueren die Gleise und folgen der Straße für ca. 750 Meter. Dann biegen wir rechts in die Straße »Am scharfen Eck« ab und überwinden einen ersten, kurzen Anstieg. Wir halten uns an allen Abzweigungen geradeaus und erreichen so wieder die Hauptstraße auf Höhe des alten Forsthauses. Hier biegen wir rechts ab und fahren auf einem straßenbegleitenden Radweg in Richtung Kirkel. Nach wenigen hundert Metern biegen wir rechts und gleich wieder links in den Wald ab. Wir folgen unserem Wegzeichen durch das **Kirkeler Bachtal** 1 und erreichen schließlich die Straße »Im Talgarten« in Kirkel-Neuhäusel, der wir nach rechts berg-

TOURINFOS ADEBAR-TOUR

◂▸ 24,8 km | 1:50 h | ⬍ 69 hm | leicht

Start: Bahnhof Lautzkichen

Wegcharakter: Entspannte Runde durch den Kirkeler Wald und die Bliesauen zwischen Limbach und Lautzkirchen. Höhepunkte: Burg Kirkel, Mutterbachtal und Biotop Beeden.

Einkehrmöglichkeit: Restaurant »Zum Pferchtal«, Restaurant »Zum alten Forsthaus«, Naturfreundehaus Kirkel, Fischerhütte Beeden

an folgen. Wir fahren direkt unterhalb der **Burg Kirkel** 2 vorbei und biegen kurz vor dem Naturfreundehaus links ab in die Straße »In der Schlehhecke«. Wir gelangen zur Kaiserstraße, überqueren diese und biegen rechts in einen geschotterten Weg ab, der uns ins schöne **Mutterbachtal** 3 führt. Vorbei an Wiesen und Feldern sowie dem beschaulichen Gänseweiher nähern wir uns Limbach. Wir passieren das Gelände des Limbacher Freibades und folgen der Straße »Zum Schwimmbad« nach links. Etwa 200 Meter nach dem Eingang des Freibades biegen wir nach rechts in den schmalen Ruthenweg ab. Diesem folgen wir für etwa 500 Meter an Gärten vorbei. Dann fahren wir nach links hoch zur Hauptstraße und biegen dort rechts ab. Radfahrer dürfen hier den breiten Bürgersteig benutzen. Wir

rechts: Der Radweg führt direkt unterhalb der Burg Kirkel vorbei.

Mutterbachtal bei Limbach

passieren die Limbacher Mühle, überqueren die Blies und biegen kurz vor Altstadt nach rechts auf den Radweg ab, der uns in die **Bliesauen** führt. Vor uns liegen die schönsten Kilometer der Radtour. Insbesondere das **Biotop Beeden** 4 im Beeder Bruch ist sehenswert. Mit ein wenig Glück können hier Wasserbüffel, Konik-Pferde und Störche beobachtet werden. Den schönsten Blick auf das Gelände hat man übrigens vom Aussichtspunkt am Sportplatz des SV Beeden, der allerdings nicht direkt auf unserem Weg liegt. Wer den Blick genießen möchte, lässt entweder sein Rad unten stehen und folgt dem kleinen Pfad bergauf oder folgt im Ort der Hauptstraße nach links und biegt dann in den Sandweg ab, der zum Sportplatz führt. Nach dem Beeder Bruch folgen wir unserem Wegzeichen für wenige hundert Meter durch den Ort und passieren kurz darauf die Fischerhütte Beeden. Unser Radweg folgt nun immer weiter – in mehr oder weniger großem Abstand – dem Verlauf der Blies. Wir passieren Wörschweiler – mit seiner hoch über dem Ort thronenden Klosterruine – und müssen bald darauf (zum letzten Mal) für ca. 200 Meter einer Straße folgen, die uns unter einer Eisenbahnbrücke hindurch zur Fortsetzung unseres Radweges führt. Nun geht es für gut fünf Kilometer durch die herrlichen **Blieswiesen** bei Bierbach, bis wir schließlich den Ausgangspunkt unserer Tour erreichen.

rechts: Storch und Rinder im Beeder Bruch

Bliesgau-Radweg

Abwechslungsreiche Runde durchs Bliestal und über die Höhe

Der gut 36 Kilometer lange Rundweg verläuft zunächst von Lautzkirchen bis nach Reinheim, wo man sich der einzigen erwähnenswerten, eben darum aber umso anstrengenderen Steigung der Strecke stellen muss. Es geht hinauf auf den Höhenrücken zwischen Blies- und Mandelbachtal und dann weiter bis nach Biesingen. Gegen Ende der Tour lässt die entspannte Abfahrt durch das malerische Langental nach Alschbach die Mühsal bei Reinheim vergessen.

Wegbeschreibung

Wir starten am Bahnhof in Lautzkirchen und fahren durch die Straße »In der Au« auf den **Bliestal-Freizeitweg**, der seit dem Jahr 2000 über die ehemalige Trasse der Bliestalbahn – die 1991 stillgelegt wurde – verläuft. Entsprechend steigungsarm verbindet der ca. 16 Kilometer lange, durchgehend asphaltierte

TOURINFOS BLIESGAU-RADWEG

36,5 km | 2:50 h | 201 hm | mittelschwer

Start: Bahnhof Lautzkirchen

Wegcharakter: Entspannt geht es über den Bahntrassen-Radweg (Bliestal-Freizeitweg) von Lautzkirchen bis nach Reinheim. Dort ist ein knackiger Anstieg hinauf zu den bewaldeten Anhöhen zwischen Blies- und Mandelbachtal zu meistern. Auf Waldwegen führt die Tour dann bis nach Biesingen, wo man eine fantastische Aussicht ins Bliestal genießen kann. Von Biesingen geht es schwungvoll hinab ins Langental bei Alschbach und weiter nach Lautzkirchen.

Einkehrmöglichkeiten: in Blieskastel / entlang des Bliestal-Freizeitweges / Römische Taverne im Europ. Kulturpark Reinheim / Café Fräulein Ida, Reinheim / Jungholzhütte, Bebelsheim / Café-Restaurant Bellevue, Biesingen

Lautzkirchen
Niederwürzbach
Alschbach
Langental
Weben
Blieskastel
5
Seelbach
Mimbach
Ommersheim
Biesingen
Aßweiler
Wecklingen
Blickweiler
Ballweiler
Breitfurt
Erfweiler-Ehlingen
Wolfersheim
Wittersheim
Rubenheim
Bliesdalheim
1
Blieswehr
Herbitzheim
Bebelsheim
Jungholzhütte
4
Seyweiler
Walsheim
Gersheim
2
Hist. Bahnhof
Medelsheim
Reinheim
Niedergailbach
3
DEUTSCHLAND
Europ. Kulturpark
Bliesbruck-Reinheim
FRANKREICH

Radweg die Orte Lautzkirchen und Reinheim. Das Tal der Blies zu unserer Linken gelangen wir schon nach wenigen Minuten nach **Blieskastel**. Einige der historischen Gebäude der Barockstadt sind auch vom Radweg zu sehen. Zum Beispiel die hoch gelegene Heilig-Kreuz-Kapelle am Wallfahrtskloster, das Rentamt und die Schlosskirche. Wer mag, kann eine Runde durch die Altstadt drehen. Aber für eine adäquate Besichtigung Blieskastels sollte man vielleicht doch besser zu Fuß unterwegs sein und sich Zeit nehmen.

Hinter Blieskastel bieten sich schöne Blicke in die **Bliesauen**. In einiger Entfernung sehen wir, umrahmt von viel Grün, die Mimbacher Kirche, die wegen ihrer Größe auch »**Bliestal-Dom**« genannt wird. Als nächstes führt der Radweg an Blickweiler vorbei, um dann in das dichte Grün der Bliesauen einzutauchen. Wir sind nun auf beiden Seiten von Bäumen und Pflanzen umgeben und überqueren schließlich die Blies. Wir erreichen Breitfurt mit der traditionsreichen **Bliesmühle**. In Bliesdalheim lohnt es sich, einen Blick von der Brücke auf die Blies zu werfen. Gleiches gilt für Herbitzheim, wo die Brücke direkt neben dem eindrucksvollen **Blieswehr** 1 über den Fluss führt. In Gersheim verläuft der Radweg direkt am **historischen Bahnhof** 2 vorbei. Der folgende Wegabschnitt bis Reinheim ist angenehm schattig. Wir erreichen Reinheim und überqueren die Straße »Am Staaten«, um wenige hundert Meter danach, zwei Mal nach rechts abzubiegen. Wir fahren in den Ort und erreichen den **Europäischen Kulturpark Bliesbruck-Reinheim** 3, einen grenzüberschreitenden Archäologiepark. Auf deutscher Seite werden seit 1987 die Reste einer römischen Villa freigelegt. Einige Gebäude wurden rekonstruiert. Es bietet sich an, auf dem frei zugänglichen und sehenswerten Außengelände der Museumsanlage eine Pause einzulegen. Als nächstes überqueren wir die Bliesbrücke und folgen der Keltenstraße in den Ortskern. Hier ist insbesondere die Kirche St. Markus mit ihrem romanischen Rundturm bemerkenswert. An der Kirche behalten wir die bisherige Richtung bei und folgen zunächst der Saarlandstraße, dann der Bebelsheimer Straße bergauf. Wir lassen den Ort hinter uns und nehmen den einzig nennenswerten Anstieg des Rundweges in Angriff. Der hat es jedoch in sich. Für knapp zwei Kilometer geht es

links: Im Europäischen Kulturpark Bliesbruck-Reinheim

Vom Hölschberg bietet sich eine großartige Aussicht ins Bliestal.
(Foto: © Tourismus Zentrale Saarland/Eike Dubois)

steil bergauf, bis wir schließlich in der Nähe der Bebelsheimer Jungholzhütte 4 den Waldrand erreichen. Ab jetzt verläuft die Route über den **bewaldeten Höhenrücken** zwischen dem Mandelbachtal zu unserer Linken und dem Bliestal zu unserer Rechten. Hin und wieder geben die Bäume den Blick frei auf die Wiesenlandschaft ringsum. Wir folgen unserem Wegzeichen durch den schattigen Wald, und müssen nur ein einziges Mal, wenige hundert Meter nach dem Golfclub Katharinenhof, eine Straße überqueren. Schließlich verlassen wir kurz vor Biesingen den Wald und können das grandiose Panorama genießen, das sich uns hier auf dem **Hölschberg** bietet. Wir folgen der Straße in den Ort hinein, fahren an der folgenden Kreuzung geradeaus in die Straße »Im Dorf«. Wir passieren die Kirche St. Anna und biegen kurz darauf nach links in Richtung Sportplatz ab. An diesem fahren wir vorbei und können uns jetzt auf das angenehme Gegenstück des anstrengenden Reinheimer Anstiegs freuen. Wir fahren hinab ins malerische **Langental** 5 und können für die nächsten drei Kilometer das Fahrrad ein-

Radfahrer im Alschbacher Langental

fach rollen lassen. Schließlich erreichen wir den schönen und ausgesprochen ruhigen Ort Alschbach, der dank seiner etwas abseitigen Lage von motorisiertem Durchgangsverkehr verschont bleibt. Wir fahren immer geradeaus, folgen zunächst der Straße »Langental«, dann der Friedhofstraße, bis diese an einer Kreuzung auf die Talstraße stößt. Hier biegen wir nach links ab, verlassen nach etwa 600 Metern den Ort und fahren auf einem straßenbegleitenden Fahrradweg weiter. Am Ende der Straße biegen wir rechts ab und erreichen Lautzkirchen. Wir folgen der St. Ingberter Straße, biegen dann nach rechts in die Pirminiusstraße ab. Wir fahren immer geradeaus, bis wir den Bahndamm erreichen und hinter diesem nach links in die Florianstraße abbiegen. Wir sind am Ausgangspunkt unserer Radtour angelangt.

Foto: © Saarpfalz Touristik/Phormat Werbeagentur, Eike Dubois

Bliestal-Freizeitweg
Entspannte Strecken-Tour auf einer ehemaligen Bahntrasse entlang der Blies

Wegbeschreibung

Die Strecke verläuft auf der ehemaligen Bahntrasse der Bliestalbahn, die 1991 stillgelegt wurde. Durchgehend asphaltiert und ohne Steigung folgt der gut 17 Kilometer lange Weg von Lautzkirchen bis nach Reinheim dem Verlauf der Blies. Er ist bei Radfahrern und Inlineskatern gleichermaßen beliebt und eignet sich hervorragend für Familien mit Kindern. An der Wegstrecke gibt es mehrere Möglichkeiten zur Rast und Einkehr. Vor allem die Altstadt von Blieskastel lädt mit ihrem reichhaltigen gastronomischen Angebot zu einem Besuch ein.

Der Bliestal-Freizeitweg ist ein Teilabschnitt des grenzüberschreitenden Glan-Blies-Weges und endet auf Höhe des Europäischen Kulturparks Bliesbruck-Reinheim. Der Glan-Blies-Weg selbst führt noch weiter bis nach Saargemünd.

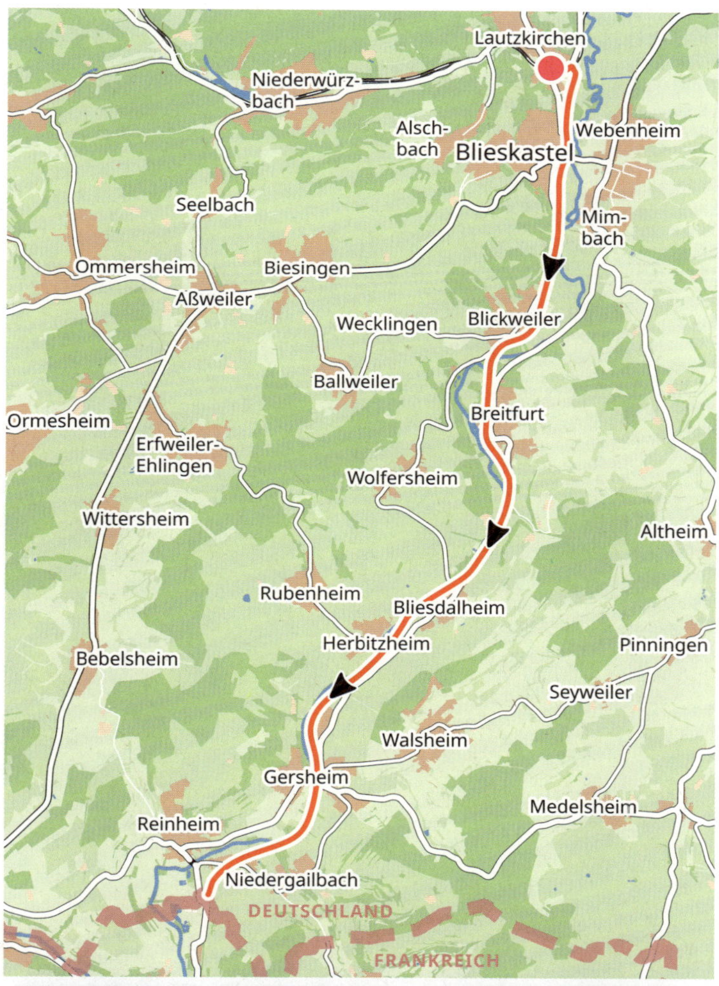

TOURINFOS BLIESTAL-FREIZEITWEG

16,9 km | 1:10 h | 20 hm | leicht

Start: Bahnhof Lautzkirchen

Einkehrmöglichkeiten: div. Einkehrmöglichkeiten in Blieskastel / entlang des Bliestal-Freizeitweges / Röm. Taverne im Europ. Kulturpark Reinheim / Café Fräulein Ida, Reinheim

Der »Dom des Bliestals«,
die protestantische Christuskirche in Mimbach

Europäischer Mühlenradweg

Deutsch-französische Runde durch die Täler von Schwalb und Bickenalb

Von der Klosterstadt Hornbach folgt der wunderschöne Rundweg dem Verlauf der Schwalb nach Lothringen, um schließlich der Bickenalb zurück nach Deutschland und in die Parr zu folgen. An Schwalb und Bickenalb führt der Weg an mehreren historischen Mühlen vorbei. Ein Höhepunkt ist das Mühlen- und Sägemuseum in der Eschviller Mühle bei Volmunster.

Wegbeschreibung

Unsere Tour beginnt an der Pirminiushalle in Hornbach. Zunächst fahren wir zurück zur Lauerstraße und überqueren auf der dreibogigen Lauerbrücke die Schwalb. Die Schwalb ist ein Zufluss des Hornbach und wird für viele Kilometer unsere Begleiterin sein. Wir gelangen an die Hauptstraße und folgen ihr hinauf in die Oberstadt. Wir passieren den **Klosterbezirk** 1, fahren am **historischen Rathaus** vorbei und nähern uns dem oberen **Stadttor**. Ob nun gleich zu Beginn der Radtour oder danach: Den historischen Stadtkern und das Areal des ehemaligen **Klosters** mit

TOURINFOS EUROPÄISCHER MÜHLENRADWEG

47,8 km | 3:30 h | 178 hm | schwer

Start: Parkplatz der Pirminiushalle in Hornbach

Wegcharakter: Abwechslungsreicher Rundweg durch zwei beschauliche Flusstäler. Der deutsche Teil der Strecke verläuft zum Großteil auf Fahrradwegen, in Frankreich verläuft die Route größtenteils auf verkehrsarmen Straßen. Landschaftlich ein Hochgenuss, ist die Tour aufgrund der zu überwindenden Höhenmeter und mehrerer schattenloser Anstiege sehr anstrengend … macht aber glücklich.

Einkehrmöglichkeiten: Auberge du Moulin d'Eschviller • La table paysanne, Weiskirch • Eiscafé Maurer, Ixheim • Hasenheim, Rimschweiler

links: Schweyener Mühle

Ixheim
Mimbach
Rimschweiler
Mittelbach
Althornbach
Kloster Hornbach
Hornbach
1
P
Böckweiler
Untere Mühle
Altheim
Goffingsmühle
2
11
Obere Mühle
Pinningen
Bickenalbtal
Seyweiler
10
Schweyener Mühle
3
Peppenkumer Mühle
Brenschelbach
Blumenauer Mühle
4
Loutzviller Mühle
5
Medelsheim
Peppenkum
Riesweiler
Ormersviller
Eschviller Mühle
6
Eschviller
DEUTSCHLAND
7
Moulin Arnet
Utweiler
Volmunster
FRANKREICH
Epping
Erching
Weiskirch
Nousseviller-lès-Bitche
Urbach
Rimling
8
9
Bettviller
Hottviller
Hoelling

In Hornbach überqueren wir auf der Lauerbrücke erstmals die Schwalb.

Pirminiuskapelle und dem Klostermuseum Historama sollte man unbedingt erkunden. Wir durchfahren das Stadttor und biegen kurz darauf rechts ab in die Mühlstraße, der wir aus der Stadt hinaus folgen. Am Ortsrand halten wir uns links und gelangen so auf einen asphaltierten Radweg, der uns auch gleich an der ersten Mühle des Mühlenradwegs vorbeiführt: der 1709 erbauten **Goffingsmühle** 2. Wir folgen dem idyllischen Verlauf der Schwalb, die uns nach Lothringen und an mehreren ehemaligen Mühlen vorbeiführen wird. Die Vegetation links und rechts des Weges präsentiert sich in unzähligen Variationen von Grün. Wir überqueren die deutsch-französische Grenze und erreichen kurz darauf die **Schweyener Mühle** 3, an der wir auf eine schmale Landstraße wechseln, der wir nach rechts folgen. Wir gelangen an eine Brücke und wechseln hier auf die deutsche Flussseite. Wir befinden uns nun in Brenschelbach, genauer im Ortsteil Brenschelbach-Bahnhof. Wir folgen zunächst der Hauptstraße und biegen dann links ab, in Richtung **Blumenauer Mühle** 4. Kurz darauf fahren wir an dem jahrhundertealten Mühlengebäude vorbei und lassen Brenschelbach hinter uns. Auf Höhe der **Loutzviller Mühle** 5 auf der anderen Seite der Schwalb über-

Das Mühlen- und Sägemuseum in der Eschviller Mühle erlaubt spannende Einblicke in das Müllerhandwerk.

In Lothringen führt die Mühlentour durch urige Dörfer mit charmanten, alten Bauernhäusern wie hier in Urbach.

queren wir erneut die Grenze nach Frankreich und erreichen kurz darauf die **Eschviller Mühle** 6, in der heute ein **Mühlen- und Sägemuseum** sowie ein Restaurant untergebracht ist. Hier wechseln wir wieder auf die andere Flussseite, folgen der Landstraße nach rechts und erreichen nach etwa einem Kilometer **Volmunster**. Direkt am Ortseingang befindet sich die **Moulin Arnet** 7, in der auch heute noch Getreide gemahlen wird. Sie ist die einzige noch kommerziell betriebene Mühle auf unserer Tour. In der Ortsmitte biegen wir auf die »Rue de Sarreguemines« ab. Wir lassen Volmunster hinter uns und erreichen nach wenigen hundert Metern den Ortsteil Weiskirch (Einkehrempfehlung: »La table paysanne«; von Di bis Fr, täglich wechselndes 3-Gänge-Essen mit Produkten vom eigenen Bauernhof). Hinter Weiskirch müssen wir eine etwas anstrengendere, aber nicht allzu lange Steigung überwinden. Dann können wir es zunächst rollen lassen und biegen am Ende der Abfahrt nach rechts in Richtung Urbach ab, wobei wir die Schwalb überqueren. In dem kleinen Ort halten wir uns geradeaus und nähern uns, vorbei an der **Chapelle Saint-Vincent-de-Paul**, dem Ortsende und damit dem anstrengendsten Anstieg des Rundweges. Auf der Landstraße geht es nun für gut zwei Kilometer recht steil bergauf. Glücklicherweise sind hier nicht viele Autos unterwegs. Oben angekommen, werden wir mit einem großartigen **360°-Rundblick** 8 belohnt. Der Blick reicht kilometerweit über Felder, Wiesen und Wälder; hier und da ragt in der Ferne ein Kirchturm empor, ein paar Dörfer sind zu sehen. Dann geht es (endlich) wieder abwärts. Wir erreichen **Bettviller**. An der Hauptstraße biegen wir zunächst rechts, dann hinter der Kirche links ab. Am Ortsende biegen wir nach rechts auf einen asphaltierten Feldweg ab, dem wir bergab in Richtung Rimling folgen. Wir fahren unter der Schnellstraße hindurch und erreichen kurz darauf eine imposante Eiche, vor der eine etwas schmal geratene Ruhebank 9 zur Rast einlädt. Wir erreichen Rimling. Vor der Dorfkirche stehen einige sehenswerte, historische Grabsteine. An der Hauptstraße biegen wir rechts ab, verlassen den Ort und biegen dann nach links in Richtung Guiderkirch ab. Zu unserer Linken fließt nun die Bickenalb, der wir im weiteren Wegverlauf bis zu ihrer Mündung in den Hornbach folgen werden. In **Guiderkirch** überqueren wir an der **Sankt-Anna-Kapelle** die Brücke und fahren dann nach rechts weiter in Richtung Grenze. Es folgt ein besonders schöner Weg-

abschnitt durch das **Bickenalbtal** 10. In Peppenkum überqueren wir abermals den kleinen Fluss und biegen dann nach links in die Mühlstraße ab. Der asphaltierte Weg führt uns aus dem Ort hinaus. Nachdem wir eine moderate Steigung überwunden haben, fahren wir etwas oberhalb der Bickenalb mit herrlichem **Panoramablick über die Parr** in Richtung Altheim. Es lohnt sich, kurz anzuhalten und die Aussicht zu genießen. Hinter uns sehen wir Medelsheim, zu unserer Linken können wir auf halber Höhe die Kirche von Pinningen erblicken. In **Altheim** fahren wir bis zur Kirche St. Andreas in der Dorfmitte. Hier empfiehlt es sich, den kleinen, aber liebevoll gestalteten **Pirminiusgarten** 11 zu besuchen, der sich direkt hinter der Kirche befindet. Dann folgen wir der Hornbacher Straße aus dem Ort hinaus. Wir passieren den Sportplatz und biegen an einem Bauernhof links ab. Der asphaltierte Radweg bringt uns auf halbe Höhe über das Bickenalbtal. Die Aussicht über Altheim und die Umgebung ist sehr schön. Schließlich geht es wieder bergab. Wir stoßen auf eine Landstraße. Hier biegen wir links und gleich wieder rechts ab. Wir folgen dem Weg entlang der Bickenalb, bis wir schließlich kurz vor der Hengstbachermühle zur Landstraße fahren und hier auf einen straßenbegleitenden Radweg wechseln. Wir erreichen Mittelbach, durchfahren den Ort und erreichen nach einem weiteren Kilometer ein Gewerbegebiet am Stadtrand von Zweibrücken. (**Tipp**: Wer gegen Ende der Tour Lust auf ein Eis verspürt, der sollte nun der Beschilderung »Zweibrücken-Ixheim« folgen, die Straße überqueren und für einige hundert Meter dem Radweg, der hier parallel zu Hornbach und Autobahn verläuft, folgen. Dann die zweite nach rechts führende Brücke überqueren und nach der Unterführung rechts zur Hauptstraße und zum Eiscafé Maurer fahren. Danach geht es auf demselben Weg zurück zum Mühlenradweg.) Nach dem Gewerbegebiet biegen wir nach rechts ab und fahren auf einem straßenbegleitenden Radweg in Richtung Rimschweiler. Kurz vor dem Ortsanfang biegt der Radweg nach rechts ab und führt uns hinter den Gärten der Anwohner vorbei. Wer einkehren möchte, kann dies beim »Hasenheim« oder im Biergarten des Restaurants »Zur Post« tun. Wir folgen dem Radweg für wenige entspannte Kilometer von Rimschweiler über Althornbach bis zum Ausgangspunkt unserer Tour.

links: Im Bickenalbtal zwischen Guiderkirch und Peppenkum.

Sowohl der Europäische Mühlenradweg als auch die Bickenalb-Runde führen durch das schöne Bickenalbtal bei Altheim.

Bickenalb-Runde

Grenzüberschreitende, mittelschwere Radtour über die Anhöhen oberhalb der Bickenalb

Auf der aussichtsreichen Radtour sind nur zwei etwas anstrengendere Steigungen zu überwinden: zu Beginn der Tour in Altheim und nach dem Überqueren der Bickenalb bei Erching. Der Weg verläuft auf asphaltierten und geschotterten Radwegen sowie auf verkehrsarmen Landstraßen.

Wegbeschreibung

Wir starten die Tour am Parkplatz gegenüber dem Sportplatz in Altheim. Wir folgen zunächst der L201 nach links und biegen nach ca. 150 Metern, oberhalb der Tennisplätze, nach rechts auf einen asphaltierten Weg ab. Der Weg führt an Wiesen und Landwirtschaftsflächen vorbei stetig bergauf. Oben angelangt, folgen wir unserer Wegmarkierung nach rechts. Vor uns liegt ein herrlicher Streckenabschnitt. Der Weg verläuft in bester Panoramalage oberhalb des Bickenalbtals, es bieten sich herrliche Aussichten über die Parr und die benachbarten Dörfer. Wir ignorieren sämtliche Abzweigungen und folgen stets der Wegbeschilderung. Nachdem wir die L103 überquert haben, gelangen wir an das **Keltenhaus**, eine Holzhütte, die mit Ruhebänken und dem üppig blühenden »Biosphären-Modellgarten« zum Verweilen einlädt. Nach dem Keltenhaus führt uns unser Weg zunächst nach rechts und dann in Richtung Waldrand. Wir fahren ein kurzes Stück durch den Wald, bis wir zur L102 gelangen, der wir nach rechts in Richtung Riesweiler folgen. Die Landstraße muss man sich in der Regel mit nur wenigen Autos teilen. Wir passieren den kleinen Ort **Riesweiler** und fahren weiter ins benachbarte **Utweiler**, ein ebenfalls kleiner, sehr schöner Ort. Wir fahren an eindrucksvollen Wegekreuzen und liebevoll restaurierten Bauernhäusern vorbei. In der Dorfmitte kann man sich an einem gepflegten Brunnen erfrischen. Am Ende des Dorfes angelangt, weist unser Wegzeichen nach

links: Blick ins Bickenalbtal bei Altheim

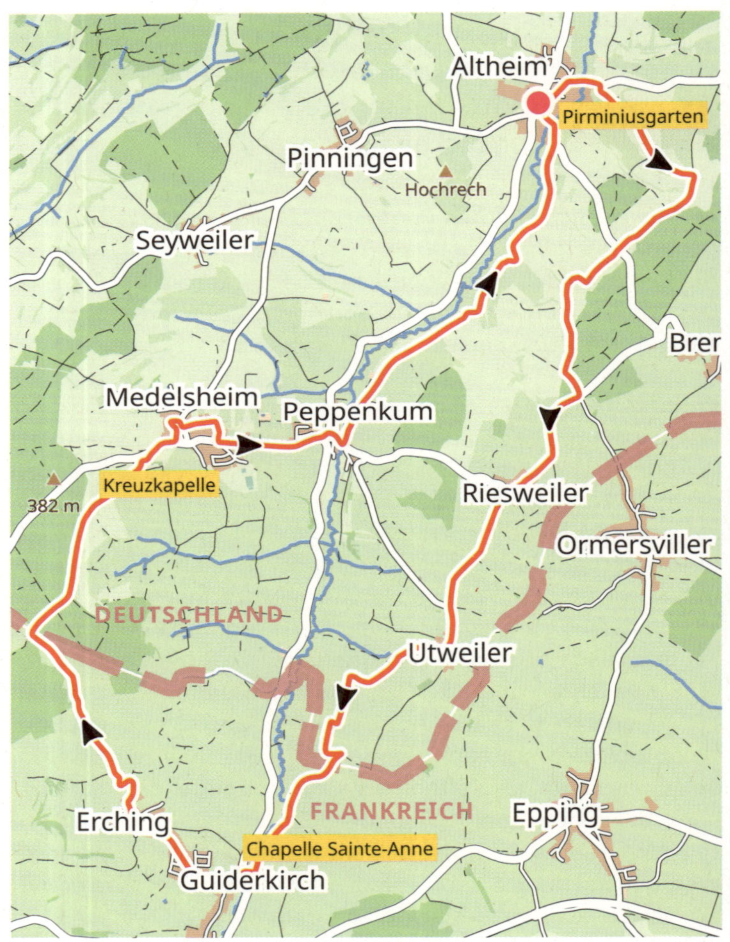

TOURINFOS BICKENALB-RUNDE

23 km | 1:50 h | 214 hm | mittelschwer

Start: Wanderparkplatz am Sportheim in Altheim

Wegcharakter: Aussichtsreiche Rundtour durch viel Natur und beschauliche Dörfer diesseits und jenseits der deutsch-französischen Grenze. Bei Altheim und Erching sind zwei etwas anstrengende, aber machbare Anstiege zu meistern.

Guiderkirch

rechts, doch wer mag, kann zunächst der Straße wenige Meter nach links zur **Bruder-Konrad-Kapelle** folgen, dem Ziel des jährlich an Pfingsten stattfindenden Bruder-Konrad-Ritts. Wir folgen unserem Wegzeichen und lassen Utweiler hinter uns. Der asphaltierte Feldweg führt an Wiesen und Feldern entlang, über die deutsch-französische Grenze hinweg, hinab nach Guiderkirch. Nach der **Chapelle Sainte-Anne** überqueren wir die Bickenalb und biegen anschließend links ab nach Erching. Wir durchqueren den Ort und fahren dann nach einer Links- und einer Rechtskurve hinauf zur deutsch-französischen Grenze, wo wir nach rechts in den Wald abbiegen. Im Anschluss an die Waldpassage bietet sich uns eine prächtige Aussicht. Wir gelangen zur **Medelsheimer Friedhofskapelle** auf dem Husarenberg. Ein Blick ins Innere der Kapelle mit ihrer Pietà aus dem 16. Jahrhundert lohnt sich unbedingt. Wir folgen dem Kreuzweg hinab nach **Medelsheim** und biegen links in den Hirtenweg ab. Wir erreichen mit der **Kirche St. Martin** gleichsam das Zentrum der Parr. Ein Begriff, der heute meist für die

Im Bickenalbtal bei Altheim

reizvolle Landschaft rund um Medelsheim verwendet wird, ursprünglich aber das Gemeindegebiet der Medelsheimer Pfarrei (Parr) bezeichnete, zu dem die Orte Peppenkum, Seyweiler und Utweiler gehörten. Wir folgen unserem Wegzeichen rund um die Kirche und biegen dann in die Brühlstraße ein, welche uns schließlich auf die Landstraße Richtung Peppenkum führt. In Peppenkum überqueren wir abermals die Bickenalb und biegen dann in den Mühlenweg ein. Wir lassen Peppenkum hinter uns und gelangen nun in den vielleicht schönsten Abschnitt des **Tals der Bickenalb**, die sich unweit unseres Weges durch die Wiesen windet und uns auf unserem letzten Wegstück zurück nach Altheim begleitet. Zum Abschluss der Tour sollte man es nicht versäumen, der Kirche und vor allem dem hinter der Kirche gelegenen **Pirminiusgarten** einen Besuch abzustatten. Der idyllische Garten ist dem heiligen Pirminius, dem Gründer des Klosters Hornbach, gewidmet und versammelt eine Vielzahl unterschiedlichster Pflanzen: Rosen, Obstbäume, Kräuter, Blumen und sogar Weinreben. Nach dem Besuch des Gartens gelangen wir über die Hornbacher Straße zurück zum Ausgangspunkt unserer Radtour.

Der Pirminiusgarten zu Füßen der Pfarrkirche St. Andreas in Altheim

Ehemalige »Brücken-Tour«

Grenzüberschreitende, leichte Radtour auf deutscher und französischer Seite der Blies

Die entspannte Tour führt von Habkirchen ins französische Bliesbruck und von dort über Blies-Ebersing und Frauenberg bis nach Blies-Schweyen, wo die Blies ein zweites Mal überquert wird. Von Bliesmengen-Bolchen führt der Weg zurück nach Habkirchen. Die Strecke verläuft größtenteils auf asphaltierten Radwegen und verkehrsarmen Landstraßen, Steigungen sind kaum zu überwinden. Der früher als »Brücken-Tour« ausgezeichnete Rundweg, ist mittlerweile aus dem Kanon der offiziellen touristischen Radwege verschwunden. Die Wegzeichen (eine Brücke, die einen Fluss überspannt) wurden größtenteils entfernt. Doch die steigungsarme und kurze Runde hat nach wie vor ihren Reiz und dank der unkomplizierten Streckenführung ist die Gefahr, sich zu verfahren, auch ohne Beschilderung gering.

Wegbeschreibung

Startpunkt der Tour ist am **Zollmuseum** in Habkirchen. Doch bevor es losgeht, lohnt sich ein Gang über die **Freundschaftsbrücke**, die unweit des Zollmuseums über die Blies hinüber ins französische Frauenberg führt. Von der Brücke bietet sich ein reizvoller Blick auf den von einer mittelalterlichen Burgruine überragten Ort, den wir später noch mit dem Fahrrad durchqueren werden. Zunächst bleiben wir jedoch auf der deutschen Flussseite und fahren zurück zur Habkircher Hauptstraße, der Zweibrücker Straße, der wir nach rechts folgen. Wir passieren das **Hofgut Habkirchen**, eine 1877 erbaute und heute unter Denkmalschutz stehende historistische Villa. Wer sehen möchte, wo der **Mandelbach** in die Blies mündet, muss direkt nach dem Hofgut der kleinen Straße »Im Eck« folgen. An der Mündung bietet sich ein weiterer reizvoller Blick zum französischen Nachbarort und ein **Gedenkstein** erinnert an das Dorf Mandelbach, das sich vor Jahrhunderten an dieser Stelle befunden hat, bis der Nachbarort Habkirchen es sich einverleibte. Zurück auf der Zweibrücker Straße fahren wir bis zur **Annakapelle**, an der wir rechts in die Prälat-Roth-Straße einbiegen. Wir folgen der Straße an manch schönem, altem Bauernhaus vorbei, biegen hinter der katholischen Kirche St. Martin nach links ab, fahren an der folgenden Kreuzung geradeaus und verlassen Habkirchen. Der asphaltierte Weg, auf dem wir uns nun befinden, führt uns durch ein sehr schönes Stück Bliesgau. Zu unserer Linken erhebt sich eine Hangfläche mit Streuobstwiesen, gelegentlich unterbrochen von Überresten alter Trockenmauern. Zu unserer Rechten windet sich die Blies durch ausgedehnte Wiesen. Nach etwa zwei Kilometern passieren wir eine **Stele** aus rotem Sandstein, die an den französischen Piloten Marius Pierre Baizé erin-

TOURINFOS BRÜCKEN-TOUR

20,5 km | 1:20 h | 47 hm | leicht

Start: Zollmuseum in Habkirchen, Blieskasteler Straße 2

Wegcharakter: Die entspannte Tour mit Frankreich-Flair verläuft auf gut ausgebauten, meist asphaltierten Radwegen, auf einer ehemaligen Bahntrasse sowie auf verkehrsarmen Straßen. Höhepunkte entlang der Strecke sind die Blies, der jüdische Friedhof sowie die Burg in Frauenberg.

Der jüdische Friedhof in Frauenberg

nert, der hier im September 1939 gefallen ist. Wir befinden uns nun in Frankreich und erreichen auch schon bald Bliesbruck. Wir folgen der Rue des Prés, biegen am Friedhof links ab in die Rue Pasteur und können kurz darauf schon die Brücke sehen, über die wir ans andere Bliesufer gelangen. Dort fahren wir geradeaus bis zur Kirche Sainte Catherine und biegen nach links in die Rue Principale ein. Wir folgen der Straße für ca. 500 Meter und biegen dann in die Rue de la Gare ab, die uns hinauf zu einem Radweg führt. Der asphaltierte Radweg, dem wir nach rechts folgen, verläuft auf einer ehemaligen Bahntrasse. Es ist dieselbe Bahntrasse, auf der auch der Bliestal-Freizeitweg und der Glan-Blies-Weg verläuft. Nach ca. 3,5 Kilometern gelangen wir an den Ort **Blies-Ebersing**. Hier ist es wiederum die Rue de la Gare, der wir nach rechts – diesmal jedoch bergab – folgen. Wir gelangen zur Hauptstraße, der Rue du Val de Blies, und biegen hier links ab. Wir durchqueren den Ort und fahren weiter nach **Frauenberg**. Am Ortseingang kommen wir an Frauenbergs **jüdischem Friedhof** vorbei, der 1735 errich-

Blick von der Europäischen Freundschaftsbrücke zur Burg Frauenberg

tet wurde und den jüdischen Bewohnern des Bliestals und des nahegelegenen Saargemünds als Begräbnisstätte diente. Auf dem Friedhof befinden sich 748 Gräber. Es ist ein berührender, aber auch bedrückender Ort: Viele Grabsteine stehen schief, etliche sind umgefallen und liegen flach im Gras. In Frauenberg können wir bald schon hoch zu unserer Linken die **Burgruine** sehen, die von hier unten wohl am eindrucksvollsten aussieht. Wer mag, kann aber auch auf der Rue du Chateau hinauf zur Burg fahren. Leider kommt man der Ruine nicht sehr nahe: Ein zwei Meter hoher Zaun verhindert den Zutritt zum Gelände. Neben der mittelalterlichen Ruine hat Frauenberg noch eine weitere, etwas modernere Sehenswürdigkeit zu bieten, die über die Rue du Moulin erreichbar ist: das ehemalige, um 1910 erbaute **Elektrizitätswerk**, das bis 1966 die Kraft der Blies zur Energiegewinnung nutzte, um die Fayencerien Saargemünds

Die von Philippe Degott kunstvoll bemalte Fassade zeigt Motive aus der Geschichte Frauenbergs.

sowie die Frauenberger Mühle mit Elektrizität zu versorgen. Wir folgen weiter der Rue Principale. An einer prächtig bemalten Hausfassade, die Motive aus der Geschichte Frauenbergs zeigt, biegen wir in die Rue du Cimetière ab und gelangen an einen Kreisverkehr. Wir folgen der Radwegbeschilderung in die Rue des Écoles, lassen die letzten Häuser Frauenbergs hinter uns und fahren nun auf einer wenig befahrenen Landstraße, die bald schon ganz nah an der Blies entlang verläuft. Nach 2,5 Kilometern erreichen wir den Ort **Blies-Schweyen**. Am Ortseingang bietet sich ein schöner Angelweiher für eine Rast an. In der Dorfmitte biegen wir nach rechts in die Rue du Pont ein und gelangen zu einer weiteren Bliesbrücke, über die wir zurück ans deutsche Bliesufer und in den Ort **Bliesmengen-Bolchen** gelangen. Wir folgen der Straße nach rechts in den Ort, biegen aber gleich wieder links ab in den Schweyer Weg, der schließlich auf die Eschringer Straße stößt, der wir hinab zur Bliestalstraße folgen. Auf dieser durchqueren wir den Ort und wechseln am Ortsausgang auf den straßenbegleitenden Radweg. Dieser führt uns, immer entlang der Grenzlandstraße, zurück nach Habkirchen. In Habkirchen biegen wir nach rechts in die Blieskasteler Straße ab und erreichen das Zollmuseum, den Ausgangspunkt unserer Tour.

Foto: © Saarpfalz-Touristik / Manuela Meyer

Sieben-Weiher-Tour

Die Wälder und Weiher rund um St. Ingbert sind die Attraktionen dieser abwechslungsreichen Tour

Die Sieben-Weiher-Tour führt durch sämtliche Stadtteile St. Ingberts und verläuft zu etwa gleichen Teilen im Wald und auf asphaltierten Straßen und Radwegen. Auch die St. Ingberter Innenstadt mitsamt Fußgängerzone und Gustav-Clauss-Anlage wird durchquert. Höhepunkte der Rundtour sind das Rohrbachtal, der Glashütter Weiher, das Fronsbachtal, der Sägeweiher, der Würzbacher Weiher und der Griesweiher.

Wegbeschreibung

Startpunkt der Tour ist der Wanderparkplatz an der L111, vor Hassel, in der Nähe des Griesweihers. Wir überqueren die Landstraße und folgen dem asphaltierten Weg gegenüber dem Parkplatz, der uns die erste kurze, aber doch knackige Steigung beschert. Wir orientieren uns an unserem Wegzeichen, dem Frosch, und fahren zunächst an einer Koppel vorbei, dann durch den Wald hinunter nach **Rittersmühle**. Wir passieren die liebevoll restaurierten Gebäude der ehemaligen Mühle und fahren weiter nach **Oberwürzbach**, wo wir rechts in die Talstraße einbiegen. Nach wenigen Metern gelangen wir an ein **historisches Waschhaus**, dessen Brunnen auch heute noch vom Wasser des Laichweihertales gespeist wird. Wir folgen weiterhin dem Verlauf der Talstraße, dann der Friedhofstraße, die uns schließlich nach links zur Hauptstraße führt. Wir folgen der Hauptstraße nach rechts und biegen nach wenigen hundert Metern erneut rechts in die Reichenbrunner Straße ab, die uns, am **Rotsoligbrunnen** vorbei, nach **Reichenbrunn** führt. Wir durchqueren den Ort und biegen ca. 300 Meter nach dem Ortsausgang, kurz vor der aus Oberwürzbach kommenden Landstraße, nach rechts in den Wald ab. Nun fahren wir parallel zur Landstraße in Richtung St. Ingbert, überqueren einen Waldparkplatz und folgen dann einem schmalen Waldweg hinunter zur Straße. Wir müssen die stark befahrene Straße überqueren, um nach Sengscheid zu gelangen. Die Stelle ist etwas unübersichtlich. Es empfiehlt sich, die Straße dort zu überque-

1 Spellenstein
2 Alte Schmelz
3 Fußgängerzone
4 Gustav-Clauss-Anlage
5 Wombacher Weiher
6 Glashütter Weiher
7 Fronsbachtal
8 Sägeweiher
9 Würzbacher Weiher
10 Griesweiher

TOURINFOS SIEBEN-WEIHER-TOUR

28,7 km | 2:00 h | 190 hm | mittelschwer

Start: Wanderparkplatz an der L111 bei Hassel (beim Griesweiher), alternativ: Würzbacher Weiher

Wegcharakter: Zur Hälfte im Wald, zur Hälfte auf Asphalt verbindet die abwechslungsreiche Tour die St. Ingberter Stadtteile und führt dabei an mehreren Weihern vorbei.

Einkehrmöglichkeiten: in der St. Ingberter Fußgängerzone, am Wombacher Weiher, am Glashütter Weiher, am Würzbacher Weiher sowie in der Fischerhütte am Griesweiher

ren, wo auch der von St. Ingbert kommende Verkehr gesehen werden kann. In **Sengscheid** folgen wir der ersten Abbiegung nach rechts in den Grumbachweg, folgen dem Straßenverlauf und überqueren schließlich auf einer leicht ansteigenden, nach rechts abzweigenden Straße die Autobahn. Im Wald jenseits der A6 angekommen, biegen wir nach rechts ab und können auf dem gut ausgebauten, breiten Weg entspannt hinab nach **Rentrisch** rollen. Dort fahren wir hinab bis zur Hauptstraße, biegen zunächst rechts, gleich aber wieder nach links ab in die Straße »Am Spellenstein«. Auch hier befindet sich unweit der Straße ein Waschhaus mit Brunnen und wenn man vom Waschhaus aus mit dem Blick dem weiteren Straßenverlauf folgt, kann man in ca. hundert Metern Entfernung in einem Vorgarten den **Spellenstein** 1 stehen sehen. Wer mag, kann sich den imposanten 5 Meter hohen Menhir natürlich auch von Nahem ansehen, unser Wegzeichen leitet uns jedoch kurz vorher nach rechts in den Neuweilerweg. Wir unterqueren die alles überragende Rentrischer Talbrücke und folgen dem Rentrischer Weg, der uns schließlich aus dem Ort hinaus zur Saarbrücker Straße führt. Dort wechseln wir nach links auf den straßenbegleitenden Radweg auf der linken Seite der Straße. Wer die Gelegenheit nutzen möchte, einen Blick auf das Gelände der **Alten Schmelz** 2 zu werfen, folgt der Beschilderung zum Eventhouse. Sehenswert auf der Alten Schmelz sind vor allem die **Mechanische Werkstatt**, die heute als Veranstaltungsort genutzt wird, das Gebäude des »Konsums«, die renovierten Arbeiterwohnhäuser sowie die **Möllerhalle**, das älteste Industriedenkmal des Saarlandes. Zurück auf der Saarbrücker Straße halten wir uns immer geradeaus und gelangen so in die **St. Ingberter Fußgängerzone** 3 mit ihrem vielfältigen gastronomischen Angebot. Im Zentrum der Fußgängerzone steht die 1755 im Auftrag derer von der Leyen erbaute katholische Engelbertskirche. Jeweils um 10, 12, 15 und 17 Uhr ertönt vom Turm der Kirche ein Glockenspiel. Die Melodien wechseln je nach Anlass und Jahreszeit, die um 12 Uhr erklingende Melodie ist jedoch immer die des Bergmannsliedes »Glück auf, der Steiger kommt«.

Unser Wegzeichen führt uns schließlich hinaus aus der Fußgängerzone und hinein in die **Gustav-Clauss-Anlage** 4, den St. Ingberter Stadtpark, den wir vorbei an dem idyllischen kleinen Weiher und einem großen Kinderspielplatz durchqueren. Wir fahren

immer geradeaus entlang des Rohrbachs bis wir hinter dem Freibad nach links in die Straße »Auf der Spick« und gleich wieder nach rechts in die Straße »Am Mühlwald« einbiegen. Am Ende der Straße folgen wir dem »Frosch« in den Wald hinein und gelangen bald darauf zum **Wombacher Weiher** 5. Die am Weiher gelegene Fischerhütte ist bewirtschaftet und täglich außer donnerstags geöffnet. Wir fahren weiter am Waldrand entlang, das Landschaftsschutzgebiet Glashütter Tal zu unserer Rechten, bis wir bei Rohrbach auf die L241 stoßen. Wir überqueren die Straße, halten uns rechts und biegen gleich darauf nach links ab. Wir gelangen zum **Glashütter Weiher** 6 im Kleberbachtal. Wer sich bislang noch nicht gestärkt hat, sollte es nun tun, denn nur wenige hundert Meter nach dem Weiher erwartet uns die anstrengendste Passage der Sieben-Weiher-Tour. Etwa 300 Meter hinter dem Gasthaus »Zur Rohrbacher Glashütte« biegen wir rechts ab und müssen nun eine sich etwa einen Kilometer hinziehende Steigung bewältigen. Weitere zwei, deutlich entspanntere, Kilometer Waldweg sowie eine Autobahnunterquerung liegen vor uns, ehe wir direkt gegenüber dem **Geistkircher Hof** den Wald verlassen. Wir überqueren die Landstraße und fahren links neben dem Bauernhof hinab zur **Geistkircher Kapelle**. Wir folgen dem Weg hinter der Kapelle und halten uns nach der Bahnunterführung zwei Mal links und biegen dann nach rechts Richtung Niederwürzbach ab. Wir folgen dem Wegverlauf durch den Wald und erreichen schließlich den kleinen, ruhig gelegenen **Sägeweiher** 8. Am **Würzbacher Weiher** 9, den wir kurz darauf erreichen, ist deutlich mehr los. Das gastronomische Angebot rund um den Weiher ist groß und vielfältig und bietet sich für eine abschließende Einkehr geradezu an, denn es liegen nur noch wenige entspannte Kilometer vor uns. Wir umrunden den Weiher im Uhrzeigersinn beinahe vollständig, folgen allerdings auf Höhe der über dem Weiher thronenden **Villa Junkerwald** nicht der kleinen Brücke nach rechts, sondern fahren weiter geradeaus. Wir lassen den Würzbacher Weiher hinter uns, fahren noch einmal durch eine Bahnunterführung und biegen direkt danach rechts ab in Richtung **Griesweiher** 10. Auch hier gibt es eine bewirtschaftete Fischerhütte (Ruhetage: Mo, Di), die sich für eine letzte Einkehr anbietet. Wir fahren am Weiher vorbei und erreichen den Ausgangspunkt unserer Radtour.

Foto: © Tourismus Zentrale Saarland/Wolfgang Watzke

Die Pur

Mountainbike-Action mal zwei

»Die Pur«, dahinter verbirgt sich das sportliche Highlight in den Wäldern rund um St. Ingbert: Zwei anspruchsvolle Mountainbike-Trails sorgen für reichlich Adrenalin und Glücksgefühle.

In den Wäldern rund um St. Ingbert, der nach eigenen Angaben waldreichsten Stadt des Saarlandes, verläuft »Die Pur«. Sie besteht aus zwei separaten Mountainbike-Trails, die sich seit 2007 großer Beliebtheit erfreuen: die 54 km lange Strecke »Rund um St. Ingbert« sowie die 43 km lange »Nord-West-Schleife«. Ergänzt werden die beiden Streckenführungen durch sogenannte Extraschleifen. Insgesamt kommt Die Pur damit auf eine Gesamtlänge von 116 Kilometern, wobei fast die Hälfte der Strecke aus Single-Trails besteht. Für die beiden Hauptrouten sollte man über eine gute Kondition und Fahrtechnik verfügen. Allerdings lassen sich die Strecken auch problemlos abkürzen und in kleinere Rundtouren aufteilen. Zudem können besonders anspruchsvolle Passagen jeweils auf dem »Chickenway« umfahren werden. Die lückenlose Beschilderung der Trails erlaubt die volle Konzentration auf die technischen Herausforderungen der Strecke. Die Schilder informieren auch über die Schwierigkeit der anstehenden Passage.

Das Pur-Leitsystem

Die Farbe der Pfeile gibt Auskunft darüber, auf welcher Strecke wir uns befinden:

Nord-West-Schleife

Rund um St. Ingbert

Extraschleife

Die Form der Pfeile informiert über den Schwierigkeitsgrad:

Einfach

Anspruchsvoll

Extrem

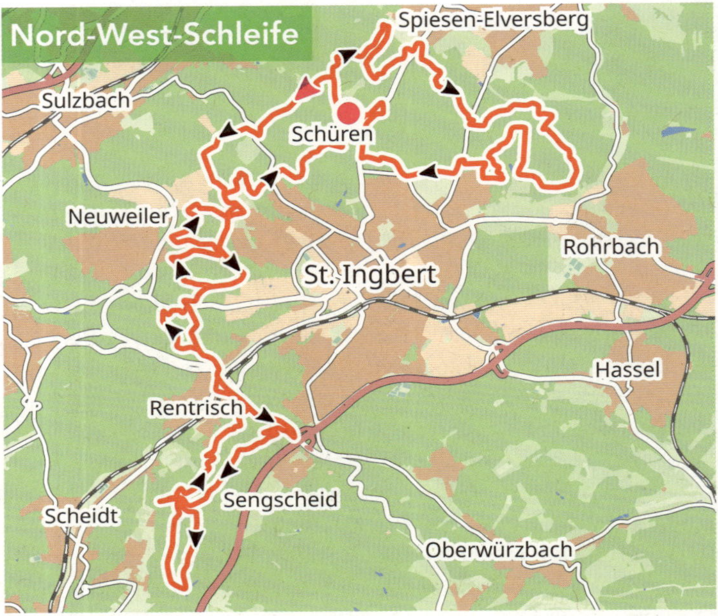

Nord-West-Schleife

Spiesen-Elversberg
Sulzbach
Schüren
Neuweiler
St. Ingbert
Rohrbach
Hassel
Rentrisch
Sengscheid
Scheidt
Oberwürzbach

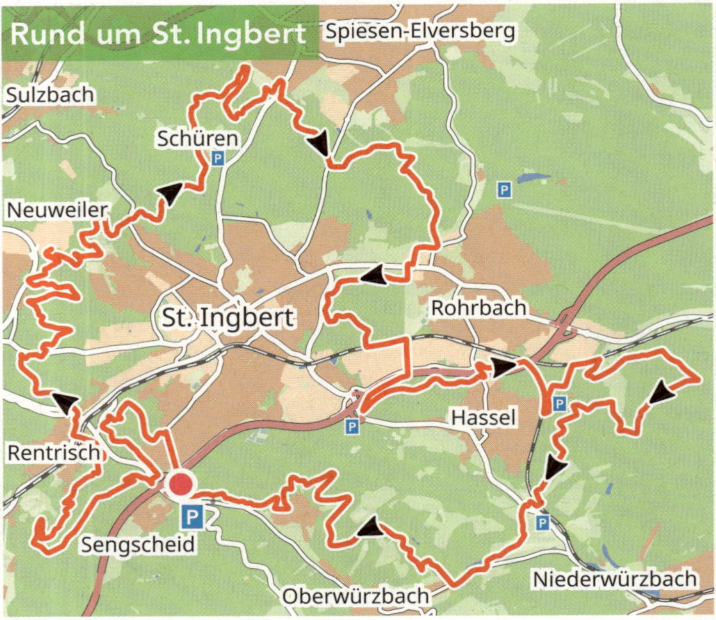

Rund um St. Ingbert

Spiesen-Elversberg
Sulzbach
Schüren
Neuweiler
St. Ingbert
Rohrbach
Hassel
Rentrisch
Sengscheid
Oberwürzbach
Niederwürzbach

»Nord-West-Schleife«*

Startpunkt der Tour ist der Wanderparkplatz in Schüren. Von hier geht es durch den Wald bis nach Rentrisch und von dort in den Stiefelwald rund um den Großen Stiefel bei Sengscheid. Anschließend geht es über Rentrisch wieder zurück nach Schüren und durchs Ruhbachtal weiter in Richtung Spiesen-Elversberg. Durch den »Gebrannten Wald« bei Rohrbach führt die Strecke am Wombacher Weiher vorbei wieder zurück zum Ausgangspunkt in Schüren.

Einkehrmöglichkeiten: Gasthaus Wommer in Schüren, Fischerhütte am Wombacher Weiher

»Rund um St. Ingbert«

Startpunkt der Tour ist der Park-and-Ride-Parkplatz vor Sengscheid. Von hier geht es zunächst über die Ensheimer Straße in Richtung Stadt bis hinein in den **Schmelzer Wald**. Von diesem führt der Weg in den **Stiefelwald** bei Sengscheid und dann hinab nach **Rentrisch**. Von dort geht es nach dem Überqueren der Saarbrücker Straße gleich wieder in den Wald und hinauf nach **Schüren**. Wir fahren hinab ins **Ruhbachtal** und folgen diesem bis zum Ortseingang von Spiesen-Elversberg, vorbei durch den **»Gebrannten Wald«** nach Rohrbach und von dort weiter zum und über den **Kahlenberg** bei Hassel. Dann weiter in Richtung **Fronsbachtal** und schließlich durch die Wälder am **Hochscheid** bei Oberwürzbach bis zum Ausgangspunkt bei Sengscheid.

Einkehrmöglichkeiten: Gasthaus Wommer in Schüren, Fischerhütte am Wombacher Weiher, Fischerhütte am Griesweiher

* Angesichts der Streckenlänge der Pur, die in diesem Buchformat nur in sehr kleinem Maßstab abgebildet werden kann, und der Komplexität der Streckenführung, die meist auf kleinen Pfaden verläuft und dabei allerlei Haken schlägt, können die beiden abgedruckten Karten nur einen groben Eindruck des Streckenverlaufs vermitteln. Wer sich nicht allein auf die Beschilderung entlang der Strecke verlassen mag, sollte zur Navigation ein GPS-Gerät/Smartphone oder eine Wanderkarte bei sich führen.

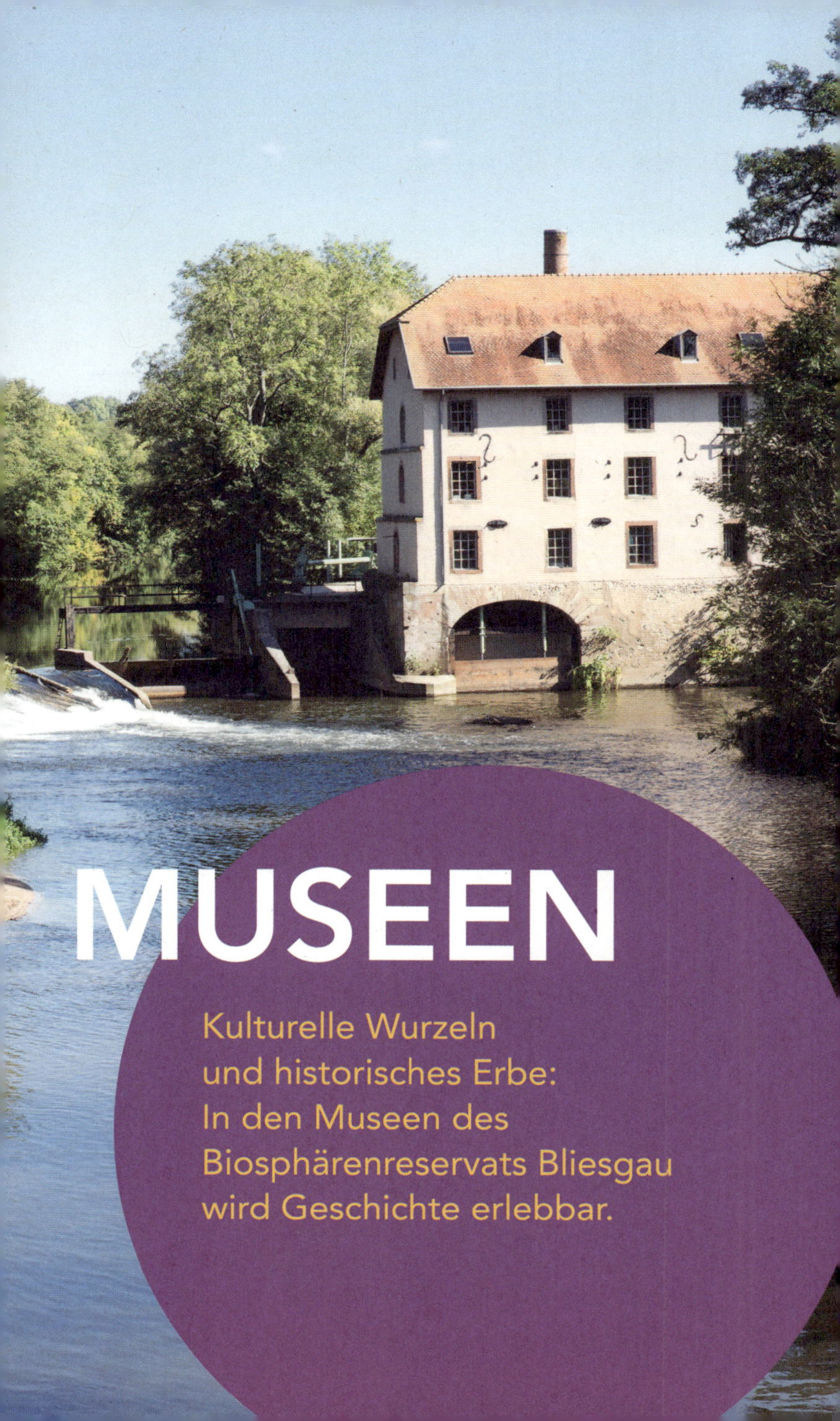
MUSEEN
Kulturelle Wurzeln
und historisches Erbe:
In den Museen des
Biosphärenreservats Bliesgau
wird Geschichte erlebbar.

Neunkirchen
Bexbach
Homburg
St. Ingbert
10
1
2
Zweibrücken
Blieskastel
3
Ormesheim
Hornbach
4
Kleinblittersdorf
5
Gersheim
8
7
6
9
Sarreguemines

Heimat- und Burgmuseum Kirkel

Ein Besuch der Kirkeler Burgruine lässt sich gut mit einem Besuch des direkt unterhalb der Burg gelegenen Heimat- und Burgmuseums Kirkel verbinden. In diesem ehemaligen Tagelöhnerhaus, einem sogenannten Stallhaus, aus dem 18. Jahrhundert kann man viel Interessantes zur Dorf- und Burggeschichte erfahren.

INFOS HEIMAT- UND BURGMUSEUM KIRKEL

Adresse: Schlossbergstraße 4, 66459 Kirkel

Öffnungszeiten (Mai bis Oktober):
sonntags und feiertags: 14 – 18 Uhr

Eintritt: frei

www.kirkel.de/hvv/heimat-und-burgmuseum/

Foto: © Gemeinde Kirkel, Christel Bernard

Römermuseum Schwarzenacker

Das Freilichtmuseum vermittelt einen authentischen Eindruck des Lebens in der römischen Siedlung, die hier – am Schnittpunkt zweier römischer Fernstraßen vor ca. 2000 Jahren entstanden war und sich zu einem bedeutenden Handels- und Verwaltungszentrum entwickelte. Um 275 n. Chr. zerstörten alemannische Angreifer die römische Etappenstadt. Heute erlauben die freigelegten Straßen mit überdachten Gehsteigen und Abwasserkanälen sowie die teilweise rekonstruierten Gebäude Einblicke in den Alltag der einstigen Bewohner: Ausgesprochen wohnlich und vornehm ausgestattet präsentiert sich das »**Haus des Augenarztes**«. Das »**Säulenkellerhaus**« verdankt seinen Namen dem großen Keller mit fünf Säulen. An der Straßenkreuzung lud die **Taverne** des Capitolinus zur Einkehr ein. Das frische Brot, das zum Essen gereicht wurde, stammte aus der ebenfalls rekonstruierten **Bäckerei**. Und gleich daneben bot die **Herberge** Durchreisenden Unterkunft. Den Göttern huldigte man im **Merkur-Tempel**, den heute ein **Barockgarten** umgibt.

Im barocken **Edelhaus** werden Fundstücke aus den Häusern und Werkstätten der römerzeitlichen Handwerker und Künstler ausgestellt. Eine weitere Ausstellung zeigt dreißig spätbarocke Gemälde als Dauerleihgabe der Bayerischen Staatsgemäldesammlung. Es handelt sich um Werke, die von Herzog Karl II. August von Pfalz-Zweibrücken für den Zweibrücker Herzoghof und sein Schloss Karlsberg in Auftrag gegeben worden waren.

INFOS RÖMERMUSEUM SCHWARZENACKER

Adresse: Homburger Straße 38, 66424 Homburg

Öffnungszeiten: März: Mo–So 10–16 Uhr
April bis Oktober: Mo–Fr 9–17 Uhr
Samstag, Sonntag und Feiertage: 9–18 Uhr

Eintritt: 7,00 € | Ermäßigt 5,00 € | Familie 17,00 €
Kinder bis 6 J. frei

www.roemermuseum-schwarzenacker.de
Tel. 068 48 / 73 07 77

Blieskasteler Uhrenmuseum »La Pendule«

Liebhaber historischer Pendeluhren sollten sich einen Besuch des Blieskasteler Uhrenmuseums »La Pendule« nicht entgehen lassen. Die Sammlung umfasst 98, größtenteils französische, Uhren aus dem 17. und 18. Jahrhundert.

INFOS UHRENMUSEUM »LA PENDULE«

Adresse: Bliesgaustraße 3, 66440 Blieskastel

Öffnungszeiten: So 14–18 Uhr (Feb. – Nov.)

Eintritt: 2,00 € | Ermäßigt 1,00 € | Familie 3,00 €

www.blieskastel.de/kultur-tourismus/uhrenmuseum-la-pendule/

Museum für dörfliche Alltagskultur

In einem Bauernhaus in der Ortsmitte von Rubenheim widmet sich dieses volkskundliche Museum dem dörflichen Leben der Saar-Region und darüber hinaus. Es entstand auf Grundlage der umfangreichen Sammlung der Familie Altenkirch. Der Hauptaugenmerk liegt auf der Alltagskultur der Tagelöhner, Handwerker und Arbeiter sowie der kleinen Bauernfamilien des 19. und 20. Jahrhunderts. Die im selben Gebäude untergebrachte Sammlung des **Museums des Saarländischen Aberglaubens** widmet sich dem Volks- und Aberglauben in der Region.

INFOS MUSEUM FÜR DÖRFLICHE ALLTAGSKULTUR

Adresse: Erfweiler Straße 3, 66453 Gersheim

ÖZ: An jedem dritten Sonntag im Monat 14–18 Uhr

Eintritt: 3,00 € | Kinder haben freien Eintritt

www.museum-alltagskultur.de

Foto: © Saarpfalz Touristik / Wolfgang Henn

Haus der Dorfgeschichte

Das Haus der Dorfgeschichte in Bliesmengen-Bolchen gewährt Einblick in das **Leben der Landbevölkerung** des Mandelbachtals im 19. Jahrhundert. In der **ehemaligen Scheune** werden auf zwei Etagen historische Gegenstände ausgestellt. Eine Küche, ein Schlafzimmer, landwirtschaftliche Geräte, historische Haushaltsgegenstände und Handwerkszeug sind im Originalzustand zu sehen.

INFOS HAUS DER DORFGESCHICHTE

Adresse: Bliestalstraße 67, 66399 Mandelbachtal

ÖZ: Ab April, an jedem dritten Sonntag im Monat 14–18 Uhr

Eintritt: frei

www.bliesmengen-bolchen.de/sehenswertes/dorfmuseum/

Europäischer Kulturpark Bliesbruck-Reinheim

Der wunderschön im Tal der Blies gelegene Europäische Kulturpark Bliesbruck-Reinheim bietet Geschichte zum Anfassen und eignet sich sehr gut für einen Besuch mit Kindern. Der **grenzüberschreitende Archäologiepark** erstreckt sich zwischen dem saarländischen Reinheim und dem französischen Ort Bliesbruck. Hier werden seit 1987 auf der deutschen Seite die **Reste einer römischen Villa** und seit 1971 auf der französischen Seite eine **gallo-römische Kleinstadtsiedlung** freigelegt. Die Ergebnisse der Ausgrabungen werden in mehreren Museumsgebäuden und auf dem weitläufigen Freigelände präsentiert. Drei Nebengebäude der römischen Villa wurden bisher rekonstruiert. Mit etwas Glück können Archäologinnen und Archäologen bei den noch immer fortdauernden Ausgrabungsarbeiten beobachtet werden.

Besondere Highlights sind das begehbare **keltische Fürstinnengrab** und eine rekonstruierte **Thermenanlage**. Für Kinder gibt es viele Spiel- und Mitmachstationen. Das frei zugängliche

Außengelände – auf dem auch Hunde willkommen sind – darf gerne zum Picknicken und Spielen genutzt werden.

Im Europäischen Kulturpark Bliesbruck-Reinheim finden regelmäßig Veranstaltungen statt: Sonderausstellungen, Themen- und Römerfeste, Archäologie zum Mitmachen.

INFOS EUROP. KULTURPARK BLIESBRUCK-REINHEIM

Adresse: Robert-Schuman-Straße 2, 66453 Gersheim

Öffnungszeiten: Das Außengelände ist ganzjährig frei zugänglich. Die musealen Bereiche sind vom 15. März bis 31. Oktober täglich von 10–17 Uhr, samstags und sonntags bis 18 Uhr geöffnet.

Eintritt (Museum): 5,00 € | Ermäßigt 3,50 € | Kinder bis 16 Jahre und Behinderte (100 %) haben freien Eintritt.

www.europaeischer-kulturpark.de | Tel. 0 68 43/900 211

Foto: © Saarpfalz Touristik/Phormat Werbeagentur, Eike Dubois

Foto: © Saarpfalz Touristik/Wolfgang Henn

Zollmuseum

1993 wurde an der Freundschaftsbrücke in Habkirchen im historischen **Zollamtsgebäude** ein Museum eingerichtet. Das Zollmuseum lässt die Geschichte der Zollverwaltung vom 18. Jahrhundert bis in die jüngste Vergangenheit lebendig werden. Es werden Gegenstände aus dem Berufsalltag der Zöllner gezeigt. Unter den Exponaten befindet sich auch ein original bayrisches Grenzschild (um 1820) sowie eine Kopie des Passes von Karl Marx. Dieser trägt einen Einreisestempel des »Königlich Bayrischen Nebenzollamts 1. Klasse Habkirchen«. Interessant sind auch die beschlagnahmten Schmuggelwaren.

INFOS ZOLLMUSEUM

Adresse: Blieskasteler Straße 2, 66399 Mandelbachtal

ÖZ: An jedem dritten Sonntag im Monat 14–18 Uhr

Eintritt: frei

Heimatmuseum »Altes Bauernhaus«

Das Heimatmuseum »Altes Bauernhaus« in Auersmacher widmet sich der **bäuerlichen Bau- und Wohnkultur** des frühen 19. Jahrhunderts. Seit mehr als drei Jahrzehnten lassen engagierte Auersmacher in dem mittlerweile denkmalgeschützten Gebäude die Geschichte ihres Dorfes lebendig werden. Doch das direkt am Jakobsweg gelegene Bauernhaus dient heute nicht nur als Museum, sondern auch als Pilgerstätte mit Übernachtungsmöglichkeit.

INFOS ALTES BAUERNHAUS

Adresse: St. Barbarastraße 15, 66271 Kleinblittersdorf

Öffnungszeiten: Auf Anfrage

www.altes-bauernhaus-auersmacher.de

Keramikmuseum Bliesmühle (Moulin de la Blies)

Die Bliesmühle, eine ehemalige Wackenmühle, die zur Herstellung von Steingutmasse genutzt wurde, beherbergt heute das **Themenmuseum für Steingut-Technik**. Einzigartig in Europa, enthält es eine bedeutende Sammlung von Maschinen und Spezialwerkzeugen der Keramikindustrie, mit deren Hilfe die alten Produktionsstätten weitgehend originalgetreu rekonstruiert werden konnten. Von der Bearbeitung der Rohmasse über die Formgebung bis zur Verzierung lernt der Besucher die verschiedenen Phasen der Steingutherstellung kennen.

INFOS KERAMIKMUSEUM BLIESMÜHLE

Adresse: 125, Avenue de la Blies, Sarreguemines

Öffnungszeiten: Di–So 10–18 Uhr (April–Oktober); sonst Di–Fr 10–12 / 14–18 Uhr; Sa, So 10–18 Uhr

Eintritt: 6,00 € | Ermäßigt 5,00 € | Unter 26-Jährige haben am 1. Sonntag im Monat freien Eintritt.

Besucherbergwerk Rischbachstollen

Der Kohlebergbau hat in St. Ingbert eine lange Tradition. Schon zu Beginn des 17. Jahrhunderts wurde nachweislich Kohle im Tagebau abgebaut. Mit dem Untertagebau begann man in den Dreißigerjahren des 19. Jahrhunderts, während der bayerischen Zeit der Saarpfalz. Ein 1852 fertiggestellter Stollen ermöglichte den ebenerdigen Abtransport der unter dem Bergmassiv »Sechs Eichen« bei Schnappach geförderten Kohle nach St. Ingbert. Eben dieser »Rischbachstollen« ermöglicht heute einen lebendigen Einblick in die Arbeitswelt der Bergleute, die hier bis zur Schließung der Grube St. Ingbert im Jahr 1959 tätig waren.
Das Besucherbergwerk veranstaltet regelmäßig Tage der offenen Tür, an denen Interessierte im Rahmen von stündlich stattfindenden Führungen (11–17 Uhr), ausgestattet mit Grubenhelm und Bergmannskluft, in die Grube einfahren und in die Welt unter Tage eintauchen können.

INFOS BESUCHERBERGWERK RISCHBACHSTOLLEN

Adresse: Obere Rischbachstraße, 66386 St. Ingbert

Öffnungszeiten: Jeweils am letzten Samstag der Monate Februar, April, Juni, August und Oktober findet ein Tag der offenen Tür mit stündlichen Führungen statt. Vorherige Anmeldung erwünscht. Gruppenführungen auf Anfrage.

Eintritt (Tag der offenen Tür): 6,00 € | Kinder 4,50 €

www.rischbachstollen.de | Tel. 06894/1690490

Foto: © Saarpfalz Touristik / Phormat Werbeagentur, Eike Dubois

UMGEBUNG
Sehenswertes rund um
das Biosphärenreservat
Bliesgau

Foto: © Adobe Stock/Bernard

Sarreguemines

Die südlich des Biosphärenreservats Bliesgau gelegene Stadt Sarreguemines wird von den in Grenznähe lebenden Menschen gerne zum Einkauf französischer Spezialitäten aufgesucht. Doch die Stadt, die einst für ihre Keramikproduktion bekannt war, hat mehr zu bieten als *vin rouge*, *baguettes* und *paté*. Im Stadtzentrum finden sich etliche sehenswerte Gebäude, insbesondere aus der Epoche des Jugendstils. So zum Beispiel in der **Rue des Généraux Crémer** oder der **Rue de France**, einer der ältesten Straßen der Stadt. Das malerisch am Saarufer gelegene **Casino des Fayenceries** (oben) war 1878 errichtet worden, um für die Angestellten der Fayencerie einen Treffpunkt zu schaffen. Heute beherbergt es ein Restaurant mit schöner Terrasse. Ein Besuch des **Musée de la Faïence** (Rue Poincaré 15-17) sollte bei keiner Stadtbesichtigung fehlen. Vom Standort des **Saargemünder Schlosses**, von dem nur wenige Überreste erhalten sind, kann man die Stadt überblicken. Deren Name leitet sich übrigens von der Mündung der Blies in die Saar her. Die an der Avenue de la Blies gelegene **Bliesmühle**, eine 1841 erbaute Wackenmühle, die der Herstellung der für die Keramikproduktion erforderlichen Steingutmasse diente, beherbergt heute ein Keramikmuseum.

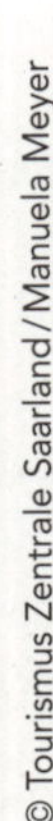
Foto: © Tourismus Zentrale Saarland / Manuela Meyer

Saarländisches Bergbaumuseum

Untergebracht im ehemals als Wasserturm errichteten **Hindenburgturm** widmet sich das Museum auf fünf Etagen dem **saarländischen Steinkohlebergbau**. Startpunkt des Museumsrundgangs ist die **Panoramaplattform** in 40 Metern Höhe. Von dort steigt man immer weiter hinab, um schließlich zur museumseigenen **Untertageanlage** zu gelangen, die einen lebhaften Eindruck vom Arbeitsleben der Bergleute vermittelt.

INFOS SAARLÄNDISCHES BERGBAUMUSEUM

Adresse: Niederbexbacher Straße 62, 66450 Bexbach

Öffnungszeiten: April–Okt.: Di–Fr 10–17 Uhr
Wochenende, Feiertage: 12–17 Uhr /
Nov.–März: Di–Fr 10–16 Uhr
Wochenende, Feiertage: 12–16 Uhr

Eintritt: 4,80 € | Studenten, Schwerbehinderte 3,80 €
Schüler 2,80 € | Gruppen (ab 10) 4,50 €/Person

www.bbm-bexbach.de | Tel. 06826/4887

Foto: © Saarpfalz Touristik / Wolfgang Henn

Foto: © Adobe Stock/Sina Ettmer

Saarbrücken

Wer im Saarland Urlaub macht, sollte es nicht versäumen, der saarländischen Landeshauptstadt einen Besuch abzustatten. Die Tourismus Zentrale Saarland bezeichnet sie treffend als »eine spröde Schönheit, mit Ecken und Kanten, mit Herz und Charakter«. Tatsächlich ist es diese ganz eigene Mischung aus Schönem und eher Zweckmäßigem, aus Temperament und Nüchternheit, aus Savoir-vivre und Gemütlichkeit, die den unverwechselbaren Charme der einzigen saarländischen Großstadt ausmachen.

Sehenswert sind in Alt-Saarbrücken, am linken Ufer der Saar, die barocke **Ludwigskirche** (rechts) und das **Saarbrücker Schloss**, von dessen Mauer sich ein schöner Blick über den Fluss hinüber zum Stadtteil St. Johann bietet. Am Schlossplatz befindet sich das **Historische Museum Saar**, das in seinem Inneren unter anderem Teile einer echten mittelalterlichen Burg birgt. Auf der anderen Saarseite, direkt gegenüber dem Schloss, befinden sich das **Saarländische Staatstheater** und – wenige hundert Meter entfernt – die **Moderne Galerie**, die sich der Bildenden Kunst vom Impressionismus bis zur Gegenwart widmet. Rund um den **St. Johanner Markt** (oben), der »guten Stube« Saarbrückens, laden zahllose Kneipen und Straßencafés zum Verweilen ein.

Foto: © Adobe Stock/Petair

Jägersburg

Von Wald umgeben, ist der Homburger Stadtteil Jägersburg vor allem dank seiner schönen Weiheranlagen ein beliebtes Ausflugsziel. Rund um **Schlossweiher**, **Brückweiher** und **Möhlwoog** gibt es zahlreiche ausgeschilderte Rundwege (siehe Kapitel »Wandern«).
Am Schlossweiher steht die **Gustavsburg** (oben), das Wahrzeichen des Ortes. Der Name des 1721 errichteten Baus geht auf den Bauherrn Herzog Gustav Samuel Leopold von Zweibrücken zurück. Im Haupthaus des Schlosses befindet sich das Burg- und Schlossmuseum, das sich der Geschichte Jägersburgs widmet und von Juni bis September, jeweils am ersten Sonntag des Monats, von 14 bis 17 Uhr besichtigt werden kann.
Zwischen Schloss- und Brückweiher befinden sich ein **Arboretum**, ein **Wasserspielplatz** und eine **Minigolf-Anlage**. Am Brückweiher selbst finden Besucherinnen und Besucher eine **Liegewiese**, den **Kletterpark Fun-Forest**, einen **Bootsverleih** und gastronomische Angebote.

Höcherbergturm

Unweit des Bexbacher Stadtteils Höchen steht auf dem 518 Meter hohen **Höcherberg** der 1913 erbaute, 26 Meter hohe **Höcherbergturm**. Die Aussichtsplattform des Turms bietet einen großartigen **Rundumblick**. Das Panorama umfasst weite Teile des Saarlands, des Hunsrücks, des Pfälzer Waldes, des Schwarzwaldes und Lothringens. In jeder Richtung sind markante Landmarken auszumachen. So etwa das **Saarpolygon** im Westen, der **Schaumberg** im Nordosten, der **Erbeskopf** im Norden sowie die **Airbase Ramstein** und die Stadt Kaiserslautern im Osten. Die am weitesten entfernte, nur bei optimaler Sicht auszumachende Landmarke ist die 112 Kilometer entfernte **Hornisgrinde** im Nordschwarzwald. Auch um den 99 Kilometer entfernten **Donon** in den Vogesen sehen zu können, muss man ein wenig Glück haben.

Doch der Höcherberg hat mehr zu bieten als Fernsicht. Es bietet sich an, den Besuch des Aussichtsturms mit einem Spaziergang oder einer Wanderung zu kombinieren. Direkt am Turm führen der 2 Kilometer lange »Spazierweg Höcherberg«, der 8 Kilometer lange »Höcherbergweg« und der 7 Kilometer lange »Grubenweg Höchen« vorbei. Zu Füßen des Turms lädt das **Gasthaus Höcherberg** mit Biergarten und Kinderspielplatz zum Verweilen ein.

Öffnungszeiten Turm: An Sonn- und Feiertagen wird der Turm morgens aufgeschlossen. Unter der Woche ist der Schlüssel am Kiosk des Gasthauses erhältlich.

Öffnungszeiten Gasthaus:
Restaurant: Mi–Sa 17–23 Uhr; sonn- und feiertags ab 11 Uhr
Biergarten: Mi–Sa 15–23 Uhr; sonn- und feiertags ab 10 Uhr
Ruhetage: Mo + Di

Foto: © Saarpfalz Touristik/Manuela Meyer

Rosengarten Zweibrücken

Unmittelbar hinter der saarländischen Landesgrenze und in direkter Nachbarschaft zum Biosphärenreservat Bliesgau liegt die rheinland-pfälzische Stadt Zweibrücken. Ihr touristisches Aushängeschild ist der 1914 eröffnete Rosengarten. Die **Parkanlage** erstreckt sich auf mehr als 5 Hektar und wird jährlich von gut 100 000 Menschen besucht. Besonders reizvoll ist ein Besuch zum Höhepunkt der **Rosenblüte** Mitte Juni. Dann entfalten **45 000 Rosenstöcke** zeitgleich eine geradezu betörende Farbenpracht. Doch auch außerhalb der Rosenblüte, die bis in den August, teilweise bis in den September andauert, lohnt sich ein Besuch, denn hier wachsen auch viele andere Pflanzenarten, und irgendetwas blüht immer. Auch der **Baumbestand** des Parks, der u.a. Zedern und einen Mammutbaum umfasst, ist sehenswert. Den prächtigen Abschluss der Blühsaison bildet die **Dahlie**, die »Königin des Herbstes«.
Beliebt sind die regelmäßig stattfindenden **Veranstaltungen**: Konzerte, »Picknicks im Park«, Rosen- und Herbstmarkt u.v.m.

INFOS ROSENGARTEN ZWEIBRÜCKEN

Adresse: Rosengartenstraße 50, 66482 Zweibrücken

Öffnungszeiten (Kasse): täglich ab 8.30 Uhr bis 18 Uhr (Saisonbeginn, April), bis 19 Uhr (Mai–September), bis 17 Uhr (Oktober, 1. November). Eine Jahreskarte ermöglicht ganzjährig bis 18 Uhr freien Zugang zur Anlage.

Eintritt (Tageskarten): Erwachsene 5,50 € / Ermäßigt 3,50 € / Jugendliche 2,00 € (6 bis 17 Jahre) / Kinder frei (bis 6 Jahre) / Familie 15,00 € / Feierabendkarte (ab 17.30 Uhr) 3,00 €

Infos (inkl. Blühkalender): rosengarten-zweibruecken.de

Klosterstadt Hornbach

Die kleine rheinland-pfälzische **Stadt Hornbach** liegt in unmittelbarer Nachbarschaft zum Biosphärenreservat Bliesgau. Keimzelle der Stadt war das im Bereich der heutigen Oberstadt gelegene **Kloster Hornbach**, das um 742 vom später heilig gesprochenen **Pirminius** gegründet worden war. Es bestand bis 1558, als es im Zuge der Reformation aufgelöst wurde. Die Gebeine des hl. Pirminius, der hier 753 gestorben und beigesetzt worden war, wurden vom letzten Hornbacher Abt, Graf Anton von Salm, nach Speyer mitgenommen, von wo sie 1575 nach Innsbruck in Tirol verbracht wurden. Über dem, in den 1950er Jahren entdeckten leeren Grab St. Pirmins wurde eine Gedächtnisstätte errichtet.

Ein weiterer Name ist untrennbar mit dem Kloster Hornbach verbunden. Der neben Otto Brunfels und Leonhart Fuchs zu den »Vätern der Botanik« zählende **Hieronymus Bock** wurde 1533 als Chorherr an das St. Fabiansstift berufen und übernahm später das örtliche Pfarramt. 1554 starb er in Hornbach.

Von der im 11. Jahrhundert errichteten monumentalen Klosterbasilika haben die Wirren der Zeit nicht allzu viel übrig gelassen. Teilweise wurden die Überreste 1786 als Baumaterial für die Protestantische Klosterkirche genutzt. Die erhalten gebliebenen Reste des **Konventsgebäudes** und des **Kreuzgangs** wurden Anfang des Jahrtausends in den Bau einer **Hotelanlage** integriert. Das zwischen dem Haupthaus des Hotels und dem ehemaligen linken Seitenschiff der Klosterbasilika errichtete interaktive **Klostermuseum Historama** ist einen Besuch wert. Das Klosterhotel beherbergt gleich drei Restaurants, von denen vor allem die gemütliche **Klosterschänke** mit Biergarten bei Wanderern und Ausflugsgästen beliebt ist.

Es lohnt sich, den Altstadtkern zu Fuß zu erkunden. Vom malerischen Marktplatz führt die Burgstraße an sehenswerten alten und neuen Häusern vorbei. Insbesondere der imposante **Steißerhof** sowie das ehemalige protestantische **Pfarrhaus** sind hier zu nennen. In der Nähe des ehemaligen Unteren Stadttors ist in der Klostermauer die in Stein gemeißelte **Hornbacher Elle** zu sehen. Ein 67 Zentimeter langes Längenmaß, auf dem u. a. die Maße sämtlicher Hornbacher Türme beruhen.

Wanderern sei der »Paradiesgartenweg« empfohlen, ein 11,4 km langer Premiumwanderweg, der an der Pirminiushalle beginnt.

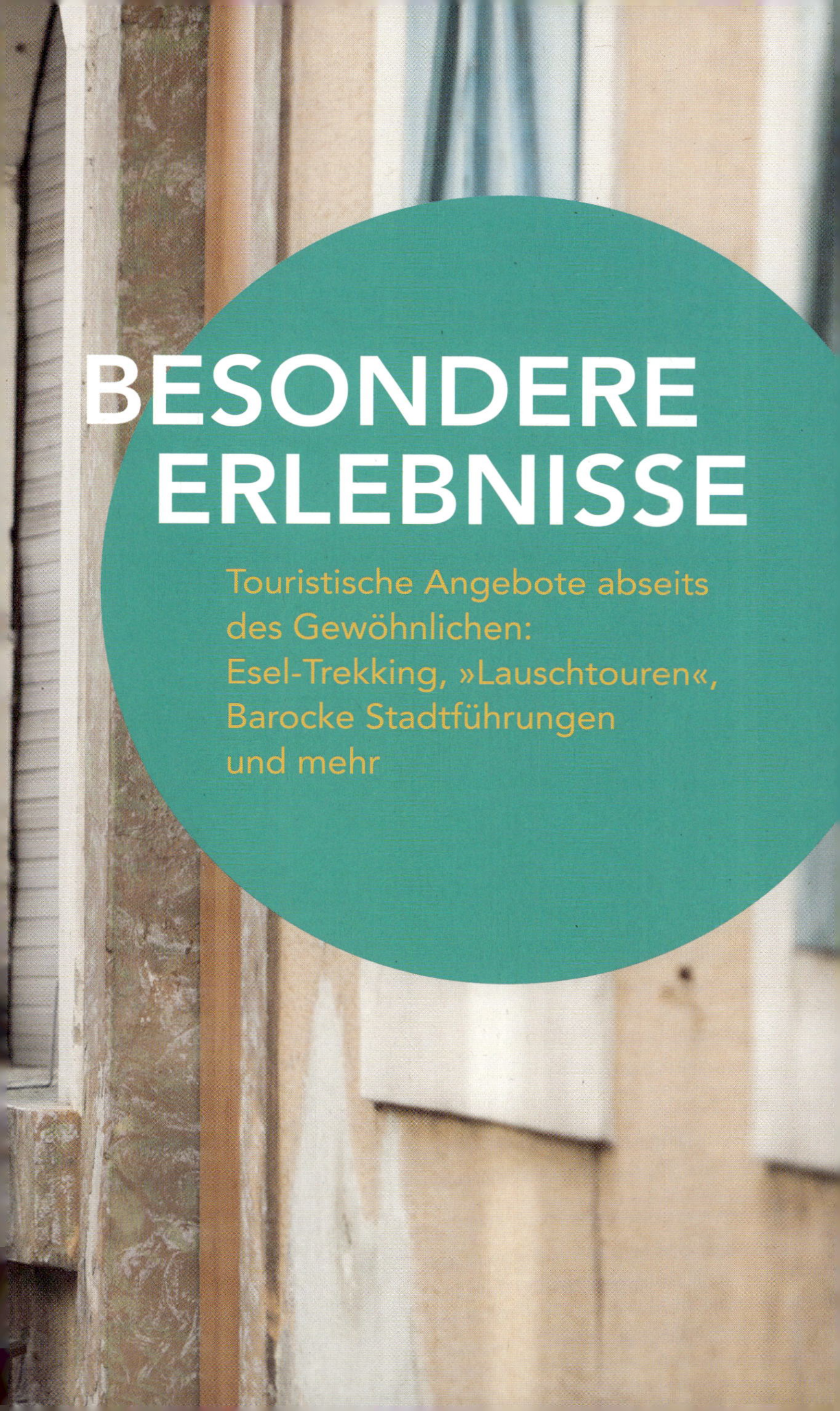

BESONDERE ERLEBNISSE

Touristische Angebote abseits des Gewöhnlichen: Esel-Trekking, »Lauschtouren«, Barocke Stadtführungen und mehr

Foto: © Saarpfalz Touristik/Phormat Werbeagentur, Eike Dubois

Lauschtouren

Ein gleichermaßen unterhaltsames wie informatives Angebot sind die **Audioguides**, die von der Saarpfalz-Touristik in Zusammenarbeit mit der Mainzer Firma »Lauschtour« produziert wurden. Ausgestattet mit hochwertigen Aufnahmegeräten waren die »Lauschtour«-Redakteurinnen und -Redakteure im Biosphärenreservat unterwegs und ließen sich von orts- und sachkundigen Menschen Interessantes, Spannendes und Unterhaltsames erzählen. Ob in der Altstadt Blieskastels, im Europäischen Kulturpark Bliesbruck-Reinheim oder in den Gärten rund um Haus Lochfeld: Die acht professionell aufbereiteten Hörstücke lassen jeden Rundgang zum Erlebnis werden. Alles was man braucht, ist ein Smartphone und die **Lauschtour-App**. Hat man diese installiert, kann man sich vor Ort oder bereits zu Hause die Lauschtour herunterladen. Bei aktivierter GPS-Funktion starten die einzelnen Kapitel der Tour automatisch, wenn man die entsprechenden Lauschpunkte erreicht hat.

Blieskasteler Barock

Vom Paradeplatz werden wir durch die Blieskasteler Altstadt hinauf zu den barocken Schmuckstücken der Stadt geleitet.

◆ 1 km | 🕒 0:40 h

Start: Paradeplatz, Blieskastel

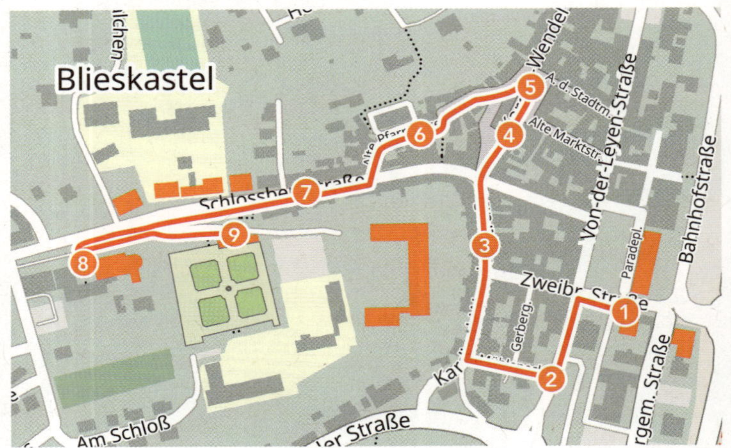

Stadtrundgang St. Ingbert

In St. Ingbert folgen wir vor allem den Spuren der bayerischen Zeit, die von 1816 bis 1919 andauerte, durch die Stadt.

◆ 1,5 km | 🕒 0:45 h

Start: Rathaus, Am Markt, St. Ingbert

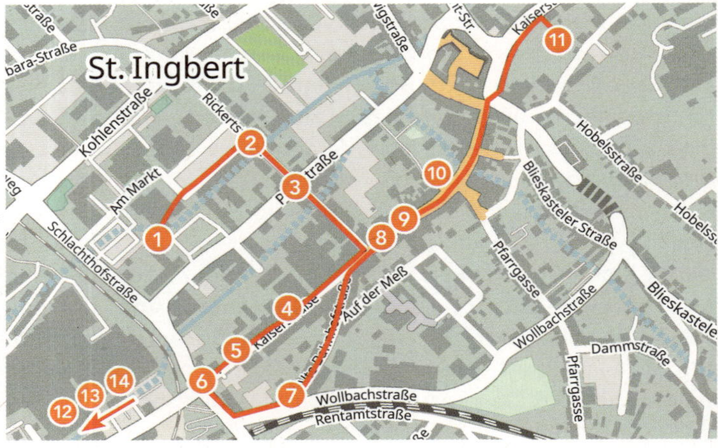

Homburger Festungsrundgang

Eine aussichtsreiche und unterhaltsame Geschichtsstunde auf dem Gelände der Homburger Festungsanlage.

◀▶ 700 m | 🕒 0:45 h

Start: Gipfelkreuz des Schlossbergs, Homburg

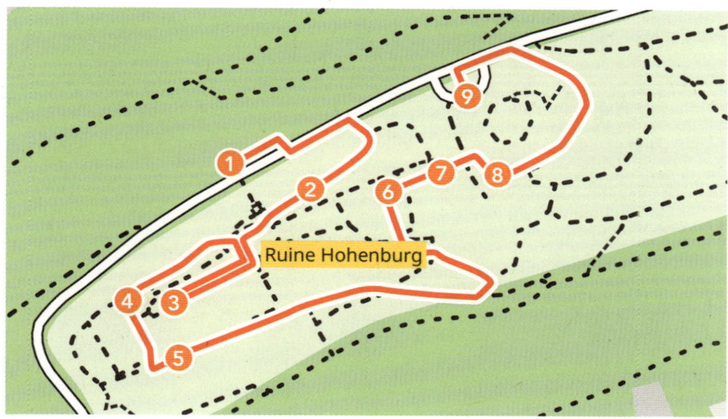

Biosphärentour im Mandelbachtal

Auf dieser Lauschtour erkunden wir die botanische Vielfalt rund um das Kulturlandschaftszentrum Haus Lochfeld.

◀▶ 1,5 km | 🕒 0:30 h

Start: Kulturlandschaftszentrum Haus Lochfeld, Wittersheim

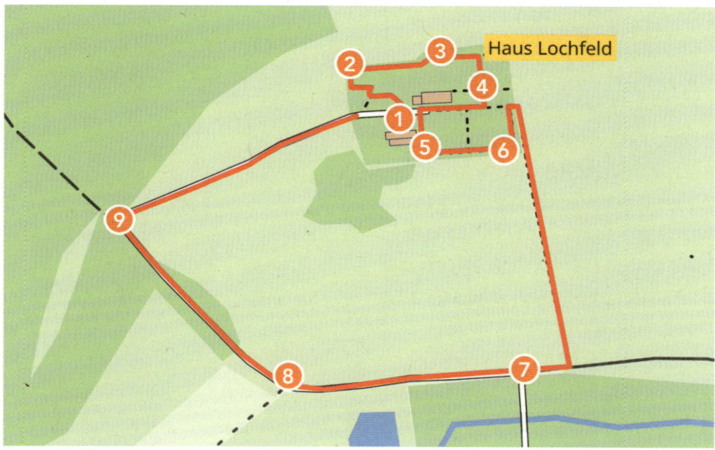

Bio-Tour auf dem Wintringer Hof

Rundgang über den Modellbetrieb für nachhaltigen Ökolandbau und Inklusion inkl. eines Besuchs der Wintringer Kapelle.

◀▶ 600 m | 🕑 0:30 h

Start: Hofladen und Gewächshaus, Wintringer Hof

Archäologiepark Bliesbruck-Reinheim

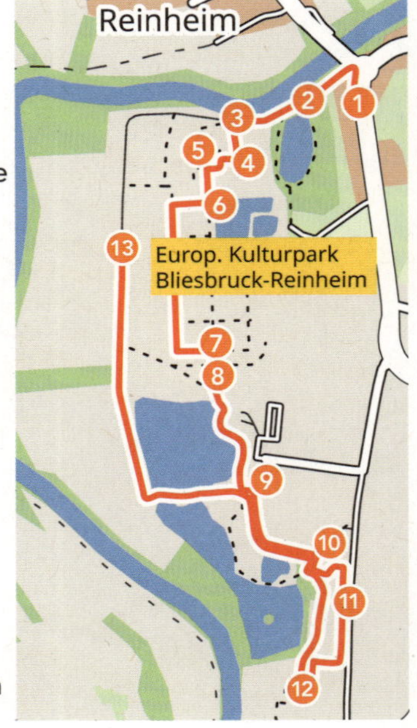

In Begleitung des Archäologen Andreas Stinsky erkunden wir die Museen und das Freigelände des Europäischen Kulturparks Bliesbruck-Reinheim. Wir hören, warum sich Kelten und Römer gerade hier niederließen und erfahren, welche erstaunlichen archäologischen Funde in Reinheim und Bliesbruck gemacht wurden. Zum Abschluss der Lauschtour erfahren wir in der Bliesaue, was den Bliesgau so besonders macht.

◀▶ 3,5 km | 🕑 1:30 h

Start: Infozentrum des Europ. Kulturparks Bliesbruck-Reinheim

Kirkeler Felsenpfad

Eine geführte Wanderung vom Naturfreundehaus hinauf zum Aussichtspunkt Hollerburg. Hier beginnt der eigentliche Felsenpfad, der zwischen Hollerkanzel und Unglücksfelsen auf schmalem Pfad an vielen imposanten Felsen vorbeiführt. Zum Abschluss geht es über den geologischen Lehrpfad und vorbei am Frauenbrunnen hinab zur Burg Kirkel.

◂▸ 4,5 km | 🕑 2:00 h

Start: Parkplatz am Naturfreundehaus, Kirkel-Neuhäusel

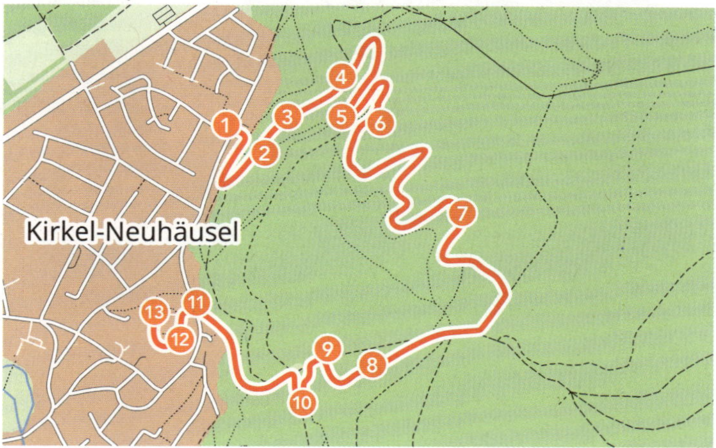

Bexbacher Bergmannstour

Lauschtour auf den Spuren des saarländischen Kohlebergbaus vom Bergbaumuseum auf die Bergehalde »Monte Barbara«.

◂▸ 1,1 km | 🕑 0:30 h

Start: Saarländisches Bergbaumuseum, Bexbach

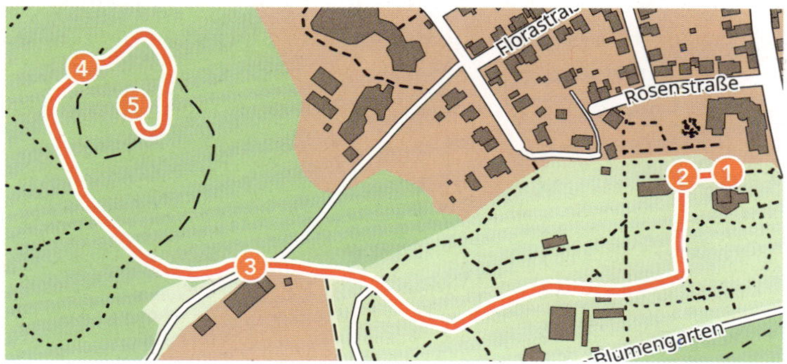

Naturbühne Gräfinthal

Der zu Bliesmengen-Bolchen gehörende Weiler Gräfinthal ist nicht allein wegen des Wallfahrtsklosters und der Gastronomie ein lohnendes Ziel. Im Sommer locken vor allem die Theateraufführungen der Naturbühne Gräfinthal tausende Besucher an. Seit 1932 besteht dieses Freilichttheater bereits. Jedes Jahr von Juni bis August bringen die ehrenamtlich tätigen Mitglieder des Kulturvereins Bliesmengen-Bolchen ein Theaterstück für Erwachsene und ein Theaterstück für Kinder auf die Bühne. Der gesamte Erlös der Aufführungen wird in die Bühne investiert. So konnte die Naturbühne Gräfinthal zu einer der schönsten und modernsten Freilichtbühnen Deutschlands ausgebaut werden.

Weitere Informationen finden Sie unter:
www.naturbuehne-graefinthal.de

Foto: © Naturbühne Gräfinthal

Barocke Stadtführung in Blieskastel

In der Altstadt Blieskastels gibt es viel zu entdecken und ihre verwinkelten Gassen bergen so manches gut gehütete Geheimnis, das dem ungeschulten Auge allzu leicht entgeht. Wie gut, dass es die Möglichkeit gibt, die Stadt unter kompetenter Führung zu erkunden. Neben den klassischen sind vor allem die barocken Stadtführungen mit kostümierter Stadtführerin sowie die Patrouillen mit dem kommandierenden Unteroffizier der Schlossgarde, Herrn Feldwebel Johannes Kamper, ein besonderes Erlebnis. Wer von Kammerzofe Henrietta, Gesellschafterin Anna-Maria de Moranville oder sogar von Gräfin Marianne von der Leyen persönlich durch die Stadt begleitet wird, darf sich auf unterhaltsame Stadtgeschichten und auf allerlei Klatsch und Tratsch vom Hofe derer von der Leyen freuen.

Die Führungen können über die Tourist Info Blieskastel gebucht werden. Infos und Termine finden Sie hier: www.blieskastel.de/kultur-tourismus/stadtfuehrungen

Foto: © Saarpfalz Touristik / Phormat Werbeagentur, Eike Dubois

Geführte Biosphären-Safaris

Ganz im Sinne eines sanften Tourismus im Biosphärenreservat Bliesgau bietet die Saarpfalz-Touristik eine originelle, bequeme und klimafreundliche Art von Entdeckungstouren an. Die mehrmals im Jahr stattfindenden Biosphären-Safaris starten jeweils an einem mit öffentlichen Verkehrsmitteln gut erreichbaren Busbahnhof. Von dort geht es im modernen Linienbus unter fachkundiger Führung zu den schönsten Ecken der Region. Unterwegs steigen die Teilnehmerinnen und Teilnehmer an festgelegten Stationen aus, um kurze Wanderungen und Spaziergänge zu unternehmen. Die Weiterfahrt erfolgt dann einfach mit dem nächsten Bus. Natürlich ist auch für das leibliche Wohl gesorgt: Eine Rast inklusive warmem Imbiss gehört zu jeder Safari.

Leistungen: Kostenfreie Busfahrten in den Linienbussen des ÖPNV • Fachmännische Begleitung durch einen Natur- und Landschaftsführer • Imbiss bei der Rast

Der Preis für professionelle Begleitung und Führung sowie warmes Essen beträgt derzeit (2024) 20 Euro.

Termine, Infos und Anmeldung: www.saarpfalz-touristik.de

Foto: © Saarpfalz Touristik / Phormat Werbeagentur, Eike Dubois

Kanufahren auf der Blies

Ein besonders reizvolles und naturnahes Erlebnis ist die Erkundung der Blies mit dem Kanu. Da der Fluss allerdings kein ungefährliches Gewässer ist, wird – insbesondere für Anfänger – das Befahren zusammen mit einem Kanulehrer empfohlen. Die Saarpfalz-Touristik bietet regelmäßig **Kanukurse für Einsteiger und Fortgeschrittene** an. Auch die Kreisvolkshochschule sowie der Kanuclub Sarreguemines bieten Kanutouren an. Die Kurse bieten zudem den Vorteil, dass kein eigenes Kanu vorhanden sein muss; es gibt an der Blies nämlich keine Möglichkeit, ein solches auszuleihen. Beim Befahren der Blies mit dem Kanu müssen mehrere **Wehre** überwunden werden. Bei Habkirchen, in Bliesmengen-Bolchen, hinter Blies-Schweyen und vor Sarreguemines müssen Boote daher umgetragen werden. **Einsetzstellen** gibt es in Reinheim unter der Bliesbrücke, in Habkirchen am Zollmuseum sowie auf französischer Seite in Bliesbruck, Blies-Ebersing, Blies-Schweyen und Sarreguemines.
Als ausgewiesenes Landschaftsschutzgebiet ist Kanufahren auf der Blies (auf deutscher Seite) nur außerhalb der Sperrzeiten erlaubt. Während der Kernzeit der Brutzeit vom 15. April bis 15. August gilt auf der Blies zwischen Bexbach und der Landesgrenze bei Reinheim eine Befahrungssperre.

Klettern im Kirkeler Wald

Der Kirkeler Felsenpfad ist nicht nur für Wanderer interessant. Auch Kletterer kommen hier auf ihre Kosten. Insbesondere Anfänger finden hier optimale Bedingungen zum Erlernen dieser faszinierenden Sportart vor. Die Felsengruppe Unglücksfelsen, die Schräge Platte und das Sonnendach sind zum Klettern freigegeben.

In Zusammenarbeit mit der Sektion »Bergfreunde Saar« des Deutschen Alpenvereins bietet die Saarpfalz-Touristik Kletterkurse für Einsteiger und Fortgeschrittene an. Treffpunkt ist jeweils am Naturfreundehaus Kirkel.

Infos, Termine und Anmeldung: www.saarpfalz-touristik.de

Foto: © Saarpfalz Touristik/Eike Dubois

Esel-Wanderung

Auf **Hof Sonnenbogen** sind sie zu Hause, die langohrigen Wanderführer, die auf zwei- bis dreistündigen Touren einen ganz besonderen Blick auf die schöne Landschaft rund um Wolfersheim vermitteln. Die Esel bestimmen Tempo und Takt der Wanderung. Nehmen sie etwas Außergewöhnliches wahr, wird ein Stopp eingelegt. »**Positive Langsamkeit**« wird das auf der Homepage von Hof Sonnenbogen genannt und wer sich gerne mit Hannes Ballhorn und seinen »Meistern der Achtsamkeit« ins Grüne begeben möchte, findet ebenda, unter **www.hof-sonnenbogen.de**, Termine und weitere Informationen zu den Esel-Wanderungen.

Unter dem Namen »**Esel-Jahreszeitenwanderung**« bietet auch die Saarpfalz-Touristik regelmäßig Wanderungen mit den Eseln vom Hof Sonnenbogen an.
Infos, Termine und Anmeldung: www.saarpfalz-touristik.de

Foto: © Saarpfalz Touristik/Phormat Werbeagentur, Eike Dubois

Gulliver Welt 2.0

Die Gulliver-Welt 2.0 präsentiert im Bexbacher Blumengarten imposante Gebäude aus aller Welt im Miniaturformat. Ursprünglich hatten die Modellbauten ihren Standort im Deutsch-Französischen Garten in Saarbrücken, wo 1976 die Gulliver-Welt unter dem Motto »Die Welt bereisen im Saarland« eröffnet worden war. 2012 erwarb die Dr. Theiss Naturwaren GmbH die über die Jahrzehnte unansehnlich gewordenen Modelle und sorgte für die Restaurierung. 2017 konnte am neuen Standort in Bexbach die beliebte Miniaturwelt wieder zugänglich gemacht werden. Der Besuch ist kostenfrei und kann gut mit einem Besuch des Bergbaumuseums, das sich ebenfalls im Blumengarten befindet, kombiniert werden.

Erlebnispark Bliesgau

Neben gastronomischen Angeboten bietet der Erlebnispark Bliesgau in Kleinblittersdorf eine Vielzahl von Spaßangeboten für Klein und Groß: Barfußpfad, Goldwaschanlage, Tretgokart, Kinder Minigolf und nicht zuletzt die ganzjährig nutzbaren Anlagen für Schlittschuhlauf und Eisstockschießen versprechen einen kurzweiligen Zeitvertreib für die ganze Familie.
Der Park ist von April bis Oktober geöffnet.
Die genauen Öffnungszeiten und Preise erfahren Sie unter: erlebnispark-bliesgau.de

Foto: © Saarpfalz Touristik/Manuela Meyer

Blick aus dem Barockgarten Schwarzenacker zum Edelhaus

Gärten mit Geschichte

Eine Möglichkeit, sich der Geschichte des Bliesgaus zu nähern, bieten die Garten- und Parkanlagen der Region. Diese legen Zeugnis von ganz unterschiedlichen Epochen der Regionalgeschichte ab. Manche von ihnen, wie der Barockgarten an der Orangerie in Blieskastel oder der römische Garten im Europäischen Kulturpark Bliesbruck-Reinheim können auch heute noch begangen und erlebt werden, andere wie der Park Bagatelle bei Aßweiler haben die Zeiten nicht überdauert und bestehen nur noch in der Erinnerung. Die Saarpfalz-Touristik hat unter dem Motto »Gärten mit Geschichte« fünfzehn ganz unterschiedliche Gärten und Parkanlagen in den Fokus gerückt und lädt unter anderem mit einer Erlebniskarte und informativen Hinweistafeln vor Ort dazu ein, die historisch und kulturell bedeutsamen Anlagen zu erkunden und als Ensemble zu erleben.

Barockgarten an der Orangerie in Blieskastel

Barockgarten Orangerie Blieskastel
Am Schloss 10, 66440 Blieskastel | *frei zugänglich*
Der Barockgarten wurde im Zuge der Sanierung der Orangerie in den Jahren 1982 bis 1986 nach barocken Vorbildern gestaltet.

Barockgarten Schwarzenacker
Homburger Straße 38, 66424 Homburg-Schwarzenacker
frei zugänglich
Der Garten wurde 1984/85 nach barockem Vorbild hinter dem 1722/23 erbauten Edelhaus angelegt, in welchem heute Ausstellungsräume und die Kasse des Römermuseums Schwarzenacker untergebracht sind. Durch den Garten gelangt man zum Areal des Freilichtmuseums.

Bauerngarten Mimbach
Waschgasse, 66440 Blieskastel-Mimbach | *frei zugänglich*
Im ehemaligen Pfarrgarten der protestantischen Christuskirche wurde nach dem Vorbild der früher für den Bliesgau typischen Bauerngärten ein kleiner, beschaulicher Garten angelegt.

Blumengarten Bexbach
Niederbexbacher Straße 62, 66450 Bexbach | frei zugänglich
Als »Quelle der Freude und Entspannung für die ganze Familie« wurde nach dem Zweiten Weltkrieg rund um den Museums- und Aussichtsturm, in dem das Bergbaumuseum untergebracht ist, eine Ziergartenanlage errichtet.

Gustav-Clauss-Anlage
Stadtpark in der Stadtmitte St. Ingberts | frei zugänglich
Die 1954 eröffnete Parkanlage ist bis heute ein beliebtes Ziel für Erholungssuchende aus St. Ingbert und Umgebung. Der Park verfügt über eine schöne Weiheranlage, viele Sitzbänke und Ruhebereiche und einen großen Kinderspielplatz.

Jägersburger Weiher
Naherholungsgebiet im Homburger Stadtteil Jägersburg
frei zugänglich
Rund um Brück- und Schlossweiher erstreckt sich heute ein beliebtes Naherholungsgebiet mit vielen Grünflächen.

Klosterpark Blieskastel
Klosterweg 35, 66440 Blieskastel | frei zugänglich
Um 1930 hinter dem Kloster angelegte Parkanlage mit schönem Baumbestand und Skulpturen des Bildhauers Karl Riemann.

Kulturlandschaftszentrum Haus Lochfeld
Bei Wittersheim | Außenbereich frei zugänglich
Rund um Haus Lochfeld wurden Modellanlagen errichtet, die die Zusammenhänge in Natur, Umwelt und Landschaft des Bliesgau vermitteln sollen: ökologischer Weinberg, Streuobstwiesen, Kräuter-, Bauern-, Rosen-, Beerengarten und ein Bienenhaus.

Park Bagatelle Aßweiler-Seelbach
Die Anlage befand sich zwischen Aßweiler und Seelbach
Die weitläufige Anlage war Teil der Schlossanlage, die sich Graf Philipp von der Leyen (1766–1829) hier errichten ließ. 1793 zerstörten französische Revolutionstruppen die komplette Schlossanlage. Am Wanderparkplatz in Aßweiler informiert eine Hinweistafel über die Geschichte der Schlossanlage.

Park Schloss Elsterstein

Elversberger Straße, 66386 Sankt Ingbert | frei zugänglich

1835 ließ sich der französische Seifenfabrikant Gerdolle am Waldrand oberhalb der Stadt ein Schloss nebst Waldpark errichten. 1843 erwarb die Familie Krämer, die Eigentümer des St. Ingberter Eisenwerkes, Schloss und Park. Seit 1938 ist die Stadt die Eigentümerin. Das Schloss wurde 1965 abgerissen, der Park hingegen, mit seinem schönen Baumbestand und zwei Weihern, erfreut sich bis heute großer Beliebtheit.

Park Würzbacher Weiher

Niederwürzbach

Zwischen 1781 bis 1791 ließ Gräfin Marianne von der Leyen um den Würzbacher Weiher eine Parklandschaft anlegen und repräsentative Gebäude errichten. Es gab verschiedene Gärten, ein Badehaus, eine Grotte, einen chinesischen »Hausgarten« mit Weiher und Pagode sowie Felsengärten. Doch schon 1793 zerstörten französische Truppen die Anlagen und verschonten von den Gebäuden lediglich den Roten Bau und den Annahof. Von Schloss Philippsburg blieb nur ein Nebengebäude erhalten.

Pirminiusgarten in Altheim

Hornbacher Straße, 66440 Blieskastel | frei zugänglich

Im ehemaligen Pfarrgarten hinter der katholischen Kirche St. Andreas wurde zu Ehren des Hl. Pirminius ein hübscher kleiner Garten angelegt, der an Leben und Wirken des Gründers von Kloster Hornbach erinnert. Die Anlage umfasst neun quadratische Beete, die an die neun Klostergründungen des Heiligen erinnern, desweiteren eine Rosenlaube, eine kleine Streuobstwiese, Kräuter- und Blumenbeete sowie ein kleiner Weinberg.

Römischer Garten im Europ. Kulturpark Bliesbruck-Reinheim

Robert-Schuman-Str. 2, 66453 Gersheim | frei zugänglich

Als Teil des Archäologieparks wurde 2003 nach historischen Vorbildern ein römischer Garten angelegt. Neben den rekonstruierten Gebäuden der römischen Villa trägt auch der Garten zur anschaulichen Vermittlung des Alltagslebens der Römer bei.

Erbaut 1790
Augusta Quelle
Bad Rilchingen

Schlossgarten Rilchingen

Peter-Friedhofen-Straße 1, 66271 Kleinblittersdorf, Auf dem Gelände der Barmherzigen Brüder | frei zugänglich

Das kleine Schloss, das sich Gräfin Marianne von der Leyen um 1791 bei den Salinen in Rilchingen hatte errichten lassen, reiht sich in die Liste der Leyen'schen Besitzungen ein, die von französischen Soldaten zerstört worden sind. Einzig zwei Türme des Salinenbetriebes sind erhalten geblieben.

WaldPark Schloss Karlsberg

Parkplatz am Karlsberger Hof, 66424 Homburg

Der WaldPark Schloss Karlsberg erinnert an die prächtige Schlossanlage, die sich Herzog Karl II. August von Pfalz-Zweibrücken 1778 bis 1788 auf dem Buchenberg errichten ließ. Leider fiel sie den französischen Revolutionstruppen zum Opfer und wurde 1793 niedergebrannt. Von Schloss Karlsberg sind nur noch Grundmauern und das Kellergeschoss der Orangerie erhalten. Im Wald legen Bärenzwinger, Schwanenweiher und Hirschbrunnen eindrucksvolle Zeugnisse der Landschaftsgestaltung des späten 18. Jahrhunderts ab.

links: Augusta-Quelle im Schlosspark Rilchingen

Foto: © Saarpfalz Touristik/Manuela Meyer

GUT ZU
WISSEN
Fahrrad-Service,
Direktvermarkter,
Schwimmbäder,
Wohnmobilstellplätze
und mehr ...

Foto: © Saarpfalz Touristik / Manuela Meyer

Direktvermarkter, Hofläden & Co.
(Auswahl)

Berghof Einöd Öl- und Senfmühle · Einöd
Berghof 2, 66424 Homburg
Öffnungszeiten: Do, Fr, Sa 9–12 Uhr und 13–16 Uhr
Speiseöle und Senfe aus eigenem Anbau.

Biohonig Wenzel · Seelbach
Aßweiler Straße 32, 66440 Blieskastel
Öffnungszeiten Hofladen: Fr 14–18 Uhr, Sa 8.30–12.30 Uhr
Bioland-Imkerei. Der Honig stammt von Bienen aus dem Bliesgau, der Vorderpfalz und den Vogesen.

Biohof & Landmetzgerei Martin Ernst · Seelbach
Ommersheimer Weg 5, 66440 Blieskastel
Öffnungszeiten: Mi 14–18 Uhr, Fr und vor Feiertagen 10–18 Uhr
Wurst- und Fleischwaren aus eigener Aufzucht, Schlachtung u. Herstellung im hofeigenen Betrieb, Wild aus eigenem Revier.

Biolandhof Wack · Ommersheim
Eichelberger Hof, 66399 Mandelbachtal
ÖZ Hofladen: Mi 14–17 Uhr, Fr 17–19 Uhr, Sa 10–14 Uhr
Hofladen und zwei »Milch-Heisjer« (direkt am Hof und in Erfweiler-Ehlingen). Milch, Eier, Getreide, Wurst, Obst und Gemüse.

Bio-Metzgerei Weller · Seelbach
Aßweiler Straße 30, 66440 Blieskastel
Öffnungszeiten: Mi 11–16 Uhr, Fr 10–12 Uhr, 15–18.30 Uhr, Sa 9–12.30 Uhr
Fleisch von ausgesuchten Bioland-Betrieben. Schlachtung von Rindern, Kälbern und Lämmern in der eigenen Schlachterei.

Bliesgau Ölmühle · Bliesransbach
Gut Hartungshof 7, 66271 Kleinblittersdorf
Öffnungszeiten: Di–Do 10–12 Uhr, 15–17 Uhr, Sa 10–12 Uhr
Speiseöle, Essige, Senfe, Gewürzmischungen, Mehle und Nudeln – hergestellt aus Rohstoffen aus Bliesgau und Saarland.

Caros Marmelädchen · Breitfurt
Wiesenweg 1 (Metzgerei Werth), 66440 Blieskastel
Carolin Werths Konfitüren und Gelees sind auf regionalen Märkten und in der Metzgerei Werth erhältlich.

Geflügelhof Vogelgesang · Ommersheim
Saarbrücker Straße 52, 66399 Mandelbachtal
Öffnungszeiten: Di, Fr 14–18 Uhr, Sa 9–13 Uhr
Eier, Geflügel, Kartoffeln und Wurstwaren.

Mühle Schuwer · Ormesheim
Neumühle 2, 66399 Mandelbachtal
Öffnungszeiten: Mo–Fr 8–12 Uhr, 13–17 Uhr; Sa 8.30–12 Uhr
Mehle, Futtermittel, Naturkost

Hunacker Hof · Ormesheim
Automaten-Hofladen. Fleischspezialitäten aus eigener Schlachtung (Wagyu-Rind, Ibericoschwein und mehr).

Hofladen Bauernhof Sandmeier · Böckweiler und Breitfurt
An der Hofzufahrt an der L103 zw. Mimbach und Böckweiler sowie in der Ortsmitte von Breitfurt.
Milchprodukte, Eier, regionale Produkte.

Hofladen Gut Lindenfels · Alschbach
Öffnungszeiten: Sa 9–13 Uhr
Im Hofladen werden regionale Wildprodukte angeboten. Im Waldcafé werden hausgemachte Kuchen und Brotzeiten serviert (April–Oktober, Sa 14–18 Uhr, So 11–18 Uhr).

Kirchheimer Hof · Breitfurt
Kirchheimerhof 1, 66440 Blieskastel
Öffnungszeiten: Do, Fr 10–16 Uhr, Sa 10–13 Uhr
Produkte vom Hof und aus der Region: z.B. Kalb- und Rindfleisch, Eier, Wurst, Honig und Kartoffeln.

Les Délisoeurs · Homburg
Blieskasteler Straße 90, 66424 Homburg
Öffnungszeiten: Sa 9–14 Uhr
Handgemachte, französische Spezialitäten.

LuxusGut DIE feine BIO GenussManufaktur · St. Ingbert
Eichendorffstraße 8, 66386 St. Ingbert
Öffnungszeiten: Fr 14.30–18 Uhr, samstags Wochenmarkt IGB
Brotaufstriche, Sugos, Gewürze, Senfe, Essige …

MaLi's Delices · Bliesransbach
Gut Hartungshof 6, 66271 Kleinblittersdorf
Öffnungszeiten: Di–Do 10–12 und 15–17 Uhr, Sa 10–12 Uhr
Brotaufstriche, Chutneys, Liköre, Senfe u.v.m.

Metzgerei Petermann · Oberwürzbach
Hauptstraße 65, 66386 St. Ingbert
ÖZ: Mo–Sa 7–12.00 Uhr, Di, Do, Fr 14.30 –18.30 Uhr
Fleisch- und Wurstwaren aus eigener Herstellung sowie eine Auswahl an Bliesgauprodukten. Spezialität: Dry Aged Beef.

Moser – Genuss vom Feinsten · Blieskastel
Alte Marktstraße 1a, 66440 Blieskastel
Öffnungszeiten: Di–Sa 9.30–13 Uhr, Di–Fr 14.30–18 Uhr
Öle, Essige, Weine, Gins, Gewürze u.v.m.

Neue Haus Sonne – Dorfladen · Walsheim
Pirminiusstraße 1a, 66453 Gersheim
ÖZ: Di–Fr 7.30–13 Uhr, 13.30–17, Sa 7.30–12 Uhr
Demeter Backwaren aus eigener Herstellung, Demeter Obst und Gemüse aus eigenem Anbau, Demeter Käse und Milchprodukte aus eigener Herstellung.

Neue Haus Sonne – Hofladen auf dem Neukahlenberger Hof
Der Hof liegt an der L103 zwischen Mimbach und Böckweiler
Öffnungszeiten: Mo–Fr 14–18 Uhr

Wintringer Hof · Kleinblittersdorf
Am Wintringer Hof 7, 66271 Kleinblittersdorf
Öffnungszeiten: Mo–Fr 9–19 Uhr, Sa 9–17 Uhr
Obst und Gemüse aus eigenem Anbau, Fleisch und Wurstwaren aus der eigenen Metzgerei, Säfte aus der eigenen Kelterei und Lohnkeltern. Alles in Bioqualität.

Fahrrad-Service

E-Bike-Ladestationen

Gräfinthal
Gräfinthal, 66399 Mandelbachtal

Restaurant Historischer Bahnhof, Gersheim
Bahnhofstraße 3, 66453 Gersheim

Hotel Restaurant Annahof, Niederwürzbach
Annahof, 66440 Blieskastel

Restaurant zum Pferchtal, Lautzkirchen
Restaurant Zum Pferchtal, Pferchtal 1, 66440 Blieskastel

Haus des Bürgers, Blieskastel
Luitpoldplatz 5, 66440 Blieskastel

Caravanplatz Kirkel
Unnerweg 5C, 66459 Kirkel

Biergarten Sonnenhof, Blieskastel
In den Lohgärten 22, 66440 Blieskastel

Freizeitzentrum Blieskastel
Bliesaue 1, 66440 Blieskastel

Peters Hotel & Spa, Jägersburg
Kleinottweilerstr. 112, 66424 Homburg

Fischerhütte Beeden
In der Mastau, 66424 Homburg

Gemeindewerke Kleinblitterdorf
Rathausstraße 15, 66271 Kleinblittersdorf

Hubertushof Born, Niederwürzbach
Kirschendell 32, 66440 Blieskastel

Hugo-Strobel-Halle, Altstadt
Auf der Heide 17, 66459 Kirkel

La-Baule-Platz, Homburg
Marktplatz, 66424 Homburg

Limbach Dorfmitte
Hauptstraße 52, 66459 Kirkel

Naturfreundehaus, Kirkel-Neuhäusel
Limbacher Weg 8, 66459 Kirkel

Ommersheimer Weiher
Saarbrücker Straße, 66399 Mandelbachtal

Solarfreibad, Limbach
Zum Schwimmbad, 66459 Kirkel

Tourist Info, Homburg
Talstraße 57a, 66424 Homburg

Fahrradreparatur-Stationen

Altheim
am Keltenhäuschen

Fischerhütte Beeden
In der Mastau, 66424 Homburg

Jägersburger Weiher
Peters Alm, Kleinottweilerstr. 112, 66424 Homburg

La-Baule-Platz, Homburg
Marktplatz, 66424 Homburg

Lautzkirchen
am Bliestal-Freizeitweg

Naturfreundehaus, Kirkel-Neuhäusel
Limbacher Weg 8, 66459 Kirkel

Römermuseum Schwarzenacker
Homburger Straße 38, 66424 Homburg

Solarfreibad Limbach
Zum Schwimmbad, 66459 Kirkel

St. Ingbert, vor der Stadtbücherei
Kaiserstraße 74, 66386 St. Ingbert

Tourist Info, Homburg
Talstraße 57a, 66424 Homburg

Würzbacher Weiher, Niederwürzbach
Marxstraße, 66424 Blieskastel

Foto: © Saarpfalz Touristik / Manuela Meyer

Wohnmobilstellplätze / Campingplätze

Reisemobilstellplatz am Ommersheimer Weiher
Saarbrücker Straße, 66399 Mandelbachtal
Stellplätze: 2

Wanderparkplatz Gräfinthal an der L238
66399 Mandelbachtal
Stellplätze: 2

Wohnmobilpark im Saarland-Thermen-Resort, Kleinblittersdorf
Zum Bergwald 3, 66271 Rilchingen-Hanweiler
Stellplätze: 61

Wohmobilstellplatz KOI Homburg
Kaiserslauterer Straße 19a, 66424 Homburg
Stellplätze: 5

Reisemobilhafen im Blumengarten, Bexbach
Im Blumengarten, 66450 Bexbach
Stellplätze: 35

Reisemobilstellplatz Würzbacher Weiher
66440 Blieskastel
Stellplätze: 10

Reisemobilstellplatz »das blau«, St. Ingbert
Athur-Kratsch-Straße 6, 66386 St. Ingbert
Stellplätze: 3

Camping Walsheim****
Heuweg 2, 66453 Gersheim
Tel. 06843/800180 | www.campingwalsheim.de
Stellplätze: 150

Caravanplatz Mühlenweiher*,** Kirkel
Unnerweg 5c, 66459 Kirkel
Tel. 06849/18 10555 | www.kirkel.de/caravanplatz
Stellplätze: 80 Dauercamper, 35 Kurzcamper, 40 Zeltplätze

Foto: © Saarpfalz Touristik/Eike Dubois

Biosphärenbus 501

Stündlich fährt der Biosphärenbus 501 von **Homburg** bis **Kleinblittersdorf** (und umgekehrt) durch das Biosphärenreservat. Die Strecke verläuft vom Homburger Hauptbahnhof über Beeden, Wörschweiler, Bierbach und Lautzkirchen bis nach Blieskastel. Von hier geht es zunächst entweder über Blickweiler und Wolfersheim oder über Mimbach und Breitfurt weiter, dann über Bliesdalheim und Herbitzheim nach Gersheim. Über Reinheim, Habkirchen, Bliesmengen-Bolchen, Bliesransbach, Sitterswald und Auersmacher gelangt der Bus schließlich nach Kleinblittersdorf. Anschlussmöglichkeiten an den Zugverkehr bestehen in Homburg und Lautzkirchen. In Kleinblittersdorf besteht die Anschlussmöglichkeit an die Saarbahn.

An Wochenenden und feiertags empfiehlt sich die Nutzung des **Freizeittickets**, das für 6,50 € im Bus erhältlich ist. Es ist den ganzen Tag, für beliebig viele Fahrten, in allen Bussen des Saarpfalz-Kreises und der Gemeinde Kleinblittersdorf gültig. Es berechtigt zur Mitnahme von bis zu vier weiteren Personen und drei Kindern unter 6 Jahren. Es gilt nur im Bus, nicht im Schienenverkehr und nicht in Bussen der Saarbahn und Neunkircher Verkehrs GmbH. **Die Linie 501 verkehrt an allen Wochentagen, von morgens bis abends.** Die Haltestellen und Abfahrtszeiten finden Sie unter www.saarfahrplan.de.

Kneipp-Anlagen

- **Bierbach**, im Grohbachtal
- **Oberwürzbach**, Friedhofstraße
- **Bliesransbach**, an der Wendalinus-Kapelle
- **Karlsberg Weiher,** Sanddorf, im Wald, in der Nähe des Karlsberg-Weihers
- **Schüren**, am Weiher
- **Bexbach**, Mühlenstraße, am Freibad Hochwiesmühle
- **Lautzkirchen**, im Schwarzweihertal
- **Niederwürzbach**, in der Nähe des Sportplatzes
- **Eberhardsbrunnen**, Einöd, im Pfänderbachtal
- **Walsheim**, Brauereistraße
- **Ommersheim**, am Ommersheimer Weiher
- **Erfweiler-Ehlingen**, Rubenheimer Straße
- **Gersheim**, hinter der Gemeinschaftsschule, Schulstraße
- **Wombacher Weiher,** St. Ingbert, am Wombacher Weiher
- **Ballweiler**, Rubenheimer Straße, am Waldrand
- **Rohrbach** am Glashütter Weiher, im Wald oberhalb der Liegewiese

Foto: © Saarpfalz Touristik / Manuela Meyer

Foto: © Adobe Stock/Tropical studio

Schwimmbäder

Naturfreibad Kirkel-Neuhäusel
Unnerweg, 66459 Kirkel
Freibad mit natürlichem Quellwasser und einer großen Liegewiese mit Kinderspiel- und Beachvolleyballplatz.

Freibad Walsheim
Heuweg 3, 66453 Gersheim
Das Freibad liegt mitten im Grünen und verfügt über ein 50-Meter-Schwimmerbecken, ein Nichtschwimmerbecken sowie einen Beachvolleyballplatz.

Freibad Kleinblittersdorf
Wintringer Straße, 66271 Kleinblittersdorf
Das kleine Schwimmbad mit Fernblick verfügt über ein 50-Meter-Becken, ein Nichtschwimmerbecken mit Rutsche und einen Wasserspielbereich für Kleinkinder.

Freizeitzentrum Blieskastel (Hallen- und Freibad)
Bliesaue 1, 66440 Blieskastel
Das Kombibad bietet sowohl im Innen- als auch im Außenbereich Schwimmer- und Nichtschwimmerbecken inkl. Wasserrutsche. Große Liegewiese mit Kinderspielplatz, Beachvolleyball- und Beachfußballplatz, Riesenschachbrett.

KOI Bad & Sauna
Kaiserslauterer Straße 19a, 66424 Homburg
Das Kombibad verspricht Badespaß, Saunavergnügen und Wellness. Mit Sportbecken, Sprungturm, Kletterwand und Mini-Wasserwelt wird für die ganze Familie etwas geboten. Im Sommer werden die deckenhohen Panoramafenster geöffnet, um Innen- und Außenbereich zu kombinieren.

Saarland Therme
Zum Bergwald 1, 66271 Kleinblittersdorf
Thermen- und Saunalandschaft in maurisch-andalusisch inspiriertem Stil.

Solarfreibad Limbach
Zum Schwimmbad 10, 66459 Kirkel
Umweltfreundlich beheiztes Freibad mit Schwimmer- und Nichtschwimmerbecken, Sprung- und Planschbecken. Große Liegewiese mit Kinderspielplatz und Beachvolleyballanlage.

Freibad Hochwiesmühle
Hochwiesmühle 1, 66450 Bexbach
Schönes, am Waldrand gelegenes Freibad mit Liegewiese.

Das blau – Freizeitbad
Arthur-Kratzsch-Straße 6, 66386 Sankt Ingbert
Hallenbad, Freibad und Sauna. Das Hallenbad verfügt über ein Schwimmer- und ein Nichtschwimmerbecken. Im Familienbecken können Whirlpool, Strömungskanal und Rutsche genutzt werden. Das Freibad bietet viele Attraktionen: Sprung- und Sportbecken; Kleinkinderbereich mit Planschbecken und Wasserspielplatz; Strömungskanal und Wellenbad; Rutschenpark mit drei Wasserrutschen; Liegewiese; Beachvolleyball- und Beachfußballplatz.

Quellen und weiterführende Literatur

Baus, Martin; Becker, Bernhard; Schwan, Jutta (Hrsg.): Bayern an der Blies. 100 Jahre bayerische Saarpfalz (1816-1919), St. Ingbert 2019.

Becker, Bernhard: Wegekreuze im Saarpfalz-Kreis, Homburg 1993.

Bernard, Christel: Archäologie mit und ohne Spaten – Neue Erkenntnisse zu Burg und Schloss Blieskastel, in: Saarpfalz. Blätter für Geschichte und Volkskunde 2017/4, Homburg, S. 21–35.

Bernard, Christel: Die Wiederentdeckung der Burg- und Schlossruine Blieskastel. Aufsatz entstanden aus einem Vortrag beim 2. Saarländischen Burgensymposion am 28. März 2009 in Saarbrücken. 2011. Online abrufbar unter: www.zeitensprung.de/Wiederentdeckung_Blieskastel.pdf.

Bonkhoff, Bernhard H.: Die Kirchen im Saarpfalz-Kreis, Saarbrücken 1987.

Conrad, Joachim; Flesch, Stefan (Hrsg.): Burgen und Schlösser an der Saar, Saarbrücken 1988.

Dorda, Dieter; Kühne, Olaf; Wild, Volker (Hrsg.): Der Bliesgau. Natur und Landschaft im südöstlichen Saarland, Saarbrücken 2006.

Klauck, Hans Peter: Lexikon der saarländischen Orte, Gehöfte, Mühlen, Industrieanlagen und Wohnplätze mit Angaben zu Pfarr- und Standesamtszugehörigkeiten, Saarlouis 2008.

Stinsky, Andreas: Der Bliesgau. Natur – Menschen – Geschichte, Oppenheim am Rhein 2020.

Dank des Autors

Mein herzlicher Dank geht an:

Brigitte Gode von der Gollenstein-Buchhandlung in Blieskastel für die Initiative zu diesem Buch und so vieles mehr.

Martin Baus für die kritische Durchsicht des Manuskripts.

Bernhard H. Bonkhoff, der dabei half, Fehler und historische Ungenauigkeiten zu verbessern, aber auch viele wertvolle Ergänzungen lieferte.

Manfred Pfeiffer, dem Vorsitzenden des Verkehrsvereins Mandelbachtal, der wertvolle Ergänzungen und Hinweise für die zweite Auflage lieferte.

Dem Team der Saarpfalz-Touristik für die vielseitige Unterstützung und die Bereitstellung von Fotografien.

Und nicht zuletzt Angela Enderlein, die sich meiner verwegenen Kommasetzung annahm.

www.conte-verlag.de